PRECEDENTES JUDICIAIS NA ADMINISTRAÇÃO PÚBLICA
Limites e possibilidades de aplicação

Coleção
Eduardo Espínola

Weber Luiz de Oliveira

PRECEDENTES JUDICIAIS NA ADMINISTRAÇÃO PÚBLICA
Limites e possibilidades de aplicação

2.ª edição
Revista, atualizada
e ampliada

2019

www.editorajuspodivm.com.br

www.editorajuspodivm.com.br

Rua Território Rio Branco, 87 – Pituba – CEP: 41830-530 – Salvador – Bahia
Tel: (71) 3045.9051
• Contato: https://www.editorajuspodivm.com.br/sac

Copyright: Edições JusPODIVM

Conselho Editorial: Eduardo Viana Portela Neves, Dirley da Cunha Jr., Leonardo de Medeiros Garcia, Fredie Didier Jr., José Henrique Mouta, José Marcelo Vigliar, Marcos Ehrhardt Júnior, Nestor Távora, Robério Nunes Filho, Roberval Rocha Ferreira Filho, Rodolfo Pamplona Filho, Rodrigo Reis Mazzei e Rogério Sanches Cunha.

Capa: Ana Caquetti

P923   Precedentes Judiciais na Administração Pública: Limites e Possibilidades de Aplicação / Weber Luiz de Oliveira. – 2. ed. rev., atual. e ampl. – Salvador: JusPodivm, 2019.
272 p. (Eduardo Espínola / Coordenação Fredie Didier Jr.)

Bibliografia.
ISBN 978-85-442-3007-7.

1. Precedentes Judiciais. 2. Administração Pública. I. Oliveira, Weber Luiz de. II. Título.

CDD 341.31

Todos os direitos desta edição reservados à Edições JusPODIVM.

É terminantemente proibida a reprodução total ou parcial desta obra, por qualquer meio ou processo, sem a expressa autorização do autor e da Edições JusPODIVM. A violação dos direitos autorais caracteriza crime descrito na legislação em vigor, sem prejuízo das sanções civis cabíveis.

*Aos alicerces da minha vida,
Inocêncio, Glória e Francíola.*

*Aos frutos desses alicerces,
Aniele, Gabriel e Rafaela.*

AGRADECIMENTOS

Ser grato é o mínimo que se espera de quem tanto recebeu em um caminho percorrido.

E, acredito, a caminhada acadêmica somente chega a bom termo pela companhia de pessoas que, direta ou indiretamente, participem de seu trilhar.

A minha gratidão a Eduardo de Avelar Lamy, pela orientação atenciosa, criteriosa e cuidadosa que findou com o presente texto; a Pedro Miranda de Oliveira, pelos ensinamentos nas aulas do mestrado e pela mão amiga em um momento indefinido; aos novos amigos processualistas conquistados no Mestrado da UFSC, Ezair, Morgana, Lírio e Douglas (obrigado pelas caronas, Douglas!); a João dos Passos Martins Neto e Paulo Roney de Ávila Fagundes, diletos Procuradores do Estado de Santa Catarina e docentes de relevo da Universidade Federal de Santa Catarina, que participaram da banca de arguição; a Hermes Zaneti Júnior, pelo exemplo e seriedade acadêmicos (obrigado Hermes, pela disponibilidade e troca de ideias e ideais...); a Fredie Didier Júnior, pela leitura; à Leonardo Carneiro da Cunha, um dos pioneiros no desenvolvimento acadêmico sobre a Fazenda Pública em juízo, por aceitar o convite em prefaciar a 2ª edição; à prestigiosa Editora Juspodivm, a quem sou, igualmente, muito grato pela acolhida.

APRESENTAÇÃO

Esta é a versão comercial da dissertação de mestrado intitulada *Precedentes Judiciais na Administração Pública*, brilhantemente defendida por Weber Luiz de Oliveira, a quem tive a satisfação de orientar perante o Curso de Pós-Graduação *strito sensu* em Direito da Universidade Federal de Santa Catarina.

Trata-se de trabalho que resultou de pesquisa meticulosa, comprometida e absolutamente consciente, inserida na perspectiva de autor que atua como Procurador do Estado de Santa Catarina, lidando cotidianamente com a realidade da Fazenda Pública em Juízo.

Embora o objetivo inicial fosse apenas trazer respostas para a celeuma a respeito da vinculação das decisões judiciais no âmbito da Fazenda Pública, Weber foi além. Traçou maneira original de conceber a vinculação de decisões no denominado *sistema de precedentes* arquitetado pelo CPC de 2015 e abordou com indiscutível propriedade a sua aplicação no âmbito da Fazenda Pública.

A dedicação e a paixão pelos estudos ficaram nítidas no comportamento do autor durante todo o Mestrado. Weber passou um ano e meio se deslocando semanalmente de Joinville a Florianópolis; participou maravilhosamente das aulas e debates, assim como frequentou encontros e congressos por todo o país; viveu, enfim, intensamente a eterna dificuldade de lutar por um objetivo e por isso ter de limitar o valioso tempo de convivência com filhos e esposa, a respeito dos quais ele sempre está a falar, orgulhoso.

Weber possui a leveza trazida pela humildade e a competência de quem conhece o preço das vitórias. Por esses motivos, tenho certeza de que este será apenas o primeiro de muitos trabalhos que virão, pois o caráter e a dedicação de Weber permitem esse exercício de *futurologia*.

Acredito, ainda, que este desde já constitui um trabalho a partir de agora elementar para o estudo do precedente judicial em face da Fazenda Pública, especialmente em face de todas as variáveis trazidas pelo advento do CPC de 2015.

Estão de parabéns, portanto, tanto o autor quanto a editora.

Florianópolis, primavera de 2016.

Eduardo de Avelar Lamy

Doutor e Mestre em Direito pela PUC/SP. Pós-Doutorando em Direito pela UFPR, com estágio de pesquisa na Southwestern Law School. Professor da UFSC nos cursos de Graduação, Mestrado e Doutorado em Direito. Membro e Secretário Adjunto para Santa Catarina do Instituto Brasileiro de Direito Processual. Presidente da Comissão Compliance da OAB/SC. Advogado.

PREFÁCIO À 2ª EDIÇÃO

A atividade da Administração Pública é, tradicionalmente, submetida ao princípio da legalidade e ao da separação dos Poderes. Tais princípios foram, em tempos mais recuados, concebidos sob uma perspectiva teórica diversa da atual e num contexto histórico diferente do que temos hoje.

Atualmente, texto e norma não se confundem. Princípios são norma. O paradigma normativo não se resume mais apenas à lei; a atividade administrativa deve estar de acordo com a Constituição, com as leis e, enfim, com todo o ordenamento jurídico. Uma das normas que compõe o ordenamento é o precedente, devendo a Administração Pública observar também esse tipo normativo.

A doutrina diz que ultrapassamos a fase da Administração Gerencial e avançamos para a fase da Administração Dialógica. A Administração deve agir não apenas com eficiência, mas com a busca do consenso, mediante o amplo diálogo com todos os envolvidos na tomada das decisões. O exercício do poder administrativo há de ser feito em ambiente de consenso, colhendo-se as diversas opiniões e agindo de modo a conciliá-los ou a diminuir, ao máximo, a tensão ou o conflito entre elas.

Se a Administração age contrariamente a um precedente, é muito provável que o sujeito que se sinta prejudicado judicialize a questão e obtenha êxito, aumentando, assim, o custo administrativo, com os ônus da sucumbência e demais encargos de uma derrota judicial.

Tudo isso precisa ser examinado no contexto atual da atuação do Poder Público.

O livro de Weber Luiz de Oliveira desponta como importante referência nesse tema, enfrentando todas essas questões. Ainda que eventualmente não se concorde com as ideias do autor, a leitura do seu livro é imprescindível, pois ele enfrenta todos esses temas, dialogando com importantes referências a respeito do assunto. O exame da vinculação ou não da Administração Pública aos precedentes judiciais é feito, no livro de Weber, de forma completa e sincera: ele faz interlocuções com os demais autores que se dedicam ao assunto, apresentando suas concordâncias e discordâncias.

Já consolidado na literatura jurídica, o livro é agora lançado em sua 2ª edição e conta com novidades importantes. O autor examina os dispositivos que foram incluídos na Lei de Introdução às Normas do Direito Brasileiro pela Lei 13.655, de 2018, e sua repercussão na aplicação de precedentes pelo Poder Público. De igual modo, examina a Lei 13.848, de 2019, que dispõe sobre a gestão, a organização, o processo decisório e o controle social das agências reguladoras, e relaciona suas disposições com a regra contida no § 2º do art. 985 do CPC.

Essas são novidades importantes que incrementam a obra nesta sua 2ª edição.

O livro, que já era bom, ficou ainda melhor com essas novidades, o que me anima a sugerir a todos sua leitura.

Fui convidado pelo autor para fazer o prefácio desta 2ª edição. Aceitei de pronto o convite. Ao examinar esta 2ª edição, fiquei entusiasmado com as novidades que apresenta, resolvendo contribuir para a divulgação de seu conteúdo.

Percebo que já é chegado o momento de encerrar este prefácio, a fim de que o leitor possa iniciar a leitura e absorver as lições do autor, refletindo sobre suas ideias.

Recife, julho de 2019.

Leonardo Carneiro da Cunha

Mestre em Direito pela UFPE. Doutor em Direito pela PUC/SP, com pós-doutorado pela Universidade de Lisboa. Professor associado da Faculdade de Direito do Recife (UFPE), nos cursos de graduação, especialização, mestrado e doutorado.

PREFÁCIO

Estive presente na banca de arguição de Weber Luiz de Oliveira, realizada como requisito parcial de sua aprovação como Mestre em Direito pela UFSC – Universidade Federal de Santa Catarina. O autor defendeu sua dissertação de mestrado sobre os *Precedentes judiciais na Administração Pública: limites e possibilidades de aplicação* com brilhantismo, fruto, com certeza, de sua incansável dedicação acadêmica e da experiência prática como Procurador do Estado. Combativo, claro e leal no debate acatou, nesta versão comercial de seu trabalho, uma série de observações feitas pela banca examinadora, composta dos professores João dos Passos Martins Neto, Pedro Miranda de Oliveira e Paulo Roney de Ávila Fagundes, atualizando a legislação face ao advento da Lei 13.256/2016. Nota-se, no trabalho, ademais, a orientação segura do professor Eduardo Lamy.

Weber e eu já tínhamos nos tornado amigos em Vitória, por ocasião do FPPC – Fórum Permanente de Processualistas Civis. O FPPC, um dos eventos mais importantes sobre o novo CPC, tem ocorrido em diversas cidades e permitido o debate e o aprofundamento teórico de professores e pesquisadores do direito processual. A dissertação, em um certo sentido e em várias passagens, é já um produto destes debates. Agradeço, portanto, o gentil convite que me foi formulado para prefaciar a obra.

O tema é oportuno.

Precedentes e justiça multiportas são os dois grandes pilares da nova justiça civil.

O CPC/2015 propõe internamente uma revolução na forma de pensar e agir. Precisa conquistar corações e mentes para se tornar prático e cumprir o compromisso constitucional da tutela de direitos adequada, tempestiva e efetiva.

É necessário reconhecer neste CPC uma obra de doutrina, um Código doutrinário, no melhor sentido da palavra, na medida em que prescreve um dever: ser interpretado e aplicado a partir da ideologia da Constituição e dos direitos fundamentais. É, portanto, um Código da era dos direitos fundamentais, compreendidos como limites e vínculos ao arbítrio dos poderes privados e públicos, um Código democrático, conciliando as visões liberais e sociais do processo. Um Código focado na finalidade do processo para além do próprio processo, visando a própria tutela dos direitos, reconhecida como direito fundamental e sua principal missão.

Para atingir este fim, no novo CPC, a antiga advocacia de casos se transformará na advocacia de precedentes. Isto vale tanto para a advocacia pública quanto para a advocacia privada.

A partir daí teremos duas grandes mudanças:

a) a possibilidade de abrir brechas na lei e na jurisprudência para a solução casuística em razão da importância do cliente, dos valores envolvidos ou de quaisquer outros critérios subjetivos, como apoio político e clamor popular, ficará constrangida pela regra da universalização das decisões.

Assim, uma vez decidida uma matéria essa deverá ser aplicável a todos os casos futuros que sejam análogos ou similares.

Precedentes fortalecem, desta forma, a independência dos juízes ao vincular sua prática ao trabalho dos juízes anteriores e ao trabalho dos juízes futuros. Precedentes, não eliminam subjetivismos, mas, pelo menos, aumentam os constrangimentos. Na democracia a transparência é uma arma, os juízes e tribunais não gostam de ser flagrados em práticas irracionais, principalmente se o modelo de precedentes claramente combater estas práticas, obrigando ao *stare decisis*;

b) a escolha dos casos que serão litigados até as instâncias superiores para formar os precedentes será levada em consideração pelos advogados públicos, privados, membros do Ministério Público e da Defensoria Pública. Não se trata mais de ganhar um processo, mas de ganhar a causa, causas com circunstâncias fáticas mais abrangentes ou mais bem delineadas permitirão a fixação de melhores precedentes e até mesmo a generalização de distinções e a eventual superação de entendimentos anteriores pelo próprio tribunal que fixou o precedente. Será necessário proceder em uma escolha.

A racionalização e a universalização das razões de decidir são a essência de um modelo de precedentes.

Precedentes exigem, assim, um controle material e formal (art. 927, CPC). Precedentes não dependem das boas razões do julgador, mas da própria autoridade da decisão e da existência, na decisão, de fundamentos determinantes que vinculem os juízes posteriores (arts. 926 e 489, § 1º, V e VI, CPC). Logo, não basta a autoridade do órgão que decidiu, mas é exigida *a)* uma convergência entre os julgadores no colegiado sobre os fundamentos determinantes, a *ratio decidendi*, no momento da sua formação; *b)* a identificação das circunstâncias fáticas e da solução jurídica do caso anterior e a sua comparação com o caso-atual (art. 489, § 1º, V, CPC).

O CPC foi muito claro ao estabelecer esta relação entre circunstâncias fáticas e solução jurídica na formação dos precedentes. A eterna discussão sobre a vinculatividade das súmulas foi atingida por essa necessária definição material de seu conteúdo (art. 926, § 2º, CPC).

Assim organizada a matéria, percebe-se claramente a busca por racionalizar a aplicação do direito no Brasil.

A racionalização afeta também a Administração Pública, que deverá seguir os precedentes independentemente de estar ou não formalmente vinculada a estes.

No direito atual, apenas há previsão de vinculação expressa, normativa e formal, nos casos referentes às decisões em controle de constitucionalidade concentrado e súmulas vinculantes. Esta previsão se deu por força da previsão na Constituição, através de previsão originária ou derivada.

Portanto, o modelo dos precedentes normativos formalmente vinculantes do CPC não vincula diretamente a Administração Pública, quando ocorre esta vinculação decorre da Constituição, da lei ou de ato normativo da própria Administração Pública, acatando o precedente. O artigo 927, *caput*, justamente por esta razão fala em observação pelos juízes e tribunais.

O CPC tratou da possibilidade de ampliação desta força normativa por atos da própria administração em pelo menos dois casos: *a)* quando se refere à remessa necessária, inocorrente na hipótese de entendimento coincidente com orientação vinculante firmada no âmbito administrativo do próprio ente público, consolidada em manifestação, parecer ou súmula administrativa (art. 496, § 4º, IV, CPC); e, *b)* quando, regulando os casos repetitivos que poderão ou não ser precedentes, prevê a comunicação do julgamento da questão repetitiva relativa à prestação de serviço concedido, permitido ou autorizado ao órgão, ao ente ou às agências reguladoras competentes para fiscalização da efetiva aplicação, por parte dos entes sujeitos a regulação, da tese adotada (arts. 985, § 2º e 1.040, IV, CPC).

A racionalidade é seguida de perto pela igualdade e pela segurança jurídica como valores dessa nova justiça brasileira, mais rente aos casos e à interpretação do direito do que à falsa certeza dos textos. Textos de lei vinculam, a doutrina constrange e os juízes deverão atuar de maneira tendencialmente cognitiva, não há invenção do direito a cada precedente e não necessariamente a cada decisão teremos um precedente novo.

Texto e norma não se confundem e quando houver uma interpretação operativa que forneça um conteúdo novo o juiz deverá se comprometer com este resultado, de forma a garantir uma interpretação do direito que seja realista, moderada e responsável. Realista por partir da premissa que texto e norma não se confundem e que a decisão se um caso é simples ou complexo é já uma escolha. Moderada por saber necessária a revisão de toda a legislação, a literatura jurídica e os demais precedentes aplicáveis ao caso sob análise. Responsável por ser comprometida em manter a estabilidade, a integridade e a coerência do ordenamento jurídico.

O processo civil é dos ramos do direito o mais rente à vida, interfere no dia a dia das pessoas, tem uma missão constitucional muito relevante, cabe as novas gerações arregaçar as mangas, como fez Weber Luiz de Oliveira, e enfrentar os problemas, distanciando-se dos arautos da catástrofe e dos inertes, que nada contribuem para que o direito processual cumpra sua missão.

Parabéns à editora Juspodivm e ao autor. Boa leitura.

Hermes Zaneti Jr.

Pós-Doutor pela Università degli Studi di Torino/IT. Doutor em Teoria e Filosofia do Direito pela Università degli Studi di Roma Tre/IT. Mestre e Doutor em Direito Processual Civil pela Universidade Federal do Estado do Rio Grande do Sul. Professor Adjunto de Direito Processual Civil na Graduação e no Programa de Pós-Graduação Stricto Sensu da Universidade Federal do Espírito Santo. Promotor de Justiça no Estado do Espírito Santo.

SUMÁRIO

INTRODUÇÃO 19

CAPÍTULO 1
JURISDIÇÃO E PRECEDENTES JUDICIAIS 25
1.1 Jurisdição 25
    1.1.1 Concepções processuais clássicas 25
    1.1.2 Concepções contemporâneas de jurisdição 30
    1.1.3 Concepções políticas e jusfilosóficas 36
    1.1.4 Tradição do *Common Law* 44
    1.1.5 Tradição do *Civil Law* 48
1.2 Precedentes 51
    1.2.1 Conceito geral e características 52
    1.2.2 Precedentes Persuasivos 58
    1.2.3 Precedentes Vinculantes 60
    1.2.4 Conceito brasileiro. Existe? 66
    1.2.5 Precedente: norma ou cultura? 74
    1.2.6 Procedimentalização dos precedentes no sistema brasileiro 82
    1.2.7 Código de Processo Civil de 2015 83

CAPÍTULO 2
INFLUÊNCIA DA JURISDIÇÃO NA ADMINISTRAÇÃO PÚBLICA 99
2.1 Administração Pública 99
    2.1.1 Características – Regime Jurídico Administrativo 101
    2.1.2 Princípios expressos 106
    2.1.3 Princípios implícitos 112
    2.1.4 Vinculação e discricionariedade 116
    2.1.5 Paradigmas contemporâneos 117
2.2 Súmula Vinculante 123
2.3 Decisões em controle concentrado de constitucionalidade 129
2.4 Normas de entes públicos que autorizam aplicação de precedentes 139

2.5 Nova Lei de Introdução às Normas do Direito Brasileiro – LINDB (Lei Federal n. 13.655/2018) 144

    2.5.1 Deveres das autoridades públicas na expedição de súmulas administrativas e regulamentos. Caráter vinculante 152

2.6 Alcance pamprocessual do julgamento de casos repetitivos 154

    2.6.1 Concessão, Permissão e Autorização de Serviço Público 157

    2.6.2 Nova Lei das Agências Reguladoras (Lei Federal n. 13.848/2019) 163

    2.6.3 Inconstitucionalidade dos arts. 985, § 2º e 1.040, IV, do Código de Processo Civil 164

CAPÍTULO 3
PRECEDENTES JUDICIAIS
NA ADMINISTRAÇÃO PÚBLICA 175

3.1 Aplicação dos precedentes nos processos em que a Fazenda Pública é parte – fase processual 176

3.2 Aplicação dos Precedentes pela Administração Pública – fase pré-processual ou consensual 179

    3.2.1 Limites 180

        3.2.1.1 Princípio da Legalidade 180

        3.2.1.2 Princípio Democrático 182

        3.2.1.3 Princípio da Separação dos Poderes 185

        3.2.1.4 Repercussões e Responsabilidades 187

    3.2.2 Possibilidades 192

    3.2.3 Premissas de Aplicação de Precedentes pela Administração Pública 212

        3.2.3.1 Interesse da Administração Pública 217

        3.2.3.2 Instrumento legal de aplicação de precedentes judiciais na Administração Pública 224

        3.2.3.3 Natureza do precedente. Precedentes diretamente vinculantes e precedentes indiretamente vinculantes 232

        3.2.3.4 Publicidade do novo entendimento administrativo 234

3.3 Redução da litigiosidade 237

CAPÍTULO 4
CONCLUSÃO 243

REFERÊNCIAS 247

INTRODUÇÃO

Contemporaneamente muito se escreve sobre os precedentes judiciais, sendo objeto de disciplinamento no Código de Processo Civil de 2015 de se obrigar que juízes e Tribunais sigam os precedentes, disciplinando por lei na jurisdição brasileira o *stare decisis* (precedente obrigatório), com nítida inspiração na jurisdição do *common law* [1] e na evolução do direito jurisprudencial.

Nesse sentido, Michele Taruffo (2003, p. 148) destaca que a característica mais recente da evolução dos ordenamentos processuais, ao contrário do passado de mudanças verticais, "é o das 'interferências horizontais' entre sistemas distintos, ou – se se preferir – o da imitação de um sistema ou modelo por outros, ainda que derivados de experiências históricas e linhas evolutivas muito heterogêneas".

Este trabalho tem como objetivo examinar se os precedentes judiciais, na forma da disciplina do Código de Processo Civil de 2015, também vinculariam a atuação da Administração Pública brasileira ou se se faz necessário regramento normativo próprio pelos entes federativos, para que se respeitem, também no exercício das atividades administrativas, as decisões judiciais uniformemente sedimentadas.

Para tanto, será necessária a análise do alcance e abrangência do princípio da legalidade, disposto no art. 37, *caput*, da Constituição Federal, no sentido de ter esse princípio como impeditivo da adoção dos precedentes vinculantes na Administração Pública, em uma

---

1. Georges Abboud (2012, p. 493) afirma que parece existir uma "verdadeira fetichização por parcela de nossa doutrina em relação ao *common law*", criticando que o "maior risco que essas reformas trazem é que, no afã de implantar o sistema de precedentes em nosso ordenamento – porque tal sistema supostamente geraria maior isonomia e celeridade processual -, estas reformas acabam por suprimir verdadeiros direitos e garantias fundamentais do cidadão, na medida em que ignoram a flexibilidade ínsita ao sistema de precedente do *common law*".

jurisdição de *civil law*, ou, diversamente, a ampliação do significado do princípio da legalidade, em consonância com outros princípios constitucionais e com as teorias dos sistemas, do discurso, do diálogo institucional, da integridade e do estado democrático de direito, para o fim de possibilitar que os precedentes firmados nos processos judiciais sejam também respeitados na atuação administrativa, em razão da unidade e uniformidade do Direito, como, igualmente, a forma para tal desiderato, em virtude da interação entre as funções estatais do sistema jurídico.

O trabalho, nessa medida, tangencia o Direito Processual Civil, o Direito Constitucional e o Direito Administrativo, amalgamando os postulados desses ramos jurídicos para o fim de responder ao problema proposto na presente pesquisa, qual seja, a influência dos precedentes judiciais na atuação da Administração Pública.

A análise é direcionada, primordialmente, para a *repercussão externa* do precedente judicial, do que voltada, estritamente, para os reflexos desses no exercício da atividade judicial (perspectiva endoprocessual), como se tem percebido nas obras que tratam da referida temática nos últimos anos no Brasil.

Mais especificamente, essa repercussão externa ao processo, à jurisdição (perspectiva extraprocessual ou pamprocessual), é estudada relativamente à Administração Pública, tanto no que concerne à existência ou não de influência nas atividades administrativas dos precedentes judiciais, da possibilidade jurídico-político-social, ou não, da adoção de precedentes para balizar os atos administrativos e, como fechamento, da necessidade, ou não, de formatação normativa para subsidiar e legitimar a conduta da Administração Pública na aplicação de precedentes judiciais.

O trabalho, assim, pauta-se dentro de um marco teórico do ordenamento jurídico – não da norma em si[2], notadamente do regime jurídico-político adotado na Constituição Federal, não se deixando,

---

2. Esclarece Tércio Sampaio Ferraz Júnior (1994a, p. 174, grifos no original): "A validade da norma não é uma qualidade intrínseca, isto é, normas não são válidas em si: dependem do contexto, isto é, dependem da relação da norma com as demais normas do contexto. O contexto, como um todo, tem que ser reconhecido como uma relação ou conjunto de relações globais de autoridade. Tecnicamente diríamos, então, que a validade de uma norma depende do *ordenamento* no qual está inserida".

contudo, de dar um vezo hermenêutico quando assenta sobre a necessária dialogicidade entres os poderes/funções estatais e a interpenetração ou entrelaçamento de uma interpretação jurídica entre tais sistemas jurídico-políticos, com vistas a uma unidade e integridade do Direito no Brasil.

Nesse sentido, a investigação não se restringe, apesar de ser dominante, apenas a uma dogmática jurídica, em que tomando o princípio da legalidade como objeto, como exemplificado por Tércio Sampaio Ferraz Júnior (1994a, p. 48, grifos no original), "obriga o jurista a pensar os problemas comportamentais a partir da lei, conforme à lei, para além da lei mas nunca *contra* a lei", sendo necessário também, diante da multidisciplinariedade referida, trabalhar com uma zetética jurídica, especialmente uma zetética aplicada, "pois os resultados da investigação podem ser aplicados no aperfeiçoamento de técnicas de solução de conflitos" (FERRAZ JÚNIOR, 1994a, p. 45).

Dessa maneira, o primeiro capítulo trata da jurisdição e dos precedentes judiciais, descrevendo suas características e modos de aplicação, especialmente na jurisdição brasileira.

O segundo capítulo contextualiza a Administração Pública, os princípios constitucionais a ela vinculantes e o regime jurídico da atividade administrativa, descrevendo-se os precedentes judiciais que hodiernamente vinculam esse poder estatal.

Incluiu-se, nessa 2ª edição, um item específico sobre a Lei Federal n 13.655, de 25 de abril de 2018. Tal texto normativo inseriu na Lei de Introdução às Normas do Direito Brasileiro (LINDB) novas "disposições sobre segurança jurídica e eficiência na criação e aplicação do direito público", consoante expresso na ementa da Lei n. 13.655/2018.

Considerando que o trabalho se propõe a investigar a forma com que decisões judiciais podem influenciar as atividades administrativas, a novel legislação, estruturante do ordenamento jurídico brasileiro, ao tentar estabelecer premissas e balizas para as decisões estatais (judiciais, administrativas e de controladoria), não poderia deixar de ser analisada sob a perspectiva da concretização da segurança jurídica e eficiência na aplicação de precedentes judiciais pela Administração Pública.

Inclui-se, também, item sobre a Lei Federal n. 13.848, de 25 de junho de 2019, que dispõe sobre a gestão, a organização, o processo decisório e o controle social das agências reguladoras, para o fim de contextualizar as novas disposições com o alcance pamprocessual do julgamento de casos repetitivos.

O capítulo final, âmago da presente pesquisa, intenta demonstrar, norteando-se pelos limites e possibilidades principiológico-constitucionais, porque a Administração Pública deve, ou não, adotar os precedentes judiciais no exercício de sua atividade e como isso seria possível, sem convolar-se em contrariedade ao Estado Democrático de Direito e em consonância com a uniformidade (igualdade jurídica) e estabilidade (segurança jurídica) do entendimento do Direito no território brasileiro.

O elevado número de ações em que os entes públicos fazem parte, como autores ou réus, como demonstra o Conselho Nacional de Justiça nos relatórios "Justiça em Números" e "100 maiores litigantes"[3], denota, outrossim, a importância do estudo da aplicabilidade dos precedentes judiciais pela Administração Pública[4]. Deveras, em 2017, o acervo de processos que aguardam solução definitiva era de 80,1 milhões, sendo constatado que um dos maiores litigantes são os entes públicos. Diante desse elevado número de processos, Eduardo de Avelar Lamy e Leonard Schmitz (2012, p. 202) afirmam estar presente "a primeira justificativa para uma maior atenção aos precedentes judiciais, quando o Poder Público for litigante".

Outro dado colhido pelo Conselho Nacional de Justiça é o elevado gasto de dinheiro público com a manutenção da estrutura judiciária para dar conta da demanda por esse serviço público jurisdicional,

---

3. Disponíveis em: http://www.cnj.jus.br/pesquisas-judiciarias. Acesso em 01.07.2019.
4. Ovídio A. Baptista da Silva (2006, p. 262-263) assim sintetiza: "Certamente é verdadeira a alegação de que o Poder Público figura com índices alarmantes de recursos. Entretanto, salvas as demandas claramente repetitivas, que reproduzem questões legais já definitivamente resolvidas pelas instâncias superiores, em que os recursos realmente assumem o caráter protelatório, não se pode perder de vista que a presença do Poder Público ante os tribunais é uma clara expressão da natureza burocrática e regulamentar do Estado contemporâneo. O cipoal sufocante de disposições regulamentares, em grande parte dos casos, é a fonte dessa espécie de litigiosidade. Quem não tenha presente este dado, ainda supõe que estejamos vivendo a organização constitucional sonhada pelos revolucionários franceses, perante a qual o Estado apenas ditaria as 'regras do jogo', sem nele tomar parte."

apontando-se o valor de aproximadamente R$ 90,8 bilhões, relativo a 2017, "o que representou um crescimento de 4,4% em relação ao último ano, e uma media de 4,1% ao ano desde 2011".

Além de mecanismos processuais já criados com o desiderato de limitar a participação da Fazenda Pública em juízo, como a remessa necessária, importa ainda destacar a atual consciência, em âmbito institucional, de litigância racional na defesa das pessoas jurídicas de direito público, como as portarias de dispensa de recursos e súmulas administrativas, essas últimas, inclusive, objeto de atenção no art. 30 da Lei de Introdução às Normas do Direito Brasileiro, incluído pela Lei n. 13.655/2018. Contudo, esses atos *restringem-se à esfera processual*, sendo oportuna a pesquisa jurídico-constitucional-processual no sentido de verificar a possibilidade e efetiva implementação de meios de evitar-se a judicialização, hoje desenfreada, de toda e qualquer questão da vida, sobretudo, como não poderia ser diferente, considerando o amplo acesso à justiça atualmente existente.

Nesse passo, a redução da litigiosidade igualmente merece um aporte na parte final do trabalho, com o fim de demonstrar se poderá haver redução da litigiosidade com a adoção pela Administração Pública de precedentes judiciais antes mesmo da propositura de uma ação judicial, pacificando, consensual e institucionalmente, as relações sociais[5].

---

5. Oportuna a letra de Diogo de Figueiredo Moreira Neto (2011, p. 32): "Nunca é demais recordar que, perfeitamente contido no conceito de *neoconstitucionalismo*, como no de *vinculação necessária do direito à moral* e, ainda, no de *compromisso da comunidade dos intérpretes do direito na recriação da norma aplicável*, torna-se necessário, como o proclama Luis Prieto Sanchis, secundando a autoridade do pensamento de Dworkin, de Habermas, de Alexy, de Nino, de Zagrebelski e de Ferrajoli, *insistir-se na acrescida responsabilidade dogmática do profissional do Direito*, pois que a este cabe desenvolver não apenas um mero trabalho descritivo, mas expressar um profundo *comprometimento crítico*, imprescindível para que o *Direito* seja interpretado e aplicado *eficientemente*, pois é certo que, sob esses novos paradigmas, se acumulam acrescidas e graves responsabilidades, que impõem um *dever moral de ser eficiente*, notadamente quando no desempenho de uma função de relevância pública".

Capítulo 1

JURISDIÇÃO E PRECEDENTES JUDICIAIS

1.1 JURISDIÇÃO

Os precedentes judiciais decorrem do exercício da função jurisdicional. É dizer, sem jurisdição inexiste precedente judicial. A rigor, sem jurisdição, inexiste o próprio Estado Democrático de Direito, pois a ausência de controle jurisdicional dos atos públicos e também privados resulta em tirania e anarquia.

De modo que interessa, antes de adentrar propriamente no estudo dos precedentes judiciais, expor esse antecedente e/ou pressuposto à formação do precedente judicial, que é a jurisdição, com o fito também de, diante do entendimento dessa função estatal, estabelecer, no capítulo final, os níveis de influência e reflexos na Administração Pública.

1.1.1 Concepções processuais clássicas

A jurisdição, como atividade estatal, é delimitada pelo ordenamento jurídico e exercida por meio do processo. O conteúdo decisório reflete o quanto normatizado pela legislação, constitucional e infraconstitucional, como também pelo que a própria jurisdição interpretou como sendo o Direito aplicável a determinado caso concreto. Evidenciam-se presentes, respectiva e estereotipadamente[1], os sistemas jurisdicionais da *civil law* e da *common law*.

---

1. Conforme David Luban (2001, p. 5): "Supostamente, a *common law* seria feita por juízes, enquanto o direito codificado seria feito pelos legisladores. E, enquanto o juiz no direito codificado supostamente olharia somente para os códigos e a doutrina, o juiz do sistema da *common law* teria sua atenção voltada apenas a precedentes vinculantes proferidos pelos

Classicamente, referidos sistemas disciplinavam a forma como seria buscada a solução do processo, seja mediante a aplicação estrita da legislação, seja aplicando o entendimento já sedimentado em anterior decisão judicial que tratou do mesmo tema.

Essas características da jurisdição da *civil law* e da *common law*, hodiernamente, não são mais vistas nas referidas formas clássicas, como será demonstrado nas próximas seções, mas sim de forma entrelaçada, com a influência de um sistema no outro, sendo a atividade jurisdicional prestada com base na legislação, como também no que é sedimentado pela jurisprudência[2].

O entendimento do que seja jurisdição, sua forma de implementação e aplicabilidade, baseia as relações sociais e estatais, sendo de vital importância para a segurança jurídica e a estabilidade da sociedade e de todos os seus sistemas sociais (LUHMANN, 1998; 2007). Conforme acentua Luiz Guilherme Marinoni (2008, p. 68), também o "'modo de ser' da jurisdição influi sobre o resultado da sua atividade".

Juntamente com a ação, a defesa e o processo, a jurisdição forma o que se denomina na doutrina de fundamentos do processo, ou institutos fundamentais do processo civil, no sentido de que "são grandes categorias jurídicas, a que todas as outras estão ligadas, pois têm tal grau de generalização que se tem a impressão de que, antes deles, nada há" (WAMBIER, 2007, p. 12)[3].

No decorrer do tempo, vislumbram-se diversas concepções de jurisdição.

---

tribunais. Como muitos estereótipos, essas confortáveis dicotomias contêm um grão de verdade; mas como a maior parte dos estereótipos, o grão da verdade é excedido em peso por um armazém de grandes simplificações e claras inverdades".

2. Ovídio Baptista da Silva (2000, p. 23) expõe: "Na verdade, o crescimento avassalador do Estado moderno está intimamente ligado ao monopólio da produção e aplicação do direito, portanto, à criação do direito, seja em nível legislativo, seja em nível jurisdicional".
3. Eduardo de Avelar Lamy (2014) critica essa forma de conceber o processo, entendendo deva haver uma mudança na forma de pensar o processo, com a reconceituação de vários institutos essenciais e a definição de novas bases de uma teoria geral do processo, "uma teoria que não esteja fundada apenas nos institutos da relação jurídica processual, da ação, da jurisdição e da defesa, mas também, e principalmente, nos direitos fundamentais, reestruturando o processo a partir dos seus princípios constitucionais sem, contudo, deixar de reconhecer importância aos institutos".

No direito romano clássico, a jurisdição[4] foi concebida como meramente declaratória, com a oposição entre o *iurisdictio* e o *imperium*. O *iurisdictio*, que "consistia na faculdade atribuída a certos magistrados, de declarar (não julgar) a norma jurídica aplicável a determinado caso concreto" (CRUZ E TUCCI, 1987, p. 18), era exercido por meio da *actio*, e o *imperium*, realizado mediante os interditos, procedimentos administrativos efetivados pelo *praetor* romano, não se caracterizando, à época, como de natureza jurisdicional.

Ovídio Baptista da Silva (1997, p. 34, grifos no original) delimita a concepção romana de jurisdição: "(a) a oposição entre *jurisdição* e *poder*, o que equivale a dizer entre julgar e ordenar; (b) a separação entre *direito* e *fato*, entre o *dictum* e o *factum*, que ainda perdura na doutrina moderna; (c) a redução da *jurisdictio* apenas ao procedimento da *actio*, com o indeclinável *dare oportere*, inerente às *actiones in personam*; (d) as decisões sobre o *factum* ou *vis* achavam-se fora da jurisdição, integrando o *imperium* do pretor. Não havia *decisão sobre direito*, apenas sobre *fato*. Quanto ao direito, havia julgamento, não decisão, enquanto ato de vontade".

Essas características são os paradigmas para o direito moderno brasileiro, no sentido de que a jurisdição limitava-se apenas à declaração e, portanto, haveria de existir, para ultimar-se a jurisdição, ou seja, a proclamação (declaração) do direito, todo um procedimento

---

4. De acordo com Ovídio Baptista da Silva (1997, p. 25), o conceito de jurisdição no direito romano "é o verdadeiro *paradigma* que demarca e condiciona os demais conceitos e institutos com que a ciência processual moderna elabora suas categorias" (grifo no original). O conceito de *paradigma* é utilizado no texto, como mesmo referido por Silva, conforme proposto por Thomas Kuhn (1998, p. 30), de onde se extrai: "Com a escolha do termo pretendo sugerir que alguns exemplos aceitos na prática científica real – exemplos que incluem, no mesmo tempo, lei, teoria, aplicação e instrumentação – proporcionam modelos dos quais brotam as tradições coerentes e específicas da pesquisa científica". E, logo em seguida, Kuhn delimita melhor referido conceito: "O estudo dos paradigmas [...] é o que prepara basicamente o estudante para ser membro da comunidade científica determinada na qual atuará mais tarde. Uma vez que ali o estudante reúne-se a homens que aprenderam as bases de seu campo de estudo a partir dos mesmos modelos concretos, sua prática subsequente raramente irá provocar desacordo declarado sobre pontos fundamentais. Homens cuja pesquisa está baseada em paradigmas compartilhados estão comprometidos com as mesmas regras e padrões para a prática científica. Esse comprometimento e o consenso aparente que produz são pré-requisitos para a ciência normal, isto é, para a gênese e a continuação de uma tradição de pesquisa determinada" (p. 30-31).

organizado e regulamentado (procedimento ordinário) no "processo de conhecimento".

Interessante atentar que Ovídio Baptista da Silva (1997, p. 45; 2000, p. 31) inclui Piero Calamandrei entre os doutrinadores que entendiam que a jurisdição haveria de ser apenas declaratória, com fundamento em ensaio publicado em 1917. Contudo, essa assertiva é contrariada pelo próprio Calamandrei (1999, p. 136-137), ao descrever o que denominou de os dois momentos da jurisdição, a cognição e a execução forçada: "A função jurisdicional compreende, então, no sistema da legalidade, não só a atividade que o Estado realiza para aplicar a norma geral e abstrata já existente ao caso concreto e para esclarecer o mandato individualizado que dela nasce, mas também a atividade posterior que o Estado leva a cabo para fazer que este mandato concreto seja, na prática observado (em si mesmo, ou no preceito sancionatório que toma seu lugar), também em caso de necessidade com o emprego de força física, dirigida a modificar o mundo exterior e a fazê-lo corresponder à vontade da lei".

Na evolução do direito romano, constata-se que, durante o período do Império Romano, o *iurisdictio* e o *imperium* convergem-se nas funções do *praetor*, que passa a, além de poder executar, também o poder direto, sem nomeação de jurisconsultos, de declarar o direito (LAMY; RODRIGUES, 2012, p. 109-110).

Essa evolução de que não só dizer o direito importa, mas também o de executá-lo, veio a sofrer, de acordo com Eduardo de Avelar Lamy e Horácio Wanderley Rodrigues (2012, p. 110), um verdadeiro retrocesso, pois, na Idade Média houve "confusão criada por glosadores de obras oriundas do período da república romana, no sentido de que a jurisdição consistiria apenas no conhecimento e não na execução das decisões"[5].

Vários autores contribuíram com doutrinas acerca da jurisdição, sendo de se destacar as de Chiovenda, Allorio, Carnelutti e Dinamarco.

---

5. Ovídio Baptista da Silva (1997, p. 33) também destaca que "[...] parece-nos que o pensamento moderno ao conceber a jurisdição como declaração de direito, separando *julgamento* e *ordem* – além de reduzir as ações apenas às três espécies formadoras do *Processo de Conhecimento* (declaratórias, constitutivas e condenatórias) – produtoras de consequências exclusivamente *normativas*, e não *fáticas* -, presta tributo excessivo àquele pressuposto teórico, autêntico *paradigma* como tentaremos mostrar" (grifo do autor).

Giuseppe Chiovenda (1965b) concebe a jurisdição como uma função estatal que objetiva concretizar a vontade da lei. Essa aplicação tem um caráter substitutivo dos interesses das partes pela atividade jurisdicional. Não se pode deixar de mencionar, pela natureza clássica, a definição de jurisdição como "função do Estado que tem por escopo a atuação da vontade concreta da lei por meio da substituição, pela atividade de órgãos públicos, da atividade de particulares ou de outros órgãos públicos, já no afirmar a existência da vontade da lei, já no torná-la, praticamente, efetiva" (1965b, p. 3).

Segundo Chiovenda (1965b), ao enaltecer a doutrina das funções estatais[6], a aplicação da lei também é feita pela Administração; contudo, a lei é o limite desta, enquanto para a jurisdição, a lei é o seu objeto, em que o juiz age atuando-lhe. A jurisdição, por conseguinte, "é uma atividade pública exercida *em lugar de outrem* (não, entendamos, *em representação* de outros)" (CHIOVENDA, 1965b, p. 11).

Ainda, destaca o autor que a substituição caracteriza-se de dois modos relativos aos dois estádios do processo, a cognição e a execução. Apontam, nesse sentido, Lamy e Rodrigues (2012, p. 111) que, embora "seja questionável a ideia de substituição, sua teoria demonstrou que a execução tinha natureza jurisdicional".

Calamandrei (1999, p. 143) consente com a doutrina de Chiovenda, afirmando que "a finalidade primeira que ele mesmo [o Estado] persegue *no sistema da legalidade*, é a da observância do direito, *só porque é direito e independentemente do seu conteúdo*", enfatizando que "*o Estado defende com a jurisdição sua autoridade de legislador*" (grifo no original). Como propriamente escrito por Chiovenda (1965a, p. 42), os "juízes rigorosamente fiéis à lei conferem aos cidadãos maior garantia e confiança do que os farejadores de novidades em geral subjetivas e arbitrárias".

---

6. Importa registrar que já Chiovenda (1965b, p. 8) admitia "que entre os diversos órgãos não deve haver contraposição, mas coordenação", referindo-se, ao contrário da teoria da divisão dos poderes em sua versão inicial, que o Legislador, por vezes, exerce função administrativa, a Administração exerce funções legislativas e judiciárias, e os órgãos judiciários têm também funções administrativas, sintetizando que à "separação conceitual das funções não é possível corresponder uma separação absoluta de poderes".

Conforme exposto por Ovídio Baptista da Silva (2000, p. 30-32), autores, como Enrico Allorio e Eduardo J. Couture, entendem a jurisdição como a aptidão para produzir coisa julgada.

Francesco Carnelutti (1959, p. 28), por sua vez, percebe a jurisdição como a justa composição da lide, sendo esta definida como "*un conflito (intersubjetivo) de interesse calificado por una pretensión resistida (discutida)*. El conflito de interesses es un elemento material, la pretensión y la resistência son su elemento formal".

Humberto Theodoro Júnior (1998, p. 34) ressalta "que não são todos os conflitos de interesses que se compõem por meio da jurisdição, mas apenas aqueles que configuram a *lide* ou *litígio*".

Não se ignora a celeuma doutrinária acerca de a jurisdição voluntária não ter lide e, por conseguinte, ter natureza administrativa e não jurisdicional (THEODORO JÚNIOR, 2011); contudo, entende-se, com Leonardo Greco (2003), que prescinde do conceito de lide, logo, de situação litigiosa, o conceito moderno de jurisdição.

1.1.2 Concepções contemporâneas de jurisdição

Cândido Rangel Dinarmarco (2008), em uma nova perspectiva, propõe a visualização do sistema processual de um ângulo externo, com a integração do poder, do Estado e das instituições sociais. A jurisdição, segundo ele, deve ser vista em uma perspectiva funcional, sendo parte da expressão do poder estatal, esse uno (2008, p. 136).

Esse poder estatal, conforme Dinamarco (2008, p. 137), ao prestar os seus serviços pela jurisdição, tem um feixe de objetivos situados no campo jurídico, pela "atuação da vontade do direito substancial"; no campo social, pela "pacificação com justiça; educação para a consciência dos próprios direitos e respeito aos alheios"; e, no campo político, pela "afirmação do poder estatal; participação democrática; preservação do valor liberdade; nos regimes socialistas, propaganda e educação para a vida e a ação socialistas".

De acordo com Ovídio Baptista da Silva (2000, p. 23-24), jurisdição verdadeira e autêntica "apenas surgiu a partir do momento em que o Estado assumiu uma posição de maior independência, desvinculando-se dos valores estritamente religiosos e passando a exercer um poder mais acentuado de controle social". Sustenta esse autor (p. 40), com o que concorda Daniel Mitidiero (2005, p. 81), que há duas notas essenciais que determinam a jurisdicionalidade de um ato, quais sejam: "a) o ato jurisdicional é praticado pela autoridade estatal, no caso o juiz, que o realiza por dever de função"; b) "a condição de *terceiro imparcial* em que se encontra o juiz em relação ao interesse sobre o qual recai sua atividade" (grifos no original).

A essas notas essenciais Fredie Didier Júnior (2015a, p. 153) acresce outras. Segundo o autor, "jurisdição é a função atribuída a terceiro imparcial (a) de realizar o Direito de modo imperativo (b) e criativo (reconstrutivo) (c), reconhecendo/efetivando/protegendo situações jurídicas (d) concretamente deduzidas (e), em decisão insuscetível de controle externo (f) e com aptidão para tornar-se indiscutível (g)".

Na concepção contemporânea de jurisdição, Luiz Guilherme Marinoni (2008, p. 23-142) expressa que deve ser entendida em vistas dos princípios constitucionais de justiça e dos direitos fundamentais, não se podendo mais admitir as teorias antigas de jurisdição, como as que impunham ao juiz a função de declarar a vontade da lei ou de criação da norma individual, tendo-se a lei como suprema.

Salienta Marinoni que essa concretização dos valores constitucionais tem de ter em mira a efetiva tutela dos direitos, dotando-se as pessoas e o ordenamento jurídico-processual de procedimentos e técnicas que satisfaçam as necessidades concretas na perspectiva do direito material e fazendo-o por meio de uma argumentação racional convincente[7]. Adverte que a pacificação social é consequência da prestação da tutela jurisdicional, não um de seus elementos.

Expõe ainda o autor que "a jurisdição exerce, no Estado contemporâneo, uma relevante função diante da imprescindibilidade da participação popular na reivindicação dos direitos transindividuais e na correção dos desvios da gestão da coisa pública" (MARINONI, 2008, p. 137).

---

7. Conforme lembrado por Pedro Manoel de Abreu (2011, p. 434), a "questão da racionalidade das decisões judiciais, aliás, decorre, no caso brasileiro, de imposição constitucional", conforme art. 93, IX, da Constituição Federal: "Todos os julgamentos dos órgãos do Poder Judiciário serão públicos, e fundamentadas todas as decisões, sob pena de nulidade, podendo a lei, se o interesse público o exigir, limitar a presença, em determinados atos, às próprias partes e a seus advogados, ou somente a estes".

Nesse sentido, Pedro Manoel de Abreu (2011, p. 441-442) igualmente assevera que a jurisdição, exercida dentro de uma estrutura normativa regulamentadora de sua atividade, "está edificada para possibilitar e salvaguardar a participação dos destinatários do ato imperativo do Estado na fase de sua formação".

O direito material, entrelaçado com os valores constitucionais de direito fundamentais, e a sua efetividade por meio do processo é o que conduziu as últimas reformas no Código de Processo Civil de 1973, notadamente no que se relaciona aos institutos da tutela antecipada e dos meios e procedimentos executivos[8].

Segundo aponta Eduardo de Avelar Lamy (2014, p. 307), ao salientar o desenvolvimento do direito processual desde a concepção excessivamente declaratória da jurisdição, hoje, "entretanto, pensando o direito processual na perspectiva dos direitos fundamentais, chega-se à conclusão de que o próprio elemento constituído pela jurisdição não precisa ser inerente ao conceito de processo, como também de que não é apenas a carga declaratória que interessa ao escopo da jurisdição, mas principalmente a produção de resultados efetivos através do processo".

Como ressaltado por Luiz Guilherme Marinoni (2013, p. 38), referindo-se ao impacto do constitucionalismo e à aproximação de poderes dos juízes do *civil law* com os do *common law*, no "instante em que a lei perde a supremacia, submetendo-se à Constituição, transforma-se não apenas o conceito de direito, mas igualmente o significado de jurisdição".

A inafastabilidade do controle jurisdicional, desse modo, princípio central da jurisdição, no Brasil estatuído no inciso XXXV, do art. 5º, da Constituição Federal[9], impõe como imperativo ao Poder

---

8. A propósito das relações entre processo e direito material, importa destacar, com Pontes de Miranda (1998, p. 245), que a "finalidade preponderante, hoje, do processo é realizar o Direito, o direito objetivo, e não só, menos ainda precipuamente, os direitos subjetivos". "Pode-se dizer, nesse sentido, que entre *processo* e *direito material* ocorre uma *relação circular*, o processo serve ao direito material, mas para que lhe sirva é necessário que seja servido por ele" (ZANETI JÚNIOR, 2014, p. 191).
9. "A lei não excluirá da apreciação do Poder Judiciário lesão ou ameaça a direito". No Código de Processo Civil de 2015 inclui-se disposição semelhante com a seguinte redação: "Art. 3º Não se excluirá da apreciação jurisdicional ameaça ou lesão a direito". Entende-se esta

Judiciário a apreciação, e decorrente resposta, de tudo quanto lhe for demandado.

Não que os poderes Legislativo e Executivo não atuem ou respondam, com aplicação do Direito, sobre pedidos da sociedade, mas, conforme Pontes de Miranda acentua (1998, p. 250), a jurisdição, como atividade do Estado de aplicar as leis, tem no Poder Judiciário sua função específica, ou seja, falta àqueles a "especificidade da função"[10].

A historicidade da jurisdição demonstra a sua evolução até os dias atuais[11]. No Brasil, essa evolução convola-se nas diversas alterações no Código de Processo Civil de 1973, na Emenda Constitucional n. 45/2004 e na regulamentação dos precedentes judiciais no Código de Processo Civil de 2015.

O art. 927 desse diploma legal tem a seguinte redação:

> Art. 927. Os juízes e os tribunais observarão:
>
> I – as decisões do Supremo Tribunal Federal em controle concentrado de constitucionalidade;
>
> II – os enunciados de súmula vinculante;

---

inclusão de todo desnecessária, já que o princípio da inafastabilidade da jurisdição tem assento constitucional, além de ser cláusula pétrea.

10. Esclarece, ainda, Pontes de Miranda (1998, p. 250) que, a "especificidade da função de julgar, atribuída ao Estado, teve por fito impedir a desordem, o excessos (e, pois, injustiças) da justiça de mão própria, e assegurar a realização menos imperfeita possível (em cada momento) das regras jurídicas".

11. Fredie Didier Júnior (2015a, p. 153-154) acrescenta: "Não é mais possível utilizar noção de jurisdição criada para um modelo de Estado que não mais existe, notadamente em razão de diversos fatores, tais como: *i)* a redistribuição das funções do Estado, com a criação de agências reguladoras (entes administrativos, com funções executiva, legislativa e judicante) e executivas; *ii)* a valorização e o reconhecimento da força normativa da Constituição, principalmente das normas-princípio, que exigem do órgão jurisdicional uma postura mais ativa e criativa para a solução dos problemas; *iii)* o desenvolvimento da teoria dos direitos fundamentais, que impõe a aplicação direta das normas que os consagram, independentemente de intermediação legislativa; *iv)* a criação de instrumentos processuais como o mandado de injunção, que atribui ao Poder Judiciário a função de suprir, para o caso concreto, a omissão legislativa; *v)* a alteração da técnica legislativa: o legislador contemporâneo tem-se valido da técnica das cláusulas gerais, deixando o sistema normativo mais aberto e transferindo expressamente ao órgão jurisdicional a tarefa de completar a criação da norma jurídica do caso concreto; *vi)* evolução do controle de constitucionalidade difuso, que, dentre outras consequências, produziu entre nós a possibilidade de enunciado vinculante da súmula do STF em matéria constitucional, texto normativo de caráter geral, a despeito de produzido pelo Poder Judiciário".

III – os acórdãos em incidente de assunção de competência ou de resolução de demandas repetitivas e em julgamento de recursos extraordinário e especial repetitivos;

IV – os enunciados das súmulas do Supremo Tribunal Federal em matéria constitucional e do Superior Tribunal de Justiça em matéria infraconstitucional;

V – a orientação do plenário ou do órgão especial aos quais estiverem vinculados.

§ 1º Os juízes e os tribunais observarão o disposto no art. 10 e no art. 489, § 1º, quando decidirem com fundamento neste artigo.

§ 2º A alteração de tese jurídica adotada em enunciado de súmula ou em julgamento de casos repetitivos poderá ser precedida de audiências públicas e da participação de pessoas, órgãos ou entidades que possam contribuir para a rediscussão da tese.

§ 3º Na hipótese de alteração de jurisprudência dominante do Supremo Tribunal Federal e dos tribunais superiores ou daquela oriunda de julgamento de casos repetitivos, pode haver modulação dos efeitos da alteração no interesse social e no da segurança jurídica.

§ 4º A modificação de enunciado de súmula, de jurisprudência pacificada ou de tese adotada em julgamento de casos repetitivos observará a necessidade de fundamentação adequada e específica, considerando os princípios da segurança jurídica, da proteção da confiança e da isonomia.

§ 5º Os tribunais darão publicidade a seus precedentes, organizando-os por questão jurídica decidida e divulgando-os, preferencialmente, na rede mundial de computadores.

Nota-se que o exercício da atividade jurisdicional não mais se atrela aos comandos legislativos, sejam constitucionais, sejam infraconstitucionais, mas também, doravante, se impõem deferências aos comandos, igualmente normativos, contudo, jurisdicionais, atrelados à transcendência das decisões judiciais, "pois sua constante aplicação possibilita a transformação de um conceito vago constante na lei para um conceito preciso quando colocado no contexto do direito" (MONNERAT, 2012, p. 346).

Consoante destaca Hermes Zaneti Júnior (2015a, p. 367), o aprimoramento da jurisdição e do processo civil, superando questões teóricas pela normatização dos precedentes por determinação legal, tomou como fundamento certo consenso jurídico e categorias então existentes, fazendo "opões dentro destas categorias de forma a adaptá-las especialmente às garantias constitucionais brasileiras e às necessidades do ordenamento jurídico brasileiro".

Trata-se da superação da teoria declaratória da jurisdição pela teoria reconstrutiva da jurisdição, em que se reconhece que "hoje a *função jurisdicional* colabora com a *função legislativa* para o desenvolvimento do Direito" (FEIJÓ, 2015, p. 151, grifos no original). Segundo José Rogério Cruz e Tucci (2015, p. 454), porém, a regra do art. 927 do Código de Processo Civil é inconstitucional, pois a Constituição reserva o efeito vinculante apenas à súmula vinculante e às decisões originadas do controle de constitucionalidade.

Diante, portanto, dessas características contemporâneas da jurisdição no Brasil, como também das celeumas advindas da regulamentação de precedentes judiciais no Código de Processo Civil de 2015, importa refletir sobre a sua influência na função administrativa, vale dizer, importa "(re)pensar a realização do direito em tempos de protagonismo judicial" (SANTOS; SILVESTRE, 2011).

De grande relevo, ademais, e consectário desse disciplinamento de prestígio dado à atividade jurisdicional é a questão da responsabilidade no seu exercício, como já ressaltado em doutrina (CITTADINO, 2002; BUSTAMANTE; DERZI; NUNES; MOREIRA, 2014).

Segundo pesquisa de Mauro Cappelletti (1989), dentro desse contexto e mais do que nunca diante da referida contemporaneidade da jurisdição brasileira, há de existir um sistema adequado de responsabilidades. Vale dizer, "a responsabilidade judicial deve ser vista não em função do prestígio e da independência da magistratura enquanto tal, nem em função do poder de uma entidade abstrata como o 'Estado' ou 'o soberano', seja este indivíduo ou coletividade. Ela deve ser vista, ao contrário, em função dos usuários, e, assim, como elemento de um sistema de justiça que conjuge (*sic*) a imparcialidade – e aquele tanto de separação ou isolamento político e social que é exigido pela imparcialidade – com razoável grau de abertura e de sensibilidade à sociedade e aos indivíduos que a compõem, a *cujo serviço exclusivo* deve agir o sistema judiciário (CAPPELLETTI, 1989, p. 91, grifos no original)".

Também com base em uma pesquisa empírica atual, colhe-se do Relatório do Conselho Nacional de Justiça sobre a força normativa do direito judicial no Brasil[12], que tanto para o legislador quanto para a comunidade jurídica, o grande desafio "é se criar uma cultura jurídica cada vez mais argumentativa e democrática, tornando-a o mais coerente possível com a **responsabilidade política** que a Constituição atribuiu aos juízes" (p. 133, grifos no original).

Esse sistema de responsabilidade deve ser entendido como uma responsabilidade institucional dos juízes em três vertentes, quais sejam, uma responsabilidade política e constitucional (o dever de prestar contas é devido perante os poderes políticos), uma responsabilidade social (o dever de prestar contas é devido à sociedade) e uma responsabilidade jurídica (o dever de prestar contas é devido em virtude de violações do direito, mais do que em comportamentos reprováveis apenas política ou socialmente).

1.1.3 Concepções políticas e jusfilosóficas

Ligada ao poder[13], não pode também a jurisdição deixar de ser analisada, ainda que perfunctoriamente, em uma perspectiva política e jusfilosófica. Isso porque, o poder, inerente à atividade jurisdicional, consoante o pensamento de Calmon de Passos (2000, p. 45), é a "*capacidade, para qualquer instância que seja (pessoal ou impessoal) de levar alguém (ou vários) a fazer (ou não fazer) o que, entregue a si mesmo, ele não faria necessariamente (ou faria talvez)*"[14] (grifos no original).

---

12. "A força normativa do direito judicial: uma análise da aplicação prática do precedente no direito brasileiro e dos seus desafios para a legitimação da autoridade do Poder Judiciário". Coord. Thomas da Rosa de Bustamante [et al.]; Alice Gontijo Santos Teixeira [et al.]; colab. Gláucio Ferreira Maciel [et al.]. Brasília: CNJ. Disponível em: http://www.cnj.jus.br/files/conteudo/destaques/arquivo/2015/06/881d8582d1e287566dd9f0d00ef8b218.pdf. Acesso em 14.08.2015
13. "A jurisdição é antes de tudo poder [...]" (MITIDIERO, 2005, p. 80).
14. O sentido dado por Calmon de Passos (2000, p. 45-47), como por ele próprio advertido, é o "*macro poder*", o poder político, econômico e ideológico, contrapondo à rede de micropoderes exposta por Michel Foucault, na sua obra Microfísica do Poder (1984). Bem contextualiza a questão do poder Miguel Reale (2006): "Ora, se toda norma jurídica representa sempre uma integração de fato segundo valores, é o caso de perguntar como é que essa integração se realiza, e qual é sua razão determinante. É aqui que se põe a *problemática do poder*" (p. 9) (grifos no original). Finaliza, então, Reale: "O Estado e o Direito não são, em suma, meras configurações normativas, exatamente porque há o poder que decide em função dos fins que presidem o ordenamento jurídico, sem o que não haveria legitimidade. É no âmbito dessa compreensão que se demonstra que o poder não é um fator arbitrário que se põe 'ab

Essa capacidade, portanto, de influir e infringir condutas, individuais, comunitárias e institucionais – perspectiva sociológica-política--filosófica - merece um destaque na concepção de jurisdição.

Sobre a posição dos tribunais e da jurisdição no sistema jurídico, Niklas Luhmann (1990) salienta que os tribunais são o centro do sistema jurídico, sendo a legislação e tudo o mais periferia[15], no sentido de "um ponto fronteiriço na relação entre o sistema jurídico e o sistema político" (p. 165), cabendo-lhe acolher as influências ("irritações") existentes no sistema jurídico pelo sistema político[16]. Os tribunais são impelidos a prestarem jurisdição, de modo que "a norma que proíbe a recusa da Justiça é estatuída como uma dupla negação sem conteúdo: a *não-decisão não* é permitida" (p. 160).

---

extra', mas sim como *momento de nomogênese jurídica*, sendo a decisão tomada em face e em razão de uma multiplicidade de valores livremente estabelecidos, como é próprio do Estado de Direito" (p. 12) (grifo no original).

15. Essas referências devem ser entendidas nos termos da teoria dos sistemas desenvolvida pelo autor. Destaque-se o quanto descrito por Cademartori e Baggenstoss (2011, p. 325): "Niklas Luhmann, com o objetivo de construir a Teoria da Sociedade, propôs uma teoria baseada no binômio sistema-ambiente, mais especificamente na distinção daquele, surgida nos limites impostos por este na análise de suas funcionalidades. Ao se utilizar dos recentes avanços de diversas teorias, como a dos Sistemas, da Cibernética, da Evolução, da Comunicação, percebeu que a estruturação sistêmica dos fenômenos sociais integra uma evolução a qual denominou de *funcional-estruturalismo*, que considera o dinamismo presente no sistema e sua evolução por meio de perspectivas prováveis, já que as circunstâncias e contextos de interação no âmbito da sociedade são contingentes e indetermináveis. Assim, Luhmann suprime a subjetividade da explicação dos fenômenos sociais, haja vista a separação dos indivíduos humanos no dinamismo social'.'

16. Essa concepção não é exclusiva de Luhmann, sendo mesmo inserida no próprio entendimento da teoria dos sistemas. Nesse sentido, Boaventura de Souza Santos (1986, p. 24-25) dá a conhecer que a "concepção da administração da justiça como uma instância política foi inicialmente propugnada pelos cientistas políticos que viram nos tribunais um sub-sistema do sistema político global, partilhando com este a característica de processarem uma série de *inputs* externos constituídos por estímulos, pressões, exigências sociais e políticas e de, através de mecanismos de conversão, produzirem *outputs* (as decisões) portadoras elas próprias de um impacto social e político nos restantes sub-sistemas. Uma tal concepção dos tribunais teve duas consequências muito importantes. Por um lado, colocou os juízes no centro do campo analítico. [...] A segunda consequência consistiu em desmentir por completo a ideia convencional da administração da justiça como uma função neutra protagonizada por um juiz apostado apenas em fazer justiça acima e equidistante dos interesses das partes".

Com base em seu conceito de autopoiesis[17], Luhmann (1990) destaca que, sendo o sistema operacionalmente fechado, pois reproduz suas próprias operações (pense-se no ordenamento jurídico-normativo integralmente), também é um sistema aberto ao que lhe circunda (ao "mundo circundante"), porquanto, mediante proposições (pense-se na inafastabilidade da jurisdição conjugada com o direito de petição com base nos infinitos interesses – individuais, sociais, econômicos, políticos, ambientais, etc.) o sistema reage dando a resposta adequada[18]. Assim, na melhor expressão luhmanniana, "a proibição da recusa da Justiça garante a abertura por intermédio do 'fechamento'" (1990, p. 161).

Esclarecedora dessa assertiva é a seguinte passagem do autor (1990, p. 163): "Por essa razão, podemos compreender essa norma fundamental da atividade dos Tribunais (*Gerichtsbarkeit*) como o *paradoxo da transformação da coerção em liberdade*. Quem se vê coagido à decisão e, adicionalmente, à fundamentação de decisões, deve reivindicar para tal fim uma liberdade imprescindível de construção do Direito. Somente por isso não existem 'lacunas no Direito'. Somente por isso a função interpretativa não pode ser separada da função judicativa. E somente por isso o sistema jurídico pode reivindicar a competência universal para todos os problemas formulados no esquema 'Direito ou não-Direito'" (grifos no original).

A posição central da função jurisdicional no sistema jurídico, de acordo com Luhmann (1990), permite que não exista concorrência dentro do sistema, inexistindo hierarquia entre o centro e a periferia,

---

17. Descreve Luhmann (2009, p. 120) que o "sistema autopoiético produz as operações necessárias para produzir mais operações, servindo-se da rede de suas próprias operações". Gunther Teubner (1993) trabalhou especificamente sobre o sistema autopoiético no Direito. Segundo ele, o "*Direito constitui um sistema autopoiético de segundo grau, autonomizando-se em face da sociedade, enquanto sistema autopoiético de primeiro grau, graças à constituição auto-referencial dos seus próprios componentes sistêmicos e à articulação destes num hiperciclo*" (p. 53) (grifo do autor).

18. Conforme sintetiza Marcelo Neves (2006, p. 62): "Portanto, na teoria dos sistemas sociais autopoiéticos de Luhmann, o ambiente não atua perante o sistema nem meramente como 'condição infra-estrutural de possibilidade da constituição dos elementos', nem apenas como perturbação, ruído, '*bruit*'; constitui algo mais, 'o fundamento do sistema'. Em relação ao sistema, atuam as mais diversas determinações do ambiente, mas elas só são inseridas no sistema quando este, de acordo com os seus próprios critérios e código-diferença, atribui-lhes sua forma".

pois jurisdição e legislação são partícipes do processo de formação e modificação das regras jurídicas.

A única hierarquia existente é a do próprio centro, dividido em instâncias que se interligam, do primeiro grau até os tribunais superiores.

Noutro cenário, não somente interno da jurisdição, a propósito da hierarquia jurisdicional, não se pode deixar de mencionar, quando se aduz sobre uma concepção política e jusfilosófica de jurisdição, a contemporaneidade do direito globalizado[19], que não escapam os juízes, porquanto inseridos, em determinados sentidos, nessa mundialização, no comércio de juízes ou em uma sociedade de tribunais, como afirmam Antonie Garapon e Julie Allard (2005).

Com efeito, para Garapon e Allard (2005, p. 30-37) no lugar de um "sistema judicial globalizado", afirmam que se pode falar em uma "sociedade de tribunais". Haveria, nessa sociedade, um elo social sem vinculação a uma pirâmide de normas ou a uma ordem política determinada, em que os partícipes têm horizontes diversos, existem funções e tarefas comuns, que são conhecidos, partilhados, utilizados e servem de influência uns aos outros.

Os autores refutam, portanto, que essa socialização crie uma nova ordem para o fim de constituir um sistema coerente. O que afirmam, no entanto, é que se deve ver as relações *court to court*, que

---

19. Márcio Ricardo Staffen (2018, p. 16-17) sintetiza: "Assim, o processo de globalização necessita ser compreendido como expressão de uma interdisciplinaridade sistêmica. Logo, o Direito Global, por mais incipiente que seja, tem como objeto a compreensão e a regulação das relações provenientes dos fluxos globalizatórios. Fluxos estes que não se restringem à globalização do segundo pós-guerra, cuja grande especificidade verte da policentricidade que governa a globalização do terceiro milênio. Portanto, se o Direito Nacional tem sua atuação confinada nos limites territoriais da jurisdição nacional, com vigência e validade provenientes de condições hierárquicas ordenamentais, se o Direito Internacional resulta de acordos mútuos e recíprocos regidos pela soberania dos Estados e pela igualdade formal, o Direito Global, por seu turno, dispensa o papel central exercido pelos Estados. Além de facultar sua presença, quando partícipe, não lhe destina condições diferenciadas no trato das relações jurídicas. Dessarte, não propõe o Direito Global a morte do Estado. O seu objetivo mira a quebra da cisão entre as esferas domésticas e as esferas externas dos fenômenos jurídicos encampados pelos Estados. Na mesma linha, o Direito Global guarda em seu bojo a condição de incluir como destinatário de suas prescrições normativas não apenas os Estados e suas instituições, mas, na mesma posição, estabelece parâmetros aos particulares, com clara manifestação de sua condição global e de autoridade exercida às margens da autoridade dos Estados".

não são mediadas por um órgão central, nem pelos Estados, passando a elencar as funções existentes das relações entre os tribunais, quais sejam: funções de mediação (a ação em um tribunal inicia o debate em outro tribunal, fazendo com que um dos Estados se proponha a ser mediador); de admoestação (ordenação pelo Tribunal Internacional de Justiça de reapreciação de penas por tribunais dos Estados. Ex.: revisão de penas de morte pelos Estados Unidos em que a jurisdição, nos casos, era mexicana); de estímulo (caso Pinochet: decisão do tribunal inglês estimula a reabertura do processo no Chile); de avaliação (por exemplo, do Tribunal Penal Internacional se tribunais locais na ex-Iugoslávia tinham condições de julgar crimes de guerra); de neutralização (instauração de processo em um tribunal de determinado país para neutralização da atuação do tribunal de outro país, canalizando interesses).

Na mundialização da justiça há, portanto, um princípio do estabelecimento de relações, em que um tribunal não pode ficar, em um mundo global, indiferente a atuação dos outros. Não se trata de um sistema, mas, contrariamente, essa mundialização da justiça se torna uma dimensão do próprio direito interno, impulsionada "pela procura da melhor decisão possível" e, também, por uma "preocupação com sua reputação ou sob pressão dos seus governos para atrair investimentos, para tornar a luta contra a segurança interna mais eficaz (mandado de detenção) ou para apaziguar a opinião pública do país que se mostra revoltada com a inacção do governo" (GARAPON, ALLARD, 2005, p. 37).

Em certa medida, no Brasil, o atual desenvolvimento, incentivo e normatização do uso de precedentes vinculantes tem esse fundamento da "mundialização dos juízes". Perceba-se, de igual modo, que muitas decisões do Supremo Tribunal Federal fazem referência à precedentes de tribunais estrangeiros - mormente da Suprema Corte americana -, para fundamentar suas decisões.

Jürgen Habermas (2003a), a seu turno, concebe a jurisdição com base em uma teoria procedimental. Diz que a tensão entre facticidade e validade manifesta-se na jurisdição como tensão entre segurança jurídica e correção da decisão judicial (pretensão de tomar decisões certas).

Estes dois critérios - segurança e correção - essenciais para "preencher a função socialmente integradora da ordem jurídica e da pretensão de legitimidade do direito" (HABERMAS, 2003a, p. 246), são buscados, na aplicação do direito, por três teorias sobre a racionalidade da jurisdição, a saber: (a) hermenêutica da jurisdição; (b) realismo; (c) positivismo jurídico.

Referidas teorias, no entanto, conforme Jürgen Habermas expõe, com base no pensamento de Ronald Dworkin, não seriam suficientes para fundamentar a legitimidade da jurisdição[20], no sentido de satisfazer, a um só tempo, os dois critérios da segurança do direito e da aceitabilidade racional.

Assim, após contextualizar a teoria construtivista do direito de Ronaldo Dworkin e concordar em parte com ela[21], sustenta Habermas que a racionalidade monológica do juiz Hércules deve ser substituída por uma teoria da argumentação jurídica apoiada em uma racionalidade procedimental, em que a constituição da validade de um juízo deve ser procurada "não apenas na dimensão lógico-sistemática da construção de argumentos e da ligação lógica de proposições, mas

---

20. Como sintetiza Ricardo Tinoco de Góes (2013, p. 186): "Essa manifesta oposição a tais vertentes do pensamento jusfilosófico irá aproximar inicialmente os dois autores, pois quanto ao realismo, a exigência que faz Dworkin de que toda e qualquer decisão esteja vinculada a normas satisfaz o sentido de centralidade que Habermas adota em favor do processo legislativo, mesmo que para Dworkin as normas jurídicas não se restrinjam às regras produzidas pelo legislador. Também se aproximam quanto à crítica desferida ao positivismo, isto porque assim como Dworkin, Habermas irá conceber o aprisionamento da fonte de normatividade jurídica ao princípio de autoridade, inerente ao Estado, o que se mantém no primeiro autor, quando este não subordina a validade de todas as regras a uma norma fundamental, como em Kelsen ou a uma norma de reconhecimento, como em Hart. Por fim, com referência à hermenêutica, embora aquiesçam quanto à existência irretorquível de uma tradição jurídica, postam-se criticamente quanto à pré-compreensão que se tem sobre ela, quando se nota que ela terminou por ratificar um conservadorismo de 'tradições autoritárias com conteúdo normativo'" (grifos no original).
21. A teoria construtivista de Dworkin baseia-se na sua concepção de "direito como integridade". Conforme Habermas (2003a, p. 267), com "o conceito de 'integridade' Dworkin tenta explicar que *todas* as ordens jurídicas modernas apontam para a idéia do Estado de direito, proporcionando um ponto firme para a hermenêutica crítica na história institucional, mesmo que os vestígios deixados pela razão prática sejam muito esmaecidos. O princípio da 'integridade' caracteriza o ideal político de uma comunidade, na qual os parceiros associados do direito se reconhecem reciprocamente como livres e iguais. É um princípio que obriga tanto os cidadãos como órgãos da legislação e da jurisdição a realizar a norma básica da igual consideração e do igual respeito por cada um nas práticas e instituições da sociedade" (grifos no original).

também na dimensão pragmática do próprio processo de fundamentação" (2003a, p. 281).

Fundamenta, pois, Habermas (2003a, p. 292), que é a jurisdição que controla a tensão entre a legitimidade e a positividade do direito e, para tanto, deve existir no exercício jurisdicional (na aplicação do direito), isto é, na solução do problema da decisão correta e consistente, a harmonização dos elementos de uma teoria da argumentação jurídica com as restrições impostas pela realidade ("necessidade de regulamentação fática").

Deve-se ter presente, ao mesmo tempo, segundo destacado autor, que nessa aplicação do direito, é o direito em si mesmo que a regula e a organiza *procedimentalmente*, pois, na "medida em que o discurso jurídico nasce do próprio processo, deve ficar isento de influências externas" (HABERMAS, 2003a, p. 295). Essa procedimentalidade inerente e de competência do direito não afasta o exercício da argumentação perante a jurisdição, pois, como dito, essa é elemento para a solução do problema da tensão entre facticidade e validade. Assim, o "direito processual não regula a argumentação jurídico-normativa enquanto tal, porém assegura, numa linha temporal, social e material, o quadro institucional para decorrências comunicativas não circunscritas, que obedecem à lógica de discursos de aplicação" (HABERMAS, 2003a, p. 292).

Daí, "a jurisdição, ao levar em conta aspectos da aplicação, torna a desatar o feixe dos diferentes tipos de argumentos introduzidos no processo de normatização, fornecendo uma base racional para as pretensões do direito vigente". (HABERMAS, 2003a, p. 352).

Noutra perspectiva, a jurisdição, como discurso de aplicação do direito, desvincula-se da origem e dos debates políticos ultimadores da legislação, desvincula-se do discurso de criação do direito (GRIMM, 2006, p. 12), ou melhor, "o *texto* é o *sinal linguístico*; a *norma* é o que se *revela, designa*" (GRAU, 2014, p. 38, grifos no original)[22]. É o jurídico com existência autônoma do político.

---

22. Ainda, Eros Roberto Grau (2014, p. 39), fazendo referência a Ruiz e Cárcova, descreve: "As *disposições*, os *enunciados*, os *textos*, nada dizem. Passam a dizer algo apenas quando efetivamente convertidos em *normas* (isto é, quando – através e mediante a *interpretação* – sejam transformados em *normas*). Por isso, *as normas resultam da interpretação*, e podemos

Essa autonomia existencial, contudo, está apenas ligada à independência na aplicação do direito do quanto deliberado na sua criação; a vinculação da jurisdição é com o texto cristalizado, perfectibilizado e publicado, não com os debates parlamentares. A vinculação com o meio, com o "mundo circundante" (Luhmann) ou com o "mundo da vida" (Habermas), ainda é existente e sempre há de estar presente, sob pena de se proferir decisões destituídas da realidade vivida no momento.

Nesse particular, o político, no sentido da vida real e das relações sociais, deve tocar ao jurídico, e vice-versa.

É nisto que se baseia este estudo, no sentido de que a jurisdição toque a administração, e essa reaja de modo racionalmente adequado, lastreado pela integridade do direito, deixando, ou não, de atuar conforme entendimento jurisprudencial.

Por isso, coaduna-se com o pensamento de Dieter Grimm (2006) quando, embora afirme que devem ser "excluídas influências políticas externas sobre a aplicação do direito" (p. 15), assenta que "o conteúdo político da aplicação do direito é inevitável e, na mesma medida, a própria justiça se constitui em um poder político" (p. 16).

Luís Roberto Barroso (2013, p. 254), a propósito, esclarece que "a energia despendida na construção de um muro de separação entre o direito e a política deve voltar-se agora para outra empreitada", qual seja, a de "entender melhor os mecanismos dessa relação intensa e inevitável, com o propósito relevante de preservar no que é essencial, a especificidade e, sobretudo, a integridade do direito".

Da mesma forma, ilustrativa a imagem concebida por François Rigaux (2000, p. 322): "Permitindo-nos extrair uma imagem da física dos corpos gasosos ou das partículas elementares, tanto o aparelho normativo quanto o poder jurisdicional são compostos de moléculas que sofrem atrações e repulsões recíprocas, capazes de modificar-lhes o seu próprio comportamento".

Essa constituição dita política da jurisdição, todavia, não pode alcançar uma elevação a ponto de fundir na jurisdição também o poder

---

dizer que elas, *enquanto disposições*, nada dizem: elas dizem o que os intérpretes dizem que elas dizem" (grifos no original).

político em si, de legislação, que é o legitimado pela democracia para estabelecer os pressupostos da convivência comunitária. "Nesse ponto, no nível da aplicação do direito paira a ameaça de uma nova mistura das esferas funcionais de direito e política, para a qual ainda não são visíveis soluções convincentes nos dias de hoje" (GRIMM, 2006, p. 20).

Os precedentes judiciais fazem parte dessa mistura funcional.

1.1.4 Tradição[23] do *Common Law*

O *common law* é aplicado em países de tradição inglesa. Não se adentrará, no presente trabalho, nas origens históricas que remontam essa tradição, pois refogem ao objeto central do tema proposto[24], mas sim tentar-se-á demonstrar suas características no que concerne ao direito jurisdicional[25], com o objetivo de contextualizá-lo com o que ora está em progressão no Brasil, que é a adoção de uma doutrina de precedentes, oriunda do que o *common law* inicialmente criou e desenvolveu[26].

---

23. Adota-se, aqui, como o faz Hermes Zaneti Jr. (2015, p. 37-38), a terminologia proposta por Merryman (1989), de tradição em vez de sistema, apresentada por René David (2002). Zaneti Jr. melhor expõe as razões para tanto: "Essa atitude impõe-se para evitar a confusão entre os modelos apresentados e os sistemas jurídicos internos, bem como para facilitar a aproximação das linhas mestras dos diversos sistemas nacionais. *Tradição é entendida aqui justamente como uma comunhão peculiar que permite falar de sistemas jurídicos muito diversos entre si* (como o da França e da Alemanha) *como pertencentes ao mesmo grupo*. Tradição, portanto, não se refere a um conjunto de regras de direito (sobre contratos, delitos etc.), servindo mais para identificar *um conjunto de atitudes fundamentais, profundamente arraigadas, historicamente condicionadas, sobre a natureza do direito, sobre o papel na sociedade e no corpo político, sobre as operações adequadas de um sistema legal, sobre a forma que se faz ou se deveria fazer, aplicar, estudar, realizar e ensinar o direito*" (grifos no original).
24. Sobre a formação histórica e diversidades do *common law* inglês e estadunidense, com contextualização dos paradigmas existentes nos dias atuais, ver Estefânia Maria de Queiroz Barboza (2014, p. 37-67). Importa destacar que, diferentemente do ocorrido na França, na Inglaterra e nos Estados Unidos "os juízes, com frequência, tiveram uma atuação ao lado dos indivíduos contra o abuso de poder do Legislativo, tendo, também, importante atuação na centralização do poder do governo e no término do feudalismo" (BARBOZA, 2014, p. 53). Em doutrina nativa, ver Milson (1981) e Holmes Jr. (1882).
25. "A expressão *Common Law* apresentou diversos significados na História. Atualmente, o termo apresenta três sentidos principais: como sistema jurídico, em oposição a outros, em especial ao *Civil Law*; como fonte do Direito, tal como o *statutory law* e o *regulatory law*; e como sistema de solução de controvérsias, comparado ao *equity*" (GOUVEIA, 2011, p. 11).
26. Não que no Brasil não tenha existido um respeito e aplicação pelos juízes e tribunais da jurisprudência, muitas vezes descritas em súmulas, contudo, da forma como foi regula-

De um ponto de partida clássico, o entendimento do direito na *common law* é empírico, baseado nas práticas sociais e costumes. Como afirmado por Oliver Holmes (1882, p. 1), a "vida do direito não tem sido lógica: ela tem sido experiência"[27]. Acrescenta o autor: "A lei incorpora a história do desenvolvimento de uma nação através de muitos séculos, e ela não pode ser tratada como se contivesse apenas os axiomas e corolários de um livro de matemática"[28]. Nesse sentido, conforme aponta René David (2002, p. 404), o direito inglês é um direito de processualistas e práticos.

S. F. C. Milsom (1981, p. 6) refere que a "vida do *common law* tem sido o abuso de suas ideias elementares"[29], ideias elementares que René David (2002, p. 406) afirma serem dirigidas e voltadas, durante séculos, para o processo, e não decorrentes de um direito substantivo de regras jurídicas estanques.

As regras, a rigor, decorreriam do direito jurisprudencial, o chamado *case law*, oriundas da *ratio decidendi* das decisões dos tribunais superiores (DAVID, 2002, p. 408). "Por isso convém atribuir a máxima autoridade aos *precedentes* da jurisprudência e a essa espécie de *costume* nascido da prudência dos jurisconsultos do passado, não sem discutir de modo erudito sobre a natureza de cada novo caso" (VILLEY, 2009, p. 746).

Nos dias atuais, é cediço, essas ideias clássicas já não são de todo verdadeiras, uma vez que a aplicação do Direito nos países de tradição inglesa é regida também, e fortemente, pela legislação (GILISSEN, 1995, p. 215-216; ANDREWS, 2012, p. 96), de modo que as asserções a respeito de que se trata de um direito estritamente judicial

---

mentada a aplicação dos precedentes no Código de Processo Civil de 2015 e, notadamente, pelas últimas pesquisas da doutrina brasileira sobre o tema, parece adequado concluir que o estudo da aplicação de precedentes no sistema processual brasileiro atualmente não pode prescindir de uma análise, ainda que breve, da doutrina dos precedentes e conceitos correlatos da *common law*.

27. No original: "The life of the law has not been logic: it has been experience".
28. No original: "The law embodies the story of a nation's development through many centuries, and it cannot be dealt with as if it contained only the axioms and corollaries of a book of mathematics".
29. No original: "The live of the common law has been in the abuse of its elementar ideas".

em contraposição a um direito legislado ou normatizado da *civil law* restam, em muito, esvaziadas[30].

O que se nota são aproximações entre as tradições jurídicas e espaços de complementariedade (SÈROUSSI, 2001, p. 14). A rigor, como aponta Pedro Miranda de Oliveira (2013a, p. 15), ocorre atualmente uma interpenetração, sem transmudação.

A tradição do *common law* é assentada sobre os "precedentes", que "é uma expressão frequentemente utilizada para designar o conjunto de decisões judiciais vinculantes" (ANDREWS, 2012, p. 97).

E. Allan Farnsworth (p. 61-62), relativamente ao sistema jurídico dos Estados Unidos, ao explanar sobre as suas duas funções judiciais, em que a primeira é "definir e dirimir a controvérsia apresentada ao tribunal", relata que, a "segunda função da decisão judicial, característica do direito de tradição inglêsa, é estabelecer um precedente, em face do qual um caso análogo a surgir no futuro será provavelmente decidido da mesma forma. Essa doutrina é frequentemente designada pelo seu nome latino, *stare decisis*, da frase *stare decisis et non quieta movere*, apoiar as decisões e não perturbar os pontos pacíficos".

Nessa direção, segundo Gustav Radbruch (1962, p. 39), para quem todo ordenamento jurídico tem três escopos – garantia da justiça, promoção do bem comum e criação de uma segurança jurídica – no "ordinamento giuridico inglese predomina lo scopo dela sicurezza del diritto".

---

30. "Atualmente a legislação cobre tão extensamente quase todos os ramos do direito, tanto público como privado, que não se pode mais pressupor que o ponto de partida seja um precedente judicial. Comumente o ponto de partida deve ser a política legislativa expressa num texto legal significativo. Os tribunais, naturalmente, devem interpretar e aplicar a legislação. O sistema, no entanto, exige que os tribunais examinem os precedentes judiciais que a interpretaram e aplicaram anteriormente. Neste ponto, no entanto, uma questão mais séria é introduzida no processo. Os juízes podem tender a atribuir maior significado aos precedentes do que à legislação que aqueles precedentes pretenderam interpretar e aplicar. Os tribunais se defrontam portanto com a difícil tarefa de determinar o peso relativo a ser atribuído à política legislativa de um lado e ao precedente jurisprudencial de outro. Naturalmente, constitui função judicial interpretar e aplicar um texto legal. Sob nosso sistema tripartite de governo, entretanto, o tribunal deve ser fiel aos propósitos e política legislativa. O juiz não pode olvidar-se que o governo comporta três poderes e que, ao decidir o processo ele está cumprindo uma responsabilidade institucional da corte" (RE, 1994, p. 11).

Para tanto, foram criadas e consolidadas técnicas de julgamento que objetivam aplicar e manter um entendimento passado para o caso presente semelhante. Dessas técnicas ou conceitos podem ser referidos, uma vez que ligados ao entendimento de precedentes, objeto desta pesquisa, o *stare decisis*, a *ratio decidendi*, o *obter dictum*, o *distinguishing* e o *overruling*, adiante contextualizados.

Essa segurança jurídica, pressuposto da criação da doutrina dos precedentes na *common law*, é apontada por Luiz Guilherme Marinoni (2013, p. 98-99) como adotada pela tradição do *civil law* de modo diverso e antagônico, porquanto a certeza jurídica baseada e almejada na lei escrita serviu também para não dar a devida importância aos tribunais e às suas decisões, o que se afigura paradoxal, uma vez que, se as diversas interpretações da lei são dadas pelas decisões judiciais, nada mais lógico e inafastável do que concluir que a segurança jurídica decorre da garantia de igualdade das decisões judiciais, o que se daria mediante o respeito aos precedentes.

Necessário ressaltar que não se deve confundir *common law* e *stare decisis*, pois são independentes, sendo este aplicável de forma mais visível perante as características daquele (MARINONI, 2013, p. 31-32).

É notório, outrossim, que o *common law* desenvolvido nos Estados Unidos da América diferenciou-se do exercido na Inglaterra. Isso decorre da implantação de uma Constituição escrita, da adoção do Federalismo e da doutrina da separação dos poderes naquele país[31]. Na Inglaterra, vê-se que só recentemente houve separação das funções judicial, legislativa e executiva da *House of Lords*, que eram enfeixadas pelo *Lord Chancellor*[32].

---

31. No entendimento de Tiago Asfor Rocha Lima (2013, p. 108), as "distinções entre as duas nações existem desde o caráter mais tradicional do povo inglês em relação ao povo dos Estados Unidos, passando pelo sistema de governo (presidencialismo nos EUA e parlamentarismo na Inglaterra), pelo regime de governo (a monarquia inglesa e a república nos EUA), pela forma de Estado (federação nos EUA e unitário, centralizado na Inglaterra), até a própria estrutura de organização judiciária mais dispersa nos Estados Unidos do que na Inglaterra".

32. Conforme noticia Neil Andrews (2012, p. 76-77): "Em 2005 a *Constitutional Reform Act* foi decretada, levando à extinção da *House of Lords* em 2009. Em 28 de julho de 2009, os *Lords of Appeal in Ordinary* conduziram o último julgamento na Câmara da *House of Lords* (o último caso relacionava-se a uma questão de eutanásia). Em 1º de outubro de 2009, a

1.1.5 Tradição do *Civil Law*

A tradição de *civil law* é exercida nos países em que predomina a legislação como fonte do direito. Caracteriza-se pelo primado da lei em detrimento de outras formas de regulamentação da sociedade e de suas relações.

Teresa Arruda Alvim Wambier (2010, p. 35-36) acentua que o direito no *civil law* é fruto de dois momentos históricos. O primeiro com a descoberta no século XI de textos jurídicos romanos conservados durante a Idade Média e objeto de intensivo estudo no norte da Itália, principalmente em Bologna, passando a considerar os textos "como paradigmáticos, parte de um Corpus"; o segundo, decorrente da Revolução Francesa e de seus ideais, que resultou "num sistema fortemente alicerçado em bases racionais lógico-sistemáticas, cujo objetivo era conter abusos"[33]. Nesse mesmo sentido, Marinoni (2013, p. 46-56).

Acerca da influência da revolução francesa, da sua doutrina de limitação de poder por meio do primado da lei e da nova "lengua de los derechos" então inaugurada, Eduardo García de Enterría (1994, p. 30) assevera: "La lengua del Derecho es ya una lengua preceptiva, que no se conforma con reflejar especularmente la situación tal como existe, sino que aspira a conformala en moldes prefigurados com ánimo de instalarla duraderamente través de instituciones nuevas".

Pode o *civil law* ser entendido como um sistema fechado, na medida em que se busca pela edição de normas preestabelecidas en-

---

Supreme Court do Reino Unido reuniu-se pela primeira vez. A principal razão da extinção do *Appellate Commnittee* da *House of Lords* foi a visível necessidade de se eliminarem os três níveis de responsabilidade do *Lord Chancellor*, a chamada 'união universal' da Constituição britânica, pois esta combinava o *status* de Ministro (com responsabilidade ministerial sobre o órgão governamental do Executivo, o Departamento de Estado, por muito tempo conhecido por Gabinete do *Lord Chancellor*, depois renomeado como Departamento de Assuntos Constitucionais, e agora chamado de Ministério da Justiça) com o de porta-voz da *House of Lords*, de forma a ter Poder Legislativo, e, no terceiro nível, com sua atuação como juiz, que julgava os recursos interpostos na *House of Lords* ou perante o *Privy Council*".

33. Estefânia Maria de Queiroz Barboza (2014, p. 70) analisa que "diversamente dos Estados Unidos, onde prevaleceu a ideia de *checks and balances*, ou seja, controles recíprocos entre os poderes, na França houve um exagero deste princípio, levando a um sistema separado de Cortes administrativas e limitando-se o juiz a um papel de menor importância nos procedimentos jurídicos".

globar toda a conduta humana, em contraposição ao *common law*, que seria um sistema aberto, pois, nesse, além da lei, as decisões judiciais sedimentadas em precedentes também regulariam o modo de viver das pessoas (DAVID, 2002, p. 410 e 440).

Daí decorre o caráter abstrato e generalizante do *civil law*. Busca-se, para a regulamentação dos atos e da solução das controvérsias, a resposta na norma jurídica editada para tal desiderato.

Segundo visão norte-americana da formação e desenvolvimento do direito na América Latina, de Kenneth L. Karst e Keith S. Rosenn (1975, p. 45), o código civil "serve para preencher as lacunas em outra legislação, da mesma maneira como a common law serve em jurisdições anglo-americanas"[34]. Em outra passagem, expõe que a cultura jurídica latino-americana é altamente legalista, existindo "um forte sentimento de que novas instituições ou práticas não devem ser aprovadas sem lei anterior que lhes autorize" (p. 61)[35].

Destarte, no campo processual, ainda, inexistindo norma a respeito, o próprio ordenamento encarrega-se de dar as diretivas de como proceder, definindo, como no caso brasileiro, que "quando a lei for omissa, o juiz decidirá o caso de acordo com a analogia, os costumes e os princípios gerais do direito", consoante art. 4º da Lei de Introdução às Normas do Direito Brasileiro, Decreto-Lei n. 4.657, de 4 de setembro de 1942.

São as fontes secundárias do direito, que possibilitam a abertura do referido sistema fechado do *civil law*.

Nesse particular, no que concerne à alteração da Lei de Introdução às Normas do Direito Brasileiro, em 2010, apesar de Tiago Asfor

---

34. No original, o trecho completo está assim redigido: "The code contains the rule governing contracts, domestic relations, damages, restitution, inheritance, legal personality and torts. Even when no provision appears to be specifically applicable, the civil code is frequently consulted as a source of general principle, serving to fill in gaps in order legislation in much the same way as the common law serves in Anglo-American jurisdictions".

35. No original, de onde se extrai este trecho, se lê: "Latin America legal culture is highly legalistic; that is, society places great emplasis upon seeing that all social relations are regulated by comprehensive legislation. There is a strong feeling that new institutions or practices ought not be adopted without a prior law authorizing them. Laws, regulations, and decrees regulate with great specificity seemingly every aspect of Latin American life, as well as some aspects of life not found in Latin America. It often appears that if something is not prohibited by law, it must be obligatory".

Rocha Lima (2013, p. 121) entender que se perdeu uma oportunidade de atualizar referida norma em face da realidade atual, pois ignorou-se "por completo o papel que o Direito jurisprudencial ocupa no sistema jurídico e a importância que a ele é conferida pelos operadores do Direito", é certo que, para aplicação dessas fontes secundárias, o artigo 4º faz referência à lacuna da lei[36] ("quando a lei for omissa"), de modo que não se entende como adequada a inclusão da jurisprudência ou precedente judicial nesse preceptivo legal, porquanto a aplicação de precedente imprescinde de lacuna, vale dizer, não se aplica quando a lei for omissa tão somente, mas se aplica sobre ela e muitas vezes contra ela. Veja-se, por exemplo, a possibilidade de vinculação à interpretação conforme dada pelo Supremo Tribunal Federal em julgamento de controle concentrado de constitucionalidade.

Em realidade, no direito brasileiro, o que se constata é que o precedente judicial não tem como função preencher as lacunas da lei, mas sim dar ou impor a sua interpretação. No Brasil, por consequência, o precedente atua perante a lei e não no seu vazio. Poderá atuar, até mesmo, como fonte do direito, desde que legislação constitucional assim regulamente, nos termos defendidos por Rodolfo de Camargo Mancuso (2014, p. 230), para quem haveria necessidade de alteração do inciso II do art. 5º da Constituição Federal para dar a simetria necessária ao texto do Código de Processo Civil de 2015. Isso porque "somente a *norma legal* (nem mesmo um decreto!) pode seguir operando como parâmetro para aferição da exigibilidade de condutas comissivas ou omissivas, assim no setor público como no privado".

A regulamentação formal de precedentes no Brasil tem se dado mediante legislação, haja vista que antes de se dar por lei - seja constitucional ou infraconstitucional - natureza vinculante às decisões judiciais dos tribunais, tais decisões só eram utilizadas persuasivamente[37].

---

36. Vicente Ráo (1999, p. 501) expõe, que na investigação para preenchimento das lacunas do direito, "não se formulam regras gerais, aplicáveis a todos os casos futuros, que nelas possam incidir, pois esta tarefa só ao legislador compete".
37. Há quem diga, inclusive, que esse "regime legal voltado ao respeito a precedentes judiciais deve ocupar um lugar de honra no sistema jurídico nacional", advertindo, contudo, que "muito embora importante, sua previsão legal não basta. Deve-se empreender esforços no sentido de contribuir para sua melhor compreensão e aplicação" (FREIRE, 2017, p. 14). É o que se propõe nessa pesquisa.

Assim, na tradição do *civil law*, o direito é criado pelo Poder Legislativo, vedando-se aos demais poderes do Estado (Executivo e Judiciário) a criação de norma legal; quando o fazem, como no Brasil, há autorização prévia do Legislativo. Nesse sentido os decretos regulamentares de lei pelo Poder Executivo (CF, art. 84, IV) e demais normas aplicativas da lei (portarias, resoluções, instruções normativas, circulares etc.), a súmula vinculante (CF, art. 103-A) e a utilização das fontes subsidiárias pelo Poder Judiciário (LINDB, art. 4º). Aliás, a súmula é apenas vinculante porque assim restou delimitada pelo legislador constituinte derivado. Assim também o é com a regulamentação da aplicação de precedentes pelo Código de Processo Civil de 2015.

Não é papel deste estudo debruçar-se em profundidade sobre a correção ou não do mencionado protagonismo monológico da lei, aqui também incluída a Constituição[38]; todavia, é certo que o ranço legalista brasileiro e decorrente da tradição clássica do *civil law*, nesse aspecto, parece não mudar e parece mesmo não se poder modificar[39], diante da legalidade ser cláusula pétrea no direito brasileiro.

1.2 PRECEDENTES

O precedente não é um conceito de uso exclusivo ou mesmo criação da *common law* (TARUFFO, 2008, p. 795). Decisões judiciais

---

38. A esse respeito, Paolo Grossi (2007, p. 119-120) acentua: "É claro que o Estado não pode abdicar da fixação de linhas fundamentais, mas também é claro que se impõe uma deslegificação, abandonando a desconfiança iluminista do social e realizando um autêntico pluralismo jurídico, onde os indivíduos sejam os protagonistas ativos da organização jurídica do mesmo modo que acontece nas transformações sociais. Somente dessa forma será possível preencher o fosso que atualmente constatamos com amargura".

39. Deixa-se claro que esta (im)possibilidade de modificação aduzida no texto concerne aos trâmites burocráticos-constitucionais de regulamentação de condutas e das instituições, não se querendo fazer alusão à modificação da sociedade, num sentido político-sociológico, até mesmo para o fim de rompimento com a atual ordem constitucional, ou mesmo na existência de um pluralismo jurídico no interior do Estado (SANTOS, 1980). Não se ignora, outrossim, os questionamentos de António Manuel Hespanha (2013, p. 233), com os quais não se tem, no presente momento, respostas prontas, mas, para reflexão, curial registrar-se: "De que modo um ambiente de direitos plurais condiciona o modo de criar normas, também no direito de Estado? De que modo pode o direito estadual regular a constituição de direitos não estaduais? Em que medida a constituição do direito estadual pode constituir um limite para os direitos não estaduais? Qual a função específica do direito estadual num ambiente pluralista?".

e jurisprudências sempre foram utilizadas como argumento de autoridade (DEMO, 2005) para fundamentar e convencer os destinatários do discurso judicial também na *civil law* (CRUZ E TUCCI, 2004, p. 23-26)[40].

A influência, entretanto, da doutrina dos precedentes da tradição do *common law* nos estudos brasileiros foi crescente na última década, ultimando-se com a adoção, em certa medida, dessa doutrina no Código de Processo Civil de 2015.

Diante desse contexto e dentro dos objetivos desta pesquisa, necessário analisar a doutrina dos precedentes da tradição do *common law* e, posteriormente, a existência ou não de um conceito brasileiro de precedentes, com as consequências daí advindas pela criação de institutos jurídico-processuais, suas aplicações e implicações na jurisdição brasileira e a *normatividade* decorrente de tal regulamentação.

1.2.1 Conceito geral e características

O precedente judicial, de maneira simplificada, pode ser conceituado como uma decisão pretérita utilizada como forma de subsidiar a decisão presente. Também se entende precedente como um discurso de fundamentação e de justificação (SCHAUER, 1987, p. 571; BUSTAMANTE, 2012, p. 190).

Importa ressaltar que a historicidade do direito brasileiro, notadamente com as últimas alterações no Código de Processo Civil de 1973, já seria suficiente para o estudo do precedente judicial e sua aplicação ou não pela Administração Pública. Contudo, vale também destacar que essa prescindibilidade da análise do conceito e categorias do precedente na *common law* não se mostra adequada,

---

40. Colhe-se de José Rogério Cruz e Tucci (2004, p. 23): "Por paradoxal que possa parecer, vem assinalado que, sob o prisma da história do direito moderno, os sistemas de direito codificado também conheceram, além da força natural dos *precedentes persuasivos*, *precedentes com eficácia vinculante*, sendo certo que entre estes sobressaía a jurisprudência de corte superiores (*precedentes verticais*), como, *e. g.*, os *arrêts de règlement* do Parlamento francês; os julgamentos das 'causas maiores' da Rota Romana, da Itália pré-unitária; o regime de *assentos* da Casa de Suplicação em Portugal; o *prejulgado* trabalhista no Brasil; e, ainda hoje, o controle exercido pelo Tribunal Constitucional espanhol sobre as decisões que contrariem *precedentes judiciais*; e a inusitada regra constante do art. 1º, al. 2, do Código de Processo Civil suíço, que outorga ao juiz, diante de lacuna da lei, o poder de criar a regra aplicável ao caso concreto" (grifos no original).

porquanto, como prefacialmente descrito, é notória a influência do precedente vinculante na construção legislativa e doutrinária neste início de século no Brasil.

Consente-se, assim, com Fredie Didier Júnior (2013, p. 131-132), ao defender que uma reconstrução da Teoria Geral do Processo não pode encarar os institutos da tradição da *common law* dentro de uma teoria particular do processo, em razão de que se trata de "conceitos *lógico-jurídicos* processuais" que se devem incorporar à Teoria Geral do Processo.

Apesar de ser importante a demonstração dos conceitos da *common law* para situarmos e contextualizarmos os precedentes na regulamentação legislativa e na doutrina atual brasileiras, é preciso, contudo, nortear-se pelo ordenamento jurídico brasileiro e pelo regime político adotado na Constituição Federal, além do que a identidade do sistema jurídico-processual brasileiro é única e decorrente da evolução de muitos institutos aqui criados[41], como é o caso das súmulas. O *"precedente judicial precisa ser pensado a partir da nossa realidade e para ela"* (SANTOS, 2012, p. 137, grifos no original).

Assim sendo, importa deixar assentado que precedente na *common law* tem o seu entendimento, e precedente, na jurisdição brasileira, tem um entendimento diverso, não totalmente, é certo, mas com suas especificidades inerentes à formação histórica do instituto, havendo mesmo quem utilize a expressão "precedente à brasileira" (ROSSI, 2012). Conforme destaca José Rogério Cruz e Tucci (2004, p. 304), "o *precedente* é uma realidade em sistemas jurídicos histórica e estruturalmente heterogêneos, e que apresenta características próprias em diferentes legislações".

---

41. Pertinente, a propósito, as palavras de Roberto da Matta (1986, p. 11): "Como se constrói uma identidade social? Como um povo se transforma em Brasil? A pergunta, na sua discreta singeleza, permite descobrir algo muito importante. É que no meio de uma multidão de experiências dadas a todos os homens e sociedades, algumas necessárias à própria sobrevivência, como comer, dormir, morrer, reproduzir-se etc., outras acidentais ou superficiais: históricas, para ser mais preciso – o Brasil foi descoberto por portugueses e não por chineses, a geografia do Brasil tem certas características como as montanhas na costa do Centro-Sul, sofremos pressão de certas potências européias e não de outras, falamos português e não francês, a família real transferiu-se para o Brasil no início do século XIX etc. Cada sociedade (e cada ser humano) apenas se utiliza de um número limitado de 'coisas' (e de experiências) para construir-se como algo único, maravilhoso, divino e 'legal' [...]".

As críticas aos precedentes no Brasil podem ser mais bem aproveitadas se direcionadas ao aperfeiçoamento do instituto e não somente apontando-se que em um ou outro país da tradição do *common law* opera-se *maravilhosamente* bem com precedentes e, por isso, no Brasil também o deveria ser.

A comparação entre as tradições é salutar e, diga-se, *necessária*, até pela existência no mundo atual da "circulação de modelos" (TARUFFO, 2003, p. 148), mas deve-se igualmente levar em consideração as particularidades e historicidades de cada uma na medida do possível[42], sob pena de deslegitimação por ausência de identificação dos operadores com os novos paradigmas. Nos termos ditos por Teresa Arruda Alvim Wambier (2012, p. 86), "não se pode deixar de lado a perspectiva do comportamento da previsibilidade do direito", ou seja, a "ruptura não pode ser drástica". Todavia, como afirma, também é curial ter "coragem para se distinguir o que é tolerável, do que, deve ser corrigido, se for necessário, atropelando-se 'valores', características da cultura 'local' etc." (WAMBIER, 2012, p. 94).

Outra questão prévia também merece esclarecimento, que é se precedente e *stare decisis* no *common law* tem o mesmo significado.

Segundo noticia Caio Márcio Gutterres Taranto (2010, p. 144), o "*stare decisis* consubstancia doutrina que sistematiza os precedentes no centro da *common law*", sendo, portanto, *stare decisis* mais abrangente que o precedente.

Charles D. Cole (1998, p. 11) sustenta que precedente é a regra jurídica extraída do julgamento da Corte, enquanto que *stare decisis*

---

42. Michele Taruffo (2003, p. 149) assim expõe a problemática: "Análise interessante, mas que não pode ser aqui sequer esboçada, poderia respeitar à freqüência, à intensidade e à importância relativa dos 'intercâmbios' entre sistemas processuais de *common law* e de *civil law*. É possível, entretanto, aludir em linha geral à circunstância de que os legisladores modernos que se ocupam seriamente de reformas da justiça civil tendem a 'tomar por empréstimo' quanto se afigure útil, sem julgar-se excessivamente vinculados às respectivas tradições nacionais, e valendo-se inclusive, por conseguinte, daquilo que está fora dos modelos gerais de pertinência tradicional. Isso depende, naturalmente, da cultura do legislador de que se trata em cada caso: um legislador 'culto' terá as informações necessárias para fazer escolhas melhores no 'mercado das idéias', ao passo que um legislador 'ignorante' se inclinará a ser culturalmente autárquico e, portanto, a considerar que cada sistema processual nacional só pode ser reformado no interior de sua particular e provincial cultura, sem qualquer influência útil receptível dos ordenamentos que já enfrentaram e resolveram, talvez melhor e com maior eficiência, os mesmos problemas".

"é a política que exige que as Cortes subordinadas à Corte de última instância que estabelece o precedente sigam aquele precedente e 'não mudem uma questão decidida'".

Frederick Schauer (1987, p. 594, nota 11) lembra que, em grande parte, no uso contemporâneo, entrou em colapso a diferença entre precedente e *stare decisis*, de modo que, nesta apresentação, não se fará distinção alguma na utilização desses termos.

Não se confunde, outrossim, *stare decisis* com *efeito* vinculante. Como disposto por Taranto (2010, p. 144): "O *stare decisis* é instrumento de coerência interna do Poder Judiciário, enquanto o efeito vinculante tem natureza impositiva externa, obrigando, inclusive e principalmente, instâncias não jurisdicionais, notadamente o Poder Legislativo e o Poder Executivo".

A denominada doutrina do *stare decisis* significa que certas decisões judiciais têm eficácia vinculante, tornando-se precedentes judiciais que obrigariam seguimento nos demais casos semelhantes. Conforme melhor descreve Toni Fine (2000, p. 90), tal doutrina "estipula que, uma vez que um Tribunal tenha decidido uma questão legal, os casos subseqüentes que apresentem fatos semelhantes devem ser decididos de maneira consentânea com a decisão anterior".

A aplicação da doutrina do *stare decisis* tem como premissas e objetivos a uniformidade da aplicação do direito (igualdade), a previsibilidade da conduta jurisdicional e o respeito a decisões e entendimentos jurídicos passados, desde que não descontextualizados da realidade (estabilidade e segurança jurídica). Segundo Toni Fine (2000) os propósitos e benefícios do *stare decisis* seriam: justiça da decisão, previsibilidade, processo decisório fortalecido – decorrente da eficiência do processo decisório e do fortalecimento do processo decisório enquanto instituto jurídico - e estabilidade.

E. Allan Farnsworth (p. 61-62) explicita as razões para se seguir precedentes judiciais: "A justificação *comumente* dada a essa doutrina pode ser resumida em quatro palavras: igualdade, previsibilidade, economia e respeito. O primeiro argumento é que a aplicação da mesma regra em casos análogos sucessivos resulta em igualdade de tratamento para todos que se apresentem à justiça. O segundo é que uma sucessão consistente de precedentes contribui para tornar possível a solução de futuros litígios. O terceiro é que o uso de um critério estabelecido para solução de novos casos poupa tempo e energia. O quarto é que a adesão a decisões anteriores mostra o devido respeito à sabedoria e experiência das gerações passadas de juízes" (grifo no original).

A utilização dos precedentes na tradição do *common law* baseia--se em um raciocínio jurídico por analogia, por exemplos. De acordo com Edward Levi (1948, p. 501-502), esse raciocínio analógico possui três etapas: primeiramente, é vista a similaridade entre os casos; na segunda etapa, anuncia-se a regra de direito contida no primeiro caso; e, na etapa final, essa regra de direito é aplicada no segundo caso[43].

Deve-se atentar, ademais, que o *stare decisis* não é um fim em si mesmo, mas sim um ponto de partida, um princípio que é adotado para a solução do caso presente. Esse princípio, em sua aplicação pelo juiz, é muitas vezes moldado e adaptado para dirimir a controvérsia atual[44].

De acordo com Augusto César Moreira Lima (2001, p. 46-47) as razões para a deferência maior do *common law* ao *stare decisis* são, principalmente, três: (1ª) sistema de publicação de casos (precedentes); (2ª) método de ensino por intermédio de casos; (3ª) diferente papel para os juízes. Todavia, como aponta referido autor, com base em Goodhart, "o argumento de que os juízes da *common law* têm mais poder era verdadeiro no início e formação da *common law*, ou quando, ainda hoje, o direito em certa área é inexistente" (p. 48).

---

43. Augusto César Moreira Lima (2001, p. 25) também utiliza os fundamentos de Edward Levi para descrever o tópico "O sistema do common law". Ainda, acerca da utilização da analogia no *civil law* assevera o autor: "É de se notar que muito raramente os paradigmas de analogia são usados nos sistemas jurídicos codificados. Se na *common law*, os paradigmas de analogia (*analogical paradigmas*) são até mesmo uma maneira de testar as habilidades jurídicas dos advogados, sendo muito útil para a beleza e coerência de uma petição; nos sistemas codificados os paradigmas de analogia podem ter o funesto efeito de demonstrar a falta de mais profunda pesquisa jurídica – ver-se-ia muitas vezes que a jurisprudência usada de fato não cabia no caso presente" (p. 26).
44. Edward D. Re (1994, p. 10) acentua: "A doutrina do *stare decisis* conseqüentemente não exige obediência cega a decisões passadas. Ela permite que os tribunais se beneficiem da sabedoria do passado, mas rejeitem o que seja desarrazoado ou errôneo. Antes de mais nada é necessário que o tribunal determine se o princípio deduzido através do caso anterior é aplicável. Em seguida, deve decidir em que extensão o princípio será aplicado".

Dentre as críticas⁴⁵ à referida doutrina, merece destaque à relativa ao engessamento do direito, como sustentado há mais de um século por Oliver Holmes (1897, p. 25)⁴⁶. Entretanto, uma análise mais detida dessa concepção de julgamento afasta tal crítica, porquanto existente a possibilidade de não aplicação do precedente ou mesmo a distinção do caso precedente objeto de julgamento. Sendo assim, "essas formas de revisão permitem exatamente que o precedente não se congele no tempo e impeça a adaptação dos precedentes às novas realidades sociais" (NOGUEIRA, p. 92).

"A diferença básica entre precedentes e experiência é que os precedentes vinculam (*constrain*)" (MOREIRA LIMA, 2001, p. 44). Isso porque, o argumento de precedente, é um argumento de autoridade, no mesmo sentido que a regra; não obstante, distinguem-se pelo raciocínio que cada categoria utiliza para a conclusão. A diferença é que, no raciocínio por regra, já estão elencados os predicados factuais a serem subsumidos (*factual predicate of a rule*), enquanto, no raciocínio por precedente, se faz necessária a construção desses predicados factuais para aplicação da regra extraída do precedente (SCHAUER, 2002, p. 182-183).

Outra característica do precedente que importa ser ressaltada para este estudo é a denominada força gravitacional, termo cunhado por Ronald Dworkin (2002). A força gravitacional do precedente seria a aplicabilidade que um precedente tem mesmo nos casos em que os fatos não são exatamente os mesmos, mas há analogia entre as razões,

---

45. Gustavo Santana Nogueira (p. 89-119) cataloga as seguintes críticas: engessamento do direito, independência do juiz, legitimidade democrática do Judiciário, injustiça do precedente, precedente formado por corrupção, além de ofensa ao princípio da tipicidade das leis, ao princípio da imparcialidade do juiz. Luiz Guilherme Marinoni (2013, p. 188-210), de modo similar, descreve que os argumentos contrários à força obrigatória dos precedentes seriam: obstáculo ao desenvolvimento do direito e ao surgimento de decisões adequadas às novas realidades sociais; óbice à realização da isonomia substancial; violação do princípio da separação dos poderes; violação da independência dos juízes; violação do juiz natural; violação da garantia de acesso à justiça.

46. "It is revolting to have no better reason for a rule of law than that so it was laid down in the time of Henry IV. It is still more revolting if the grounds upon which it was laid down have vanished long since, and the rule simply persists from blind imitation of the past" (1897, p. 25). Tradução livre: "É revoltante não ter melhor razão para uma regra do direito que a de que ela foi enunciada no tempo de Henry IV. É ainda mais revoltante se os fundamentos sobre os quais a regra foi enunciada já desapareceram há muito tempo, e a regra simplesmente persiste por causa da imitação cega do passado".

entre os fundamentos jurídicos para aplicação⁴⁷. Destaca Dworkin (2002, p. 176): "A força gravitacional do precedente não pode ser apreendida por nenhuma teoria que considere que a plena força do precedente está em sua força de promulgação, enquanto uma peça de legislação. Contudo, a inadequação de tal abordagem sugere uma teoria superior. A força gravitacional de um precedente pode ser explicada por um apelo, não à sabedoria da implementação de leis promulgadas, mas à equidade que está em tratar os casos semelhantes do mesmo modo. Um precedente é um relato de uma decisão política anterior; o próprio fato dessa decisão, enquanto fragmento da história política, oferece alguma razão para se decidir outros casos de maneira similar no futuro. Essa explicação geral da força gravitacional do precedente explica a característica que invalidou a teoria da promulgação das leis, aquela segundo a qual a força de um precedente escapa à linguagem do voto em que é formulado".

Assim, conforme entendimento de Dworkin (2002), a força gravitacional do precedente está ligada aos argumentos de princípios necessários para fundamentar as decisões, enquanto os argumentos de política estariam ligados à força de promulgação do precedente (*enactment force of precedente*), e, portanto, não seriam adequados para abarcar em sua totalidade a prática do precedente baseada na doutrina da equidade, uma vez que se limitariam à aplicação das técnicas de interpretação das leis.

1.2.2 Precedentes Persuasivos

Os precedentes judiciais são comumente divididos pela doutrina em vinculantes e persuasivos⁴⁸.

A menção a essa divisão, na temática aqui desenvolvida, é importante para o fim de delimitar qual poderia, ou não, diante do

---

47. Moreira Lima (2001, p. 61) esclarece que por "força gravitacional de um precedente queremos caracterizar aqueles casos em que o precedente não está exatamente em ponto, os fatos não são exatamente correlatos, mas é de alguma forma e por alguma razão, útil". Na compreensão de Estefânia Maria de Queiroz Barbosa (2014, p. 219, nota 94), "Dworkin utiliza a expressão 'força gravitacional dos precedentes' para defender a vinculação das decisões posteriores não só à *ratio decidendi*, mas também aos princípios abstratos que a fundamentaram".

48. Neste sentido vale citar: Marinoni, 2013, p. 109-116; Cruz e Tucci, 2012, p. 111-114; Lima, 2013, p. 195-202; Mancuso, 2014, p. 150-164; Didier Júnior, 2015a, p. 456-457.

ordenamento jurídico brasileiro, ser aplicado pela Administração Pública e em qual dimensão.

Destarte, o precedente, sem o adjetivo obrigatório ou vinculante, é a decisão judicial utilizada como fundamento para outras decisões, não de forma impositiva, mas como modo de motivar a decisão, demonstrando que essa tem consonância com o que já foi decidido[49].

A decisão judicial paradigma é proferida por um órgão hierárquico superior ao atual órgão prolator da decisão presente, como um argumento de autoridade (DEMO, 2005), interpretativo, não obrigatório/normativo, sendo utilizada para justificar o porquê de se estar tomando a decisão em um determinado sentido. Tem-se, dessa forma, uma eficácia vertical. Quando a decisão usada como fundamento é do próprio órgão prolator, tem-se uma eficácia horizontal dos precedentes (MARINONI, 2013, p. 116-118).

Assim eram os papéis das súmulas[50] dos tribunais até a entrada em vigor da súmula vinculante pela Emenda Constitucional n. 45, de 30 de dezembro de 2004. Com efeito, os enunciados sumulares tinham o condão de demonstrar para a comunidade jurídica o entendimento de determinada matéria que o tribunal possuía, servindo de "motivação suficiente da decisão" (ASCENSÃO, p. 247), podendo-se afirmar, com Miguel Reale (2002, p. 175), "que as súmulas são como que uma sistematização de prejulgados, ou, numa imagem talvez expressiva, o "horizonte da jurisprudência", que se afasta ou se alarga à medida que se aprimoram as contribuições da Ciência Jurídica, os valores da doutrina, sem falar, é claro, nas mudanças resultantes de novas elaborações do processo legislativo".

Os precedentes persuasivos, de certa forma, legitimam a fundamentação da decisão judicial.

---

49. Na prática forense, muito se vê que a utilização de uma decisão como precedente, principalmente ementas de acórdãos e enunciados de súmulas, é feita "com a simples transcrição do resumo de um julgado, em uma espécie de acoplamento do caso anterior ao caso presente" (SCHMITZ, 2013, p. 350).
50. Marcelo Alves Dias de Souza (2006, p. 253) destaca: "Na verdade, o conteúdo do verbete individualmente, que expressa o entendimento do tribunal sobre determinada questão de direito, deve ser chamado, por precisão técnica, de enunciado".

1.2.3 Precedentes Vinculantes

O precedente obrigatório, adjetivado, portanto, já com um poder de natureza semântica, é a decisão que vincula, que obriga e impõe que os órgãos estatais sigam a norma dele extraída. Tem a carga de normatividade abstrata, *erga omnes*. A depender do modelo da jurisdição estatal ou pela própria regulamentação normativa, pode-se ter uma força vinculante no âmbito judicial, como também em outras áreas das relações sociais e institucionais.

De acordo com Humberto Theodoro Júnior (2005, p. 38), a chamada força vinculante "é a que primariamente compete à norma legal, que obriga a todos, inclusive o próprio Estado, tanto nos atos da vida pública como privada, sejam negociais, administrativos ou jurisdicionais".

No que diz respeito a tradição de *common law*, Charles D. Cole (1998, p. 12) salienta que "uma decisão da Corte que é precedente é 'lei' e vinculante em relação às Cortes subordinadas à Corte de última instância em questão até que tal precedente seja alterado".

Nessa direção, precedente vinculante ou obrigatório, visto como detentor de normatividade, pode ser caracterizado como fonte do direito[51], na medida em que, interpretando as leis, princípios e valores, delimita condutas das pessoas e instituições, ou seja, "por ter força obrigatória, constitui direito" (MARINONI, 2013, p. 36). Destarte, na tradição do *common law*, o precedente vinculante é tido como fonte do direito (DENNIS, 1993, p. 3; ALGERO, 2005, p. 785)[52].

---

51. A alusão ao termo "fonte do direito" necessita ser lida nos termos expostos por Alexandre Freitas Câmara (2018, p. 127): "Ora, se a norma jurídica só existe no caso concreto, sendo o resultado de uma atividade de interpretação e aplicação, então não se pode falar propriamente em 'fontes do Direito'. Essa metáfora, afinal de contas, impõe um 'distanciamento das origens da fonte', e só funciona 'quando não se pergunta o que há entre o 'antes da fonte' e o 'depois da fonte'. Não obstante isso, a metáfora das fontes pode ainda ter alguma utilidade, quando se busca falar dos pontos de partida da construção de uma decisão judicial. E aqui se busca demonstrar que não só a Constituição, as leis, as medidas provisórias, os tratados internacionais ou os decretos (além de outros textos normativos afins) são pontos de partida, mas também os padrões decisórios. Daí a viabilidade da utilização da metáfora das fontes. Mas seu emprego é feito sempre como cuidado necessário [...]".
52. Larry A. Alexander acentua: "The sources of law recognized by English and American courts are commonly understood to include not only legislation and constitutions but also prior judicial decisions". Tradução livre: As fontes de direito reconhecidas pelos tribunais

Já no que pertine à tradição do *civil law*, não é unânime a condição de fonte do direito do precedente judicial, uma vez que há quem defenda que o precedente vinculante é fonte de direito e quem defenda que não o é.

José de Oliveira Ascensão (1983), que entende fontes do direito como "modos de formação e revelação de regras jurídicas" (p. 189), escreve, em relação ao que denomina de costume jurisprudencial, que não se trata de fonte de direito porque falta a *convicção de obrigatoriedade* a propagar aos interessados, e não somente nos juízes (p. 245).

No que concerne ao sistema de fontes do direito constitucional espanhol, Ignacio de Otto (2012) assevera que seja qual for o qualificativo que se dê à jurisprudência, o seu valor vinculante e, portanto, de fonte de direito, tem como condição *sine qua non* as consequências advindas da infração da jurisprudência, ou seja, somente seria vinculante "porque el ordenamiento considera que la sentencia es antijurídica y, por tanto, que la jurisprudência forma parte de las normas cuya infración acarrea una consecuencia, esto es, del derecho" (p. 298).

A possibilidade de cassação da sentença por infringir a jurisprudência é que denotaria a sua vinculatividade, e, portanto, insere Otto a jurisprudência dentro do ordenamento jurídico, significa dizer, nos seus próprios termos, "si uma sentencia puede ser anulada por infracción de la jurisprudência es porque la sentencia que incurre en esa infracción es tan antijurídica como la sentencia contraria a la ley" (p. 298-299). Entretanto, faz a ressalva de que essa normatividade é subordinada à lei (jurisprudência *secundum legem*), "y la creación jurisprudencial está a todo momento subordinada a la voluntad del legislador, que con la modificación un solo término del texto legal puede destruir los más elaborados edificios jurisprudenciales" (p. 303).

A seu turno, José Puig Brutau, em texto clássico (2006, p. 142), entende que "desde el momento, pues, que la realización del Derecho, no en el papel, sino en la práctica, no depende exclusivamente de las *rules* o reglas estrictas, resulta evidente que el legislador no puede monopolizar la creación del Derecho, pues la interpretación de un principio de razonamiento jurídico, pongamos por caso, podrá dar

---

ingleses e americanos são comumente entendidas como incluídas não só de legislação e constituições, mas também decisões judiciais anteriores.

lugar a la formación de una regla estricta fundada en la autoridad del Tribunal interpretador".

Na doutrina brasileira, Rodolfo de Camargo Mancuso (2014, p. 39) posiciona a jurisprudência como uma fonte "*reflexa* ou *indireta*, diversa, pois daquela imanente à forma de expressão *principal* do Direito – a lei – e, ainda, distante do patamar reservado aos *meios de integração* pelos quais as eventuais lacunas podem ser colmatadas" (grifos no original). Ada Pelegrini Grinover (2016, p. 89), em um dos últimos de seus textos, a seu modo, assenta que o "*ius praetorium* está, assim, inserido no ordenamento jurídico brasileiro, ao lado das leis, justificando o caráter vinculante de sua jurisprudência, previsto agora também pelo novo Código de processo civil". Semelhante entendimento é corroborado por Peter Panutto (2017, p. 123-125).

De modo diverso sustenta Daniel Mitidiero (2014, p. 78), para quem independe de manifestação legal para atestar-se a força vinculante do precedente judicial, dado que o "precedente, uma vez formado, integra a ordem jurídica como fonte primária do Direito e deve ser levado em consideração no momento de *identificação da norma aplicável* a determinado caso concreto" (grifos no original).

No Brasil, essa característica de fonte do direito a impor respeito não só pela jurisdição, mas também pela administração e pelos particulares, é extraída do texto constitucional, com as súmulas vinculantes, consoante art. 103-A, e as decisões em controle concentrado de constitucionalidade, nos termos do art. 102, § 2º da Constituição Federal.

Conforme, nesse particular, destaca José Rogério Cruz e Tucci (2012, p. 122), inexiste dúvida "de que a força vinculante *erga omnes*, supra referida, acentua o caráter de fonte de direito dos precedentes judiciais do STF".

Os demais precedentes vinculantes, assim dispostos pelo Código de Processo Civil de 2015 no art. 927, não podem ser considerados fontes de direito, pois apenas dirigidos à jurisdição. Veja-se que o *caput* expressamente dispõe que a observância aos precedentes elencados nos incisos do artigo deve ser feita pelos juízes e tribunais.

Em parcial direção é também o entendimento de Cássio Scarpinella Bueno (p. 628-640), que afirma que para ter caráter vinculante é necessária autorização constitucional, diferenciando-se com a posição adotada nesse estudo na medida em que se atribui vinculatividade, *para a jurisdição*, todos os pronunciamentos judiciais elencados no art. 927 do Código de Processo Civil de 2015.

Diverso, contudo, a posição de Alexandre Freitas Câmara (2018), para quem apenas têm eficácia vinculante os incisos I, II e III, do art. 927, do Código de Processo Civil de 2015, adicionando, além das decisões do Supremo Tribunal Federal em controle concentrado de constitucionalidade e os enunciados de súmula vinculante, os acórdãos em incidente de assunção de competência ou de resolução de demandas repetitivas e em julgamento de recursos extraordinário e especial repetitivos.

Isso porque, para destacado autor, na obra referenciada (p. 353), o "que legitima, do ponto de vista constitucional (e, portanto, de uma processualidade democrática) a atribuição de efeitos vinculantes a esses padrões decisórios, mas não a outros, é o fato de que a construção deles - e não dos demais - se dá por meio de um procedimento em que se observa um contraditório subjetivamente ampliado"[53].

Essa delimitação jurisdicional de precedentes, ademais, como adiante será mais bem demonstrado, e a sua transcendência e aplicabilidade, que contemporaneamente é uma tendência a assentar a im-

---

53. Explicita assim Câmara (2018, p. 282) sua posição, com a qual não se coaduna nesse estudo: "Pois mesmo com a entrada em vigor do Código de Processo Civil de 2015 é preciso reconhecer que existem padrões decisórios que não são dotados de eficácia vinculante. É o que se dá, por exemplo, com os enunciados de súmula (não vinculante) do STF e do STJ, mencionados no inc. IV do art. 927 do CPC, ou com a 'orientação do plenário ou do órgão especial' dos tribunais (art. 927, V). É preciso, porém, compreender a razão de não haver, nesses casos, eficácia vinculante e, além disso, impende saber como se manifesta a eficácia persuasiva (ou, em outros termos, é preciso saber como deve funcionar, na prática decisória, a eficácia persuasiva de um padrão decisório). Em primeiro lugar, então, é preciso reafirmar que o mero fato de um padrão decisório estar inserido no rol contido no art. 927 do CPC/2015 não é suficiente para lhe atribuir eficácia vinculante. A eficácia vinculante de *alguns* padrões decisórios não provém do fato de estarem no art. 927 do CPC/2015, mas do regime próprio de cada um desses padrões decisórios. Ocorre que não existe, para os enunciados de súmula (art. 927, IV) e para as orientações do plenário ou órgão especial dos tribunais (art. 927, V), qualquer disposição que se possa ter por análoga às que se encontram nos arts. 102, § 2º, e 103-A da Constituição da República (para as decisões definitivas proferidas em processos de controle de concentrado de constitucionalidade e para os enunciados de súmula vinculante), ou nos arts. 947, § 3º, 985, II, e 1.040 do CPC/2015 (aplicáveis ao incidente de assunção de competência, ao incidente de resolução de demandas repetitivas e ao julgamento de recursos repetitivos, respectivamente)".

portância das Cortes Supremas (BUSTAMANTE, 2012; MITIDIERO, 2014), necessita de normas, constitucionais ou infraconstitucionais, que possibilitem que o precedente judicial também reflita sobre outros campos jurídicos que não apenas o jurisdicional.

A criação judicial do direito e a jurisprudência como fonte do direito (SOUZA, 1991, p. 37-52; DINAMARCO, LOPES, 2016, p. 41-44) *restringem-se ao campo processual*, à aplicabilidade e operacionalidade desta "fonte" pela jurisdição, exceção, no caso brasileiro, às súmulas vinculantes e às decisões em controle concentrado de constitucionalidade. O caráter universalizante do precedente pretendido por Thomas da Rosa de Bustamante (2012), decorrente de um discurso de justificação assentado em uma teoria da argumentação jurídica, para o Brasil, entende-se aplicável na esfera jurisdicional.

Muito embora Hermes Zaneti Júnior defenda também que os precedentes são fontes do direito (2012; 2015a; 2015b) parece adequado afirmar que a posição adotada neste trabalho de aplicabilidade de precedentes pela Administração Pública se adapta ao que esse autor denomina de precedentes normativos formalmente vinculantes fortes (2015, p. 344-346), dentro de sua classificação dos precedentes judiciais segundo o grau de vinculação formal[54].

Com efeito, as súmulas vinculantes e as decisões em controle concentrado de constitucionalidade seriam classificadas como precedentes normativos formalmente vinculantes fortes, pois se tem a obrigatoriedade legal de se seguir os precedentes e há possibilidade de impugnação tanto pela via recursal, quanto autônoma e diretamente no tribunal superior, em razão do desrespeito à autoridade do precedente legalmente assim estabelecido. Esses seriam os precedentes que *transcendem o universo da jurisdição, na medida em que sua*

---

54. "Vinculação formal significa que um julgamento que não respeita um precedente vinculante com relevância institucional, ou seja, com relevância constituída e regulada por normas jurídicas, não pode ser considerado juridicamente correto. Neste caso, a decisão será contrária ao direito (*not lawfull*; *illegitimo*) e, portanto, poderá/deverá ser objeto de reversão pelos meios de impugnação disponíveis no ordenamento jurídico. Portanto, vinculação formal será sinônimo de vinculação *de iure* e implicará o reconhecimento dos precedentes como fonte normativa primária formal, independentemente de seu conteúdo" (ZANETI JR., 2015, p. 342).

normatividade, extraída do texto constitucional, aplica-se às demais relações públicas e privadas da sociedade.

As outras duas categorias descritas por Hermes Zaneti Júnior são os precedentes normativos vinculantes, aqueles em que a "vinculatividade é compreendida a partir da exigência de argumentação racional no processo de interpretação/aplicação do direito, independentemente de lei formal" (p. 343), e os precedentes normativos formalmente vinculantes, em que a "vinculatividade é compreendida a partir do ônus argumentativo previsto em lei" (p. 344).

Intrínsecos ao precedente vinculante importa ressaltar, até pela influência na concepção de precedentes pelo Código de Processo Civil de 2015 e sua eventual possibilidade de aplicação pela Administração Pública, os conceitos de *ratio decidendi*, *obter dictum*, *distinguishing* e *overruling*[55].

Como escreve Luiz Guilherme Marinoni (2013), em uma primeira perspectiva, a razão de decidir "é a tese jurídica ou a interpretação da norma consagrada na decisão" (p. 220), não se confundindo com a fundamentação, mas contida nesta, sendo que é a *ratio decidendi* a parte da decisão que tem força obrigatória e vinculante para a magistratura.

Ratio decidendi, portanto, é o fundamento relevante, o motivo determinante que deu solução ao caso, é a parte do julgado que tem efeito obrigatório.

A aplicação do precedente no direito anglo-saxão se dá com a verificação se o caso atual tem alguma relação de similaridade com algum caso já julgado e se nesse foram adotados fundamentos que se caracterizam como *ratio decidendi*, isto é, se a tese jurídica ou os

---

55. Cumpre mencionar que não se adentrará em conceitos minuciosos ou nos métodos de identificação da *ratio decidendi* e da *obter dictum*, ou das formas detalhadas de distinção e superamento de precedentes, uma vez que a presente pesquisa simplesmente perquire sobre a (in)aplicabilidade e operacionalidade de precedentes na Administração Pública e, especificamente em relação aos precedentes decorrentes da *ratio decidendi*, se esta *ratio* também poderia influenciar os atos administrativos, de modo que, o que importa para a solução do problema proposto são os conceitos genericamente aceitos pela doutrina. Este estudo, em realidade, tem uma perspectiva de dentro para fora do processo (extraprocessual ou pamprocessual), o que faz prescindir de uma análise mais detalhada das formas de aplicação da *ratio decidendi*, *obter dictum*, *distinguishing* e *overruling*, análise que tem uma perspectiva tão somente endoprocessual.

fundamentos determinantes utilizados no caso anterior podem ser ainda utilizados no caso presente. Havendo subsunção, a solução igual é obrigatória. É necessário, desse modo, extrair a *ratio decidendi* para aplicar o precedente ao caso atual.

Thomas da Rosa de Bustamante (2012, p. 103-114), entende que esse processo de subsunção, do ponto de vista dos processos de raciocínio na busca de justificação e aplicação da *ratio decidendi*, não é substancialmente diferente entre as tradições do *common law* e *civil law*.

Obter dictum é o fundamento adjacente, periférico que, conquanto seja persuasivo, não foi o móvel determinante para o julgamento.

Com o fim de possibilitar a dinâmica e não estática na aplicação do precedente, adota-se a técnica do d*istinguishing*, utilizada para afastamento de um precedente vinculante, ou melhor, da sua *ratio decidendi*, quando o caso sob julgamento apresenta distinções relativas ao anterior precedente. Nesse sentido, o "*distinguishing* revela a demonstração entre as diferenças fáticas entre os casos ou a demonstração de que a *ratio* do precedente não se amolda ao caso sob julgamento, uma vez os fatos de um e outro são diversos" (MARINONI, 2013, p. 325)

Por fim, *overruling* é a revogação do precedente, sendo os critérios para tanto a modificação da sociedade nos diversos âmbitos culturais (político, econômico, social, moral). Não há mais congruência entre o precedente e o que ora se vai julgar e, portanto, o *overrruling* é "um mecanismo importante para o desenvolvimento do direito porque possibilita que os tribunais analisem os fundamentos que deram origem à norma, de acordo com a evolução da sociedade, ponderando sobre sua consistência e relevância no ordenamento jurídico" (GALIO, 2016, p. 222).

1.2.4 Conceito brasileiro. Existe?

O conceito aludido neste tópico refere-se à vinculatividade do precedente judicial no Brasil.

Importa ressaltar, ademais, que grande parcela da doutrina brasileira[56] adverte acerca do cuidado na importação do sistema de

---

56. Cita-se, sinteticamente: José Rogério Cruz e Tucci (2004, p. 304); Dierle Nunes (2011, p. 49); Evaristo Aragão Santos (2012, p. 137-140); Georges Abboud (2012, p. 493); Lênio Luiz

precedentes do *common law* para o *civil law*, com o que o projeto que culminou com o Código de Processo Civil de 2015 deveria ter-se regido em consonância com as características da jurisdição brasileira e consoante um conceito brasileiro que está em formação.

Segundo lembra Fredie Didier Júnior (2015a, p. 58), o Decreto n. 848-1890, que disciplinava a Justiça Federal, somente revogado em 1991, dispunha em seu art. 386:

> Constituirão legislação subsidiária em casos omissos as antigas leis do processo criminal, civil e commercial, não sendo contrarias às disposições e espirito do presente decreto.
>
> Os estatutos dos povos cultos e especialmente os que regem as relações jurídicas na Republica dos Estados Unidos da América do Norte, os casos de *common law* e *equity*, serão também subsidiários da jurisprudência e processo federal.

Desse modo, de há muito que o conceito de precedente está inserido *formalmente* em território brasileiro. Veja-se, ainda, o incidente de uniformização de jurisprudência disciplinado nos arts. 476 a 479 do Código de Processo Civil de 1973 que determina que do julgamento "será objeto de súmula e constituirá precedente na uniformização da jurisprudência" (art. 479). O art. 478 desse texto de 1973 destaca, expressamente, que o "tribunal, reconhecendo a divergência, *dará a interpretação a ser observada*".

Entretanto, efetivamente, a vinculatividade do precedente apenas ganhou corpo no Brasil no final do século passado e início deste, com a alteração do art. 557 pela Lei Federal n. 9.756, de 17 de dezembro de 1998 e a introdução da súmula vinculante pela Emenda Constitucional n. 45/2004 e demais alterações no Código de Processo Civil de 1973, que disciplinou, por exemplo, a súmula impeditiva de recursos, o julgamento antecipado da lide, o julgamento por amostragem conforme sistemática dos recursos repetitivos e a reclamação constitucional. Esse processo paulatino tem seu último ato, por ora, com a regulamentação dos precedentes no Código de Processo Civil de 2015.

Streck e Georges Abboud (2013); Cássio Scarpinella Bueno (2017, p. 628-340); Alexandre Freitas Câmara (2018, p. 50-62); Juraci Mourão Lopes Filho (2016, p. 111-118).

O que é e foi bem sedimentado na tradição jurídica brasileira é a súmula, criada no âmbito do Supremo Tribunal Federal, sob inspiração do Ministro Victor Nunes Leal, para o fim de dar solução mais célere ao acúmulo de processos e igualmente, como referido por Marcelo Alves Dias de Souza (2006, p. 254), fornecer maior certeza do Direito, buscar previsibilidade e contribuir para o tratamento igual de uma regra para casos semelhantes.

Nada obstante, esse conceito sumular brasileiro era restrito à característica persuasiva do precedente, limitado, por conseguinte, ao conceito de jurisprudência, que não se confundiria com precedente judicial, como destacado por Michele Taruffo (2008)[57].

O art. 927 do Código de Processo Civil de 2015 elege, dentre os precedentes a serem observados pelos juízes e tribunais, a exceção dos enunciados das súmulas[58], decisões decorrentes de um julgamento, quais sejam, as decisões do Supremo Tribunal Federal em controle concentrado de constitucionalidade, os acórdãos em incidente de assunção de competência ou de resolução de demandas repetitivas e em julgamento de recursos extraordinário e especial repetitivos, e a orientação do plenário ou do órgão especial aos quais estiverem vinculados.

Muito embora os enunciados de súmula não decorram de uma *única* decisão, já que têm como pressuposto a existência de reiteradas decisões, é certo que se originam de uma decisão do Tribunal que a expediu, e, a identificação dessa decisão – aqui incluídas as discussões e fundamentos realizados, como também dos demais julgados que a

---

57. "Vi è anzitutto una distinzione di carattere – per così dire – *quantitativo*. Quando si parla del precedente si fa solitamente riferimento ad *una decisione* relativa ad un caso particolare, mentre quando si parla della giurisprudenza si fa solitamente riferimento ad *una pluralità*, spesso assai ampia, di decisioni relative a vari e diversi casi concreti" (p. 797).

58. Defende Peter Panutto (2017, p. 197) que, não obstante a vinculatividade das súmulas, as súmulas editadas na vigência do Código de Processo Civil de 1973, se não observaram o quanto estabelecido no art. 926, § 2º, do Código de Processo Civil de 2015 (atenção às circunstâncias fáticas dos precedentes que motivaram sua criação), "exigirá dos tribunais uma necessária revisão do teor das súmulas, visando identificar eventual inadequação do texto e consequente ilegalidade diante desta nova realidade da legislação", de modo que "prevalecerá a ratio decidendi dos precedentes originários em detrimento do texto inadequado da súmula". Não se concorda com essa posição doutrinária, porquanto o modo de atendimento dos enunciados sumulares pela jurisdição foi determinado pela legislação, inexistindo ressalvas na lei em tal sentido.

precederam e lhe deram substrato, estão concretamente ao alcance do intérprete, de modo que não há caráter difuso dos enunciados de súmulas como precedentes vinculantes.

Não se trata, assim, no Brasil, apenas de jurisprudência com força vinculante, tampouco de precedentes nos moldes da tradição do *common law*.

Hodiernamente está em construção, legislativa e doutrinariamente, um conceito de precedente para o e no Brasil[59], sendo notado que, conquanto se utilizem conceitos extraídos da tradição do *common law*, é nítida a inclusão por lei – constitucional e infraconstitucional, de decisões judiciais específicas que vinculam a atuação da magistratura, além, também, de delimitação da própria jurisprudência como vinculativa da atividade jurisdicional, denotando, dessa maneira, um conceito brasileiro de precedentes que não se limita apenas à característica restrita ou clássica de precedente, mas também se inclui, se se pode afirmar, em um caráter genérico, *lato sensu*, a jurisprudência

---

59. Caio Márcio Gutterres Taranto (2010, p. 8), por exemplo, propõe uma definição de precedente judicial no direito brasileiro "como o instrumento mediante o qual o Poder Judiciário, como instituição e no exercício da Jurisdição Constitucional, edita normas jurídicas a serem aplicadas em decisões posteriores, atribuindo-lhes racionalidade na medida em que o julgador expressa as razões de decidir". Fredie Didier Júnior (2015a, p. 441) diz ser o precedente, em *sentido lato*, "a decisão judicial tomada à luz de um caso concreto, cujo elemento normativo pode servir como diretriz para o julgamento posterior de casos análogos". Hermes Zaneti Júnior (2015, p. 329) entende que "apenas será precedente a decisão que resultar efeitos jurídicos normativos para os casos futuros". Evaristo Aragão Santos (2012, 145), dividindo os precedentes em sentido amplo e restrito, escreve que "o termo *precedente judicial, em sentido amplo, expressa a ideia de uma decisão potencialmente relevante para influenciar no julgamento de outros casos no futuro*", sendo no sentido estrito, "um pronunciamento judicial que, *por sua autoridade e consistência*, deveria ser adotado por outros juízes como padrão para a decisão de casos semelhantes". Alexandre Freitas Câmara (2018, p. 351) afirma que as "decisões em face das quais são produzidos padrões decisórios dotados de eficácia vinculante exigem um contraditório ampliado, qualificado, capaz de legitimar constitucionalmente sua eficácia vinculativa". E, Juraci Mourão Lopes Filho (2016, p. 275, grifos no original) destaca que precedente "é uma resposta institucional a um caso (justamente por ser uma decisão), dada por meio de uma *aplicativo*, que tenha causado um ganho de sentido para as prescrições jurídicas envolvidas (legais ou constitucionais), seja mediante a obtenção de novos sentidos, seja pela escolha de um sentido específico em detrimento de outros ou ainda avançando sobre questões não aprioristicamente tratadas em textos legislativos ou constitucionais. [...] Sua utilidade na ordem jurídica é, adicionalmente, funcional, pois elide o desenvolvimento de outras decisões a partir de um grau zero, evitando subjetivismos, economizando tempo e garantindo uma igualdade de tratamento entre casos substancialmente iguais".

dominante⁶⁰, *ex vi*, arts. 926, § 1º e 1.035, § 3º, I, do Código de Processo Civil de 2015.

Nesse aspecto, não se desconhece a advertência de Rodolfo de Camargo Mancuso⁶¹ sobre tal afirmação; contudo, parece adequado supor que a regulamentação e sistematização de precedentes no Brasil, como mesmo exigido por Mancuso⁶², pelo Código de Processo Civil de 2015, retrata a existência de um conceito ou, caso se preferir, um sistema de precedentes, *ao menos para o ambiente jurisdicional*.

Veja-se, a propósito, que o Código de Processo Civil de 2015, ao determinar, no § 5º do art. 927, que os tribunais devem dar "publicidade a seus precedentes, organizando-os por questão jurídica decidida e divulgando-os, preferencialmente, na rede mundial de computadores", busca dar uma sistemática nacional aos tribunais com o desiderato de publicizar para a comunidade jurídica os precedentes, justamente para que sejam conhecidos, respeitados, aplicados e mesmo inaplicados, pela distinção, ou revogados.

Antes dessa sistematização, o Código de Processo Civil de 1973, por exemplo, com o disciplinamento da Lei n. 9.756, de 17 de dezem-

---

60. Luiz Rodrigues Wambier (2000, p. 83), sobre o conceito de jurisprudência dominante propõe: "Imaginamos que melhor seria para a sociedade (para as partes, portanto) que esse conceito fosse determinado *no tempo e no espaço*, tendo como referencial, no caso do direito federal, apenas e exclusivamente o Superior Tribunal de Justiça".

61. "Não há negar que o reconhecimento de um vero *sistema de precedentes* num dado país é uma afirmação séria, a pressupor uma consistente avaliação positiva quanto à existência de alguns pré-requisitos, sem o que se arrisca o analista a *tomar a nuvem por Juno*, tomando a singela existência de *precedentes* (o que, em certo modo, pode dar-se até em 1º grau!) como condição suficiente para identificar um direito pretoriano *sistematizado e organizado*, onde venham conceituados e organizados os produtos finais da atividade judicante do Estado" (MANCUSO, 2014, p. 435-436).

62. "Se e enquanto não houver dentre nós uma positivação específica e sistematizada (e não apenas esparsa ou pontual) acerca de um vero *sistema de precedentes*, não se pode reconhecer, no atual *estado da arte*, que o sistema jurisdicional brasileiro já se tornou bifronte, eclético ou *bijuralista*, com uma raiz fundada na norma legal e outra na jurisprudência, dominante ou sumulada. Até que sobrevenha uma sistematização abrangente e sistemática a respeito do precedente vinculativo, o país seguirá tendo a *norma legal* como paradigma fundamental para aferição das condutas comissivas e omissivas, assim no setor público como no privado, entendendo-se a *lei*, assim em sua formulação original enquanto produto final do Parlamento, como aquela porventura colmatada em seus eventuais vazios pelos *meios de integração*, dentre os quais, relembre-se, não consta a jurisprudência – Lei de Introdução às Normas do Direito Brasileiro (redenominação, pela Lei 12.376/2010, da antiga *Lei de Introdução*, de 1942, art. 4º)" (MANCUSO, 2014, p. 437).

bro de 1998, deu poderes ao relator para negar seguimento a recursos com base em súmula ou jurisprudência dominante.

Ainda, como já destacado, a adoção de técnicas de julgamento de ações repetitivas inseridas no Código de Processo Civil de 1973, tanto no primeiro grau (art. 285-A), quanto no âmbito do Superior Tribunal de Justiça (art. 543-C), pelas Leis n. 11.277, de 7 de fevereiro de 2006, e n. 11.672, de 8 de maio de 2008, também demonstra um início de amadurecimento de um conceito brasileiro de manejo com precedentes, no sentido de prestigiar as decisões das Cortes Superiores, aplicando o entendimento então uniformizado. Do mesmo modo a súmula impeditiva de recurso, disposta no art. 518 pela alteração efetivada pela Lei n. 11.276, de 7 de fevereiro de 2006.

Arrisca-se a dizer que o conceito de precedentes no Brasil, além de estar sedimentando-se, vem ganhando características singulares, haja vista a mescla de técnicas de aplicação e operacionalidade de precedentes e jurisprudência, que *se compõe de disciplinamento constitucional e de legislação processual*, não sendo decorrente, como acontece na tradição do *common law*, tão somente de uma evolução histórica e cultural.

"No direito brasileiro há precedentes que são vinculantes porque essa eficácia é estabelecida por normas positivadas (de que é perfeito exemplo o disposto no art. 102, § 2º, da Constituição da República). E isso mostra como o Direito brasileiro continua a filiar-se a tradição romano-germânica, de direito legislado, mundialmente conhecida como *civil law*", como afirma Câmara (2018, p. 59).

Nada obstante, muito embora essa existência conceitual de precedentes no direito formal brasileiro, não se pode deixar de advertir, com Dierle Nunes (2012, p. 245-276) e Luiz Henrique Volpe Camargo (2012, p. 553-674), que a sedimentação do entendimento judicial e a sua vinculação imprescindem de uma discussão exaustiva do tema, com a participação efetiva e sem restrições de interessados.

Critica Ada Pelegrini Grinover (2016, p. 140) a doutrina nacional, referindo que somente a súmula vinculante constituiria precedente vinculante propriamente dito, em razão da sua sedimentação ao longo do tempo pela jurisprudência dominante. Os outros casos do art. 927 do Código de Processo Civil de 2015 seriam julgados a que o Código atribuiu eficácia vinculante. Afirma a clássica autora que "anda mal a doutrina que fala em precedente vinculante instituído pelo CPC, pois na verdade se trata de julgados vinculantes", e "isso demonstra a fragilidade do sistema instituído pelo Código, pois não é qualquer julgado (ainda não consolidado em precedente) que poderia ou deveria ter eficácia vinculante". Entende ainda destacada autora que imprescinde de autorização constitucional as hipóteses elencadas no art. 927 do Código de Processo Civil de 2015, ao fundamento de que se trata de uma liberalidade do legislador dispor sobre o "veículo introdutor da prescrição normativa" (p. 127-160).

Os precedentes judiciais brasileiros também podem ser vistos, especialmente, como uma técnica de julgamento[63], tanto pelos juízes, quanto pelos tribunais, na busca de uniformização do entendimento jurisdicional.

Aos juízes, porque há simplificação dos julgamentos, notadamente nos casos de demandas repetitivas, quando basta identificar a igualdade, de fato e de direito, entre as ações, para aplicar os precedentes, acelerando os julgamentos. Aos tribunais, por primeiro, além da característica inerente descrita quanto aos juízes, de aplicação da tese jurídica já consolidada, por segundo, essa técnica de precedentes possibilita a cassação da decisão impugnada, seja recorrida, seja reclamada, mantendo-se hígida a interpretação do Direito.

Nesses termos, se entende o conceito brasileiro de precedentes como técnica de julgamento, porque há fixação do modo de agir da magistratura[64]. O art. 927 do Código de Processo Civil de 2015 assim dispõe, ao descrever a obrigatoriedade de observância dos precedentes

---

63. Nesse sentido, em relação ao *common law*, E. Allan Farnsworth (p. 63): "O uso do precedente é mais uma técnica do que uma ciência". Esse entendimento de técnica de julgamento é, de igual modo, corroborado por Ada Pelegrini Grinover (2016, p. 140): "A principal técnica de que o Código lança mão, para alcançar a uniformização da jurisprudência, é o prestígio à verticalização das decisões, concretizada na necessidade de observância dos julgados dos tribunais pelos órgãos judiciários de instâncias inferiores".
64. "Não se deve, contudo, confundir a técnica com a ciência jurídica, com o próprio direito e muito menos com os valores e princípios que o informam. O direito, enquanto sistema de atribuição de bens e organização social, não é uma técnica, mas a positivação do poder, ou seja, o conjunto de normas em que transparecem as decisões do Estado (centro de poder), destinadas a orientar a conduta das pessoas e suas relações em sociedade. De sua vez, a ciência indica o 'dado' com o qual vai trabalhar a técnica, compreendida como meio para compor ou executar, com certa eficácia e proveito, os imperativos da parte normativa do direito. Entre outros objetivos acomoda o real, a fim de o submeter mais corretamente

elencados, o que, de fato, nada mais é do que exigir nos julgamentos que a técnica – o respeito aos precedentes – seja seguida.

Claro que não é só isso que esse conceito jurídico ora existente e em andamento no Brasil objetiva. Como premissa e, ao mesmo tempo, como reflexo da aplicação de precedentes obrigatórios, tem-se como objetivo a concreção do princípio da igualdade, a coerência da ordem jurídica, a previsibilidade e a estabilidade das relações jurídicas.

Esses postulados, aliás, são os fundamentos descritos na Exposição de Motivos do Projeto do Código de Processo Civil de 2015: "Por outro lado, haver, indefinidamente, **posicionamentos diferentes** e incompatíveis, nos Tribunais, a respeito da **mesma norma jurídica**, leva a que jurisdicionados que estejam em situações idênticas, tenham de submeter- se a regras de conduta diferentes, ditadas por decisões judiciais emanadas de tribunais diversos. Esse fenômeno fragmenta o sistema, gera intranqüilidade e, por vezes, verdadeira perplexidade na sociedade. Prestigiou-se, seguindo-se direção já abertamente seguida pelo ordenamento jurídico brasileiro, expressado na criação da Súmula Vinculante do Supremo Tribunal Federal (STF) e do regime de julgamento conjunto de recursos especiais e extraordinários repetitivos (que foi mantido e aperfeiçoado) tendência a criar estímulos para que a jurisprudência se uniformize, à luz do que venham a decidir tribunais superiores e até de segundo grau, e se estabilize. Essa é a função e a razão de ser dos tribunais superiores: proferir decisões que **moldem** o ordenamento jurídico, objetivamente considerado. A função paradigmática que devem desempenhar é inerente ao sistema" (grifos no original).

A propósito, Luiz Guilherme Marinoni (2014a, p. 153) é oportuno: "É certamente equivocado supor que uma Suprema Corte deve atuar apenas para resolver questões de direito que podem se repetir ou multiplicar, como se a sua tarefa fosse simplesmente reduzir a massa dos casos apresentados ao Judiciário. A definição judicial das questões federais tem importância muito maior. As decisões da Suprema Corte não impactam apenas os casos judiciais, mas, antes de tudo, a própria vida em sociedade, constituindo-se base para os homens e

---

à regra, e colabora assim para a formação da própria regra ou para sua interpretação e aplicação" (ÁLVARO DE OLIVEIRA, 2003, p. 125).

as empresas comportarem num Estado de Direito. Ademais, quando relacionados com o que acontece no Judiciário, os precedentes têm a função de garantir a igualdade e a segurança jurídica, e não os objetivos – que, na realidade, são meras consequências – de reduzir a carga de recursos ou acelerar a prestação jurisdicional".

Desse modo, sem tergiversar-se sobre a nomenclatura correta ou adequada às decisões judiciais vinculantes no Brasil, se jurisprudência com efeito vinculante, padrões decisórios vinculantes, precedente nos termos do *common law*, ou outros vocábulos que o valham, é certo que a disciplina ganha foros de aceitação geral e denota a existência de um conceito brasileiro de precedentes, no sentido de ser determinadas decisões judiciais, *assim delimitadas pelo ordenamento jurídico*, obrigatórias de aplicação no exercício da atividade jurisdicional, sem a qual ficam passíveis de serem reformadas ou cassadas pelos tribunais.

Rodolfo de Camargo Mancuso (2014, p. 437-438), apesar de afirmar que no Brasil ainda não há um verdadeiro sistema de precedentes, parece que toma como premissa o precedente como fonte do direito, nos termos do *common law*, a condicionar também os atos fora da jurisdição.

Nada obstante, o que se defende em relação à um conceito de precedentes no Brasil não é de uma fonte de direito, mas sim a existência, sem sombra de dúvidas, de um sistema processual que delimita técnicas de julgamento a concretizar não apenas um julgamento mais célere, notadamente de causas repetitivas, mas, principalmente, a concretizar a igualdade, segurança e estabilidade na prestação desse serviço público jurisdicional.

1.2.5 Precedente: norma ou cultura?

A cultura "pode ser vista como projeção histórica da consciência intencional, isto é, como o *mundo das intencionalidades objetivadas no tempo historicamente vivido*" (REALE, 1999, p. 219, grifos no original), sendo a experiência jurídica também uma forma de experiência cultural.

Do que foi exposto no tópico anterior, já se vislumbra que na tradição do *common law* o precedente decorre da historicidade do instituto e da cultura jurisdicional. "A Suprema Corte adere aos seus próprios precedentes por uma questão de política" (FINE, 2000, p.

91). E, Frederick Schauer (1987, p. 575), ao dizer que é necessária uma teoria organizacional na forma de regras de relevância para o fim de divisar o que é precedente do que é irrelevante, destaca que "estas regras estão em si subordinadas ao tempo e a cultura".

Segundo Moreira Lima (2001, p. 46-49), a doutrina do *stare decisis* é seguida no *common law* em razão do sistema de publicação de casos (precedentes), pelo método de ensino por meio de casos e pelo papel diferente dos juízes, razões estas decorrentes do modo de ser da tradição do *common law*, isto é, da formação cultural que é respeitada e aplicada. Nas palavras de Neil Duxbury (2008, p. 96), é melhor que a lei seja estável do que perfeita[65].

No Brasil, a força vinculante do precedente provém da norma, seja constitucional ou infraconstitucional. Não há vinculação sem que lei, *lato sensu*, a preveja. Como pondera Dallari (2007, p. 66), a força vinculante das decisões do Supremo Tribunal Federal decorre de serem impostas, "o que é completamente diferente de estarem sendo acolhidas por terem autoridade".

O individualismo jurisdicional e a falta de compreensão do funcionamento de um sistema[66] interferem na aplicação e operacionalidade dos precedentes pela cultura brasileira de não conformação com os atos de poder. O entendimento intrínseco na sociedade de que sempre há um jeito de dar solução à maneira do interessado[67], mes-

---

65. No original o trecho completo está assim redigido: "Even if judges believe that a precedent does not decide an issue as well as it would be decided were it to be reasoned afresh, consideration of the efficiency and the robustness of the decision-process might still motivate a court to leave the precedent undisturbed, for judges are commonly and understandably of the view that it is better that the law be stable than that it be perfect".
66. Luiz Guilherme Marinoni (2014b, p. 90-91) contextualiza: "É certo que um caso conflitivo pode ser resolvido mediante a participação de um único juiz. Porém, a jurisdição não objetiva tutelar conflitos de maneira acidental e episódica – para o que bastaria a distribuição do poder entre vários juízes destituídos de qualquer compromisso com a instituição -, mas tem o dever de tutelar os casos de forma coerente e isonômica, sem ferir a previsibilidade, para o que é imprescindível a racionalidade na distribuição da justiça, ou melhor, ordenação na estrutura da instituição. Sem qualquer dúvida, a hierarquia é algo inerente à realização dos fins de uma instituição composta por várias 'vontades'. Não a hierarquia caudilhista – que, aliás, sempre funcionou no Brasil -, mas hierarquia como sinônimo de organização racional, sem a qual a voz institucional efetivamente não pode ser expressa".
67. Keith S. Rosenn (1998), em obra sobre o jeito na cultura jurídica brasileira destaca: "A peculiaridade no Brasil é que essa prática de desvio das normas legais para alcançar o fim desejado elevou-se de um modo tal, que resultou na criação de uma instituição paralegal

mo que seja protelando o resultado desfavorável, também corrobora na dificuldade de aceitação dos precedentes obrigatórios. Segundo ressalta Marinoni (2015a, p. 446), numa "cultura patrimonialista e marcada pela pessoalidade, os juízes tendem a tratar de modo diferente casos iguais".

Essa cultura, conquanto seja um obstáculo para a implementação do sistema de precedentes no país, tem, contemporaneamente, um amadurecimento dos operadores do direito e das instituições que dão o preparo inicial para esse novo sistema. Isso porque as anteriores reformas constitucionais da jurisdição e do processo civil, como a súmula vinculante, o julgamento de recursos repetitivos e o julgamento liminar de improcedência, dentre outros institutos, "prepararam o terreno" para uma reforma maior e mais complexa como a que se pretende instaurar com o Código de Processo Civil de 2015. Nos termos expressados por Thomas da Rosa de Bustamante (2015, p. 297), esse novo diploma legal talvez possa parecer o resultado de uma cultura jurídica em formação, "uma cultura radicalmente democrática e pautada por uma reflexão crítica sobre o processo pautada pela Constituição".

Não se diz aqui que a implementação de precedentes por meio do desenvolvimento cultural de países do hemisfério norte seja melhor em detrimento do precedente com origem legal[68], até mesmo porque há entendimentos e pesquisa empírica de autores norte-americanos que contestam a doutrina do *stare decisis*, conforme noticia José Carlos Barbosa Moreira (2007a, p. 309-310). O que se quer expressar é que os

---

altamente cotada conhecida como 'o jeito'. O jeito se tornou parte integrante da cultura jurídica do Brasil. Em muitas áreas do direito, o jeito é a regra; a norma jurídica formal, a exceção" (p. 13).

68. As lições de Enrique Dussel (1997, p. 22) acerca da cultura latino-americana corroboram essa ressalva: "Concluindo, é necessário descobrir o lugar que cabe à América dentro do fuso que se utiliza esquematicamente na representação da evolução da humanidade. A partir do vértice inferior – origem da espécie humana num mono ou polifilismo – por um processo de expansão e diferenciação, constituíram-se as diversas raças, culturas e povos. Num segundo momento, o presente, através da compreensão e convergência, vai-se confluindo para uma civilização universal. A América Latina encaminha-se igualmente para essa unidade futura. Explicar as conexões com seu passado remoto –tanto na vertente indígena como hispânica – e com seu futuro próximo é desvelar inteligivelmente a história desse grupo cultural longe da simplicidade do anedotário ou da incongruência de momentos estanques e sem sentido de continuidade ou, ainda, da invenção do político sem escrúpulos".

precedentes, tendo em vista o sistema constitucional e de legalidade instaurado no Brasil, também podem ser aplicados por imposição normativa e de forma exitosa, justamente porque os seus objetivos de dotar a jurisdição de igualdade, segurança e respeito, são os móveis que fazem com que o jurisdicionado tenha paz ao se conformar quando recebe a solução final de seu litígio, seja ganhando, seja perdendo.

A pesquisa empírica publicada pelo Conselho Nacional de Justiça[69], a propósito, expõe a prática brasileira de seguir precedentes e denota que há sim uma mudança cultural em andamento, reflexo e projeção, como diz Cândido Rangel Dinamarco (2015, p. 70), a respeito das ondas renovatórias do processo, de novas tendências do direito processual civil diante de exigências políticas, econômicas e psicossociais que emergem na sociedade. Colhe-se da descrição geral do objeto da referida pesquisa pela equipe executora: "Em particular, buscou-se compreender, entre outros pontos destacados na proposta de pesquisa: i) as razões pelas quais os juízes se apartam de um precedente judicial, pela via da diferenciação (*distinguishing*) entre casos; ii) o processo argumentativo seguido para a aplicação de precedentes judiciais, em particular à luz dos procedimentos atualmente existentes no sistema processual brasileiro; iii) a forma como são utilizados os mecanismos processuais de garantia da eficácia do precedente judicial; iv) os eventuais óbices ou incentivos que os precedentes têm representado para a individualização do Direito e para a racionalidade e coerência do sistema jurídico; v) a contribuição que as técnicas propostas no projeto de Novo Código de Processo Civil, já aprovado pelo Congresso Nacional, pode oferecer para o aprimoramento do sistema processual atual e o aumento da coerência da aplicação do direito pelos tribunais brasileiros" (p. 10).

Apesar do entrelaçamento ora existente entre as tradições jurídicas, que pode ser enquadrado nos termos de uma interculturalidade constitucional decorrente da interconstitucionalidade aludida por J. J. Gomes Canotilho (2012), o êxito do que aqui está em expressão

---

69. "A força normativa do direito judicial: uma análise da aplicação prática do precedente no direito brasileiro e dos seus desafios para a legitimação da autoridade do Poder Judiciário". Coord. Thomas da Rosa de Bustamante [et al.]; Alice Gontijo Santos Teixeira [et al.]; colab. Gláucio Ferreira Maciel [et al.]. Brasília: CNJ. Disponível em: http://www.cnj.jus.br/files/conteudo/destaques/arquivo/2015/06/881d8582d1e287566dd9f0d00ef8b218.pdf. Acesso em 14.08.2015.

não deve ser visto com os olhos de outra territorialidade, que, para alguns, se trata de ingenuidade[70], mas sim deve-se ver a realidade e cultura brasileiras com os olhos a elas voltados e com o devido discernimento empírico, sendo certo, como já pontuou Daniel Mitidiero (2004, p. 126), que "somos filhos de Leão e Castela, somos filhos de uma longeva tradição cultural que nos singulariza como povo" e que "o nosso processo civil tem identidade própria e características que lhe são peculiares, não podendo furtar-se o intelectual brasileiro de levar em consideração as nossas raízes no quando da análise de nossas instituições"[71]. Como refere Diogo de Figueiredo Moreira Neto (2011, p. 130), "cada sociedade, que se venha a identificar singularmente pela História e pela cultura, tem direito a instituir seu próprio ordenamento constitucional e atualizá-lo permanentemente, desde que obedecendo à forma nele consensualmente prevista, de modo a que se mantenha a fiel e legitimadora correspondência aos *valores e aspirações permanentes* de seus membros" (grifos no original).

Os dispositivos que buscam implementar precedentes vinculantes no Brasil, justamente por se estar no Brasil (DAMATTA, 1986), não necessitam de idênticas características ou funcionalidades do precedente judicial do *common law*, de notória diferença cultural. Fala-se, aqui, sob a influência de Enrique Dussel (1997, p. 23), "de assumir a totalidade de nosso passado, mas olhando atentamente a maneira de

---

70. Georges Abboud (2012, p. 526-527) afirma "o quão ingênuo ou então desarrazoado seria imaginar a possibilidade de se instituir o sistema de *stare decisis* no Brasil, por meio de *inovações* legislativas constantes nos arts. 543-B e 543-C do CPC, ou pela atribuição de efeito vinculante à motivação das decisões dos Tribunais Superiores. Primeiro porque esses dispositivos não possuem nem as características nem a funcionalidade do precedente judicial do *common law*, conforme demonstramos neste artigo. Ademais, nem mesmo se fosse criada uma Emenda Constitucional que alterasse nosso texto constitucional a fim de determinar que a partir de então, passaria a vigorar no Brasil o sistema do *stare decisis*, nem mesmo assim, ficaria possibilitada a funcionalização da doutrina de precedentes, porque tal sistema é fruto de tradição histórica, oriunda das particularidades históricas, sociais, filosóficas e jurídicas das comunidades do *common law*, cuja imposição e transposição não pode ser feito de um dia para o outro, em decorrência da vinculação determinada por via legislativa".

71. Este entendimento de Daniel Mitidiero não parece ser o que atualmente defende (2014), conforme se colhe de sua defesa de se aplicar a regra do *stare decisis* no direito brasileiro, transformando, ademais, o Supremo Tribunal Federal e o Superior Tribunal de Justiça, com fundamento em paradigmas da *common law*, em cortes supremas de interpretação e de precedentes.

penetrar na civilização universal sendo 'nós mesmos'", como também de Calmon de Passos (2007, p. 12), ao reagir, de acordo com o autor, de forma virulenta, quando vê "nossa vocação macaqueadora esforçar--se por nos maquiar com os cosméticos de nossos irmãos do norte".

Nesse sentido, a rigor, apesar de ser necessária a regulamentação pelo ordenamento jurídico, não será a norma que dará efetividade *final* aos precedentes vinculantes em território brasileiro, mas sim a conscientização paulatina de seus benefícios e a aceitação consensual pela comunidade jurídica[72] do resultado do processo, que se sabe ser o que o próprio sistema jurisdicional declara uniformemente e reiteradamente. É dizer, com base em um observador argentino da disciplina dos precedentes pelo novo Código de Processo Civil brasileiro, que o êxito e a eficácia do instituto dependerão mais de se conseguir um "sentimento" do que seja o precedente então regulado normativamente (SEDLACEK, 2015, p. 381).

De acordo com Hermes Zaneti Júnior (2015, p. 346), o "reconhecimento formal pela lei da força normativa dos precedentes é um passo decisivo no processo civilizatório jurídico, auxiliando nos processos culturais que poderiam levar muito tempo e apresentar, no seu desenvolvimento, menos garantias para os direitos fundamentais".

A cultura jurídica brasileira tem forte vinculação com a lei, o que está cristalizado no art. 5º, II, da Constituição Federal, garantindo que "ninguém será obrigado a fazer ou deixar de fazer alguma coisa senão em virtude de lei". Por consectário desse ordenamento jurídico-constitucional, extrai-se que a lei no Brasil é que transforma o precedente judicial em outra norma (ou texto jurídico, se assim se entender) a ser seguida pelos seus operadores, seja no âmbito jurisdicional, seja no âmbito da Administração Pública (como nos casos

---

72. Dentro dessa comunidade jurídica, papel importante e preponderante cabe à doutrina brasileira "que não pode permanecer inerte a esse fenômeno de padronização, nem tampouco pode ser excluída da dinâmica endoprocessual, sob pena de, novamente, como ocorre nos Tribunais, prevalecer o protagonismo judicial, pouco afeito ao processo constitucional" (NUNES; ALMEIDA; REZENDE, 2014, p. 356). A esse respeito, também importante a alusão de clássico doutrinador sobre o novo Código de Processo Civil: "Entra aí a importância da doutrina, com seus conceitos, suas miradas no passado das instituições, suas comparações jurídicas, suas propostas inovadoras, da qual se espera que atue no sistema como uma verdadeira alavanca do processo, capaz de promover, mais do que as leis, uma verdadeira revolução na mente dos operadores do direito" (DINAMARCO, 2015, p. 103).

das súmulas vinculantes), seja, enfim, no âmbito de todas as relações sociais e institucionais, públicas ou privadas (como nos casos das decisões definitivas de mérito nas ações diretas de inconstitucionalidade e declaratórias de constitucionalidade, proferidas pelo Supremo Tribunal Federal). Essa normatividade, destarte, aplicativa de precedentes está elencada, sobretudo, nos seguintes dispositivos: artigos 102, § 2º e 103-A, da Constituição Federal, e art. 927 do Código de Processo Civil de 2015.

Portanto, quando se diz que no Brasil é o ordenamento jurídico que faz com que o precedente judicial tenha aplicabilidade vinculante, principalmente pela historicidade cultural ligada à *civil law*, que se encontra sedimentada em cláusula pétrea na Constituição Federal, não se afasta um desenvolvimento ou mudança da cultura jurídica diante da operacionalidade do precedente e dos reflexos no tempo sobre as atividades públicas e privadas.

Sendo o direito fruto da cultura e experiência de um povo, um "produto cultural" (GRAU, 1988, p. 37), tendo também o direito processual civil esse caráter histórico-cultural (MITIDIERO, 2004; MOREIRA, 2007b)[73], a regulamentação de precedentes no Brasil simplesmente reflete essa culturalidade.

Decerto que existem dissensos na comunidade, decorrência salutar da convivência em uma sociedade pluralista, contudo, o que por ora está disciplinado sobre a aplicabilidade de precedentes é resultado do que até então se obteve de consenso acerca da sua natureza, diante do ordenamento e do regime jurídico-político brasileiro.

Assim, já que "o direito constitucional se *revela a matriz onde os diversos ramos do direito buscam a orientação e a fonte que serão especificadas nas normas ordinárias*" (ZANETI JÚNIOR, 2004, p. 25; grifo no original), nada mais natural que a regulamentação de

---

73. Em obra mais recente, especificadamente sobre precedentes judiciais, entende Daniel Mitidiero (2014, p. 115): "O problema da identificação do precedente e de sua aplicação não é, portanto, um problema essencialmente legislativo. É claro que uma legislação apropriada a respeito poderia prestar grande colaboração para adequada operação do sistema. Sem, contudo, uma *reforma cultural* – sem dúvida muito mais profunda e custosa do que qualquer outra – dificilmente se poderá contar com um processo civil efetivamente capaz de prestar tutela aos direitos levando em consideração as exigências que ressaem do trabalho com precedentes" (grifos no original).

precedentes siga a normatividade constitucional, normatividade essa reflexiva da historicidade cultural vigente.

É a norma jurisdicional extraída do texto legal e de seu contexto, significa dizer, o texto reflexo do contexto, pois assim, a norma, reflexo do ordenamento.

Essa reflexão do precedente diante da cultura e o do ordenamento, com efeito, mostra-se adequado sob pena de deslegitimação do instituto, que não encontraria facticidade para ser aplicado, operacionalizado e, por mais importante, respeitado pela comunidade jurídica em todos os seus setores, não apenas jurisdicional. Afinal, quando ausente a legitimidade, o Direito "deixa de ser instrumento de organização social e passa a cumprir a função de organizar e justificar o exercício de poder por um determinado grupo" (GRAU, 1988, p. 37).

Não se quer expressar que a legitimidade decorreria da legalidade, mesmo a constitucional, mas sim que, no atual estado da temática sobre aplicação de precedentes vinculantes no Brasil, sendo a tradição jurídica da organização da sociedade e das relações nela travadas nascente e pautada por uma legalidade, a legitimidade decorre naturalmente do que foi até então forjado pela valoração do que a própria sociedade estatuiu, produto cultural fruto do consenso/dissenso das posições sociais.

Eros Roberto Grau (1988, p. 48) é novamente oportuno: "O critério da legitimidade, pois, são os *padrões de cultura sobre os quais o Direito é elaborado*. E o legislador – autor da lei – não é senão (ou, melhor, não deve ser senão) veículo de expressão do Direito. Será ou não fiel àqueles padrões na elaboração da norma legal. Sendo a eles fiel, produzirá Direito legítimo; caso contrário, será autor de uma contrafação do Direito, ainda que pelo vocábulo 'Direito' designada, ou seja, de um Direito ilegítimo".

Observe-se, enfim, que o precedente pode ser norma ou cultura, e sua legitimidade decorre dos ideais existentes em cada comunidade.

No Brasil, ainda que se opere com precedentes judiciais para subsidiar outras decisões judiciais, o ambiente cultural existente e a ordem jurídica em sua totalidade - relações públicas e privadas, e não só jurisdicionais -, são espelhados na Constituição Federal pela condição de regramento de condutas pela lei, seja para fazer ou deixar de fazer, de modo a conduzir e concluir que o caráter vinculante do precedente decorre, portanto e legitimamente, do texto normativo, ao menos no atual momento histórico[74].

1.2.6 Procedimentalização dos precedentes no sistema brasileiro

A procedimentalização dos precedentes, do que até o momento transcrito, é realizada pela determinação legislativa de que juízes e tribunais respeitem o quanto já assentado jurisprudencialmente, tanto em julgamento único, tanto por intermédio da formação de jurisprudência dominante, aplicando nos julgamentos a tese jurídica sedimentada.Destaque-se que o sistema processual brasileiro, antes mesmo dessa onda renovatória precedentalista, já detinha institutos que impunham que as decisões judiciais respeitassem e não infringissem decisões anteriores.

Nesse particular, curial citar, com Augusto César Moreira Lima (2001, p. 103-109), a litispendência, a uniformização da jurisprudência (súmulas), o controle concentrado de constitucionalidade, o recurso especial para uniformização do entendimento da legislação federal, a decisão *erga omnes* em ações coletivas e a coisa julgada.

Por se entender os precedentes judiciais também como uma técnica de julgamento[75] e, por se estar inserido juridicamente na

---

74. Eros Roberto Grau, em obra refundida recentemente (2014, p. 81) expõe: "Ora, se todo texto pretende ser compreendido em cada momento e em cada situação concreta de uma maneira nova e distinta, a interpretação – se não for nossa intenção predeterminada a de fraudá-la (para justificar a obtenção de uma solução que satisfaça nossa conveniência individual) – há de ser concebida como atividade que adapta o direito às necessidades presentes e futuras da *vida social* (= *atualiza-o*), na acepção mais ampla dessa expressão" (grifo no original). E, em passagem elucidativa, escreve: "Repita-se: a realidade social é o presente; o presente é vida – e vida é movimento. A interpretação do direito não é mera dedução dele, mas, sim, processo de contínua adaptação de seus textos normativos à realidade e seus conflitos. O direito é um dinamismo. Daí a necessária adesão à ideologia dinâmica da intepretação e à visualização do direito como instrumento de mudança social, até o ponto em que passa, ele próprio, a ser concebido como uma *política pública*. É do presente, na vida real, que se tomam as forças que conferem vida ao direito. O significado válido dos textos é variável no tempo e no espaço, histórica e culturalmente" (grifos no original).

75. Segundo Fábio Victor da Fonte Monnerat (2012, p. 343-344), "são dois os de conjuntos técnicas (*sic*) processuais cada vez mais presentes no dia a dia dos tribunais, em função desta crescente valorização dos precedentes: as técnicas de uniformização da jurisprudência, isto é, procedimentos voltados à discussão e formalização do entendimento dominante em

tradição do *civil law*, o procedimento, para sua aplicação, percorre um caminho, assim disposto: *primeiro*, legislativo, de implementação no sistema jurídico nacional de quais decisões judiciais podem ser vinculantes; *segundo*, de disciplinamento operacional, com delimitação nas leis processuais da influência e modos de aplicabilidade, inaplicabilidade, supressão e formas de controle em caso de descumprimento; *terceiro*, de adoção na jurisdição por seus participantes, sejam os juízes e tribunais – quando acatam, ou não, os precedentes em suas fundamentações -, sejam os procuradores (advogados, promotores e defensores públicos), ao manejarem suas peças processuais, norteando-se pelos precedentes para subsidiar a tese que entendem adequada para a procedência do pedido[76].

1.2.7 Código de Processo Civil de 2015

O Código de Processo Civil de 2015, publicado em 16 de março de 2015, alterado pela Lei n. 13.256, de 4 de fevereiro de 2016, procedimentalizou os precedentes judiciais em diversos dispositivos[77].

Qualquer decisão judicial deve ter fundamentação consistente e, na aplicação ou não de precedente ao juiz se impõe demonstrar a semelhança ou dessemelhança com o caso julgado. O art. 489, com

---

determinado tribunal, e as técnicas de aceleração procedimental legitimadas a partir desta prévia uniformização da jurisprudência".

76. A respeito do manejo de precedentes vinculantes pela advocacia e eventual responsabilidade civil por dano causado pela perda de uma chance ao cliente (OLIVEIRA, 2017).

77. Críticas doutrinárias existem a essa procedimentalização, de que é exemplo Juraci Mourão Lopes Filho (2016, p. 93): "De fato, o novo código parece se preocupar, *a priori*, com uma relação unidirecional entre julgados, do topo da pirâmide judiciária para a base, o que pode causar a impressão de ser algo natural ou mesmo evidente, que prescinde de explicações, afinal, espelharia o escalonamento do Judiciário. A própria fenomenologia inerente aos precedentes, contudo, depõe contra essa irrestrita pretensão unicamente hierarquizada, formal e unidirecional, que se justifica mais determinantemente por atender ao velado interesse político da cúpula judiciária do que por refletir uma tomada de posição teórica em prol de uma perspectiva constitucional da jurisdição". Não se concorda com o autor, porquanto, por ser também uma técnica de julgamento e inserida no subsistema da jurisdição, essa inserida no sistema dos poderes políticos, é inerente a escolha pelo legislador, escolha política, portanto, da forma com que se deve processualizar e procedimentalizar as controvérsias sociais e institucionais. Evidente, contudo, que se existir, em tal regulamentação, uma base teórica sólida (papel da doutrina), facilita-se a intelecção e aplicação dos precedentes, o que parece, em alguma medida, existir no Código de Processo Civil de 2015.

efeito, dispõe que não será considerada fundamentada e, portanto, nula, a decisão, sentença ou acórdão que "se limitar a invocar precedente ou enunciado de súmula, sem identificar seus fundamentos determinantes nem demonstrar que o caso sob julgamento se ajusta àqueles fundamentos" (inciso V) e "deixar de seguir enunciado de súmula, jurisprudência ou precedente invocado pela parte, sem demonstrar a existência de distinção no caso em julgamento ou a superação do entendimento" (inciso VI).

Note-se que nos termos do art. 1.013, § 3º, IV, o tribunal pode "decretar a nulidade de sentença por falta de fundamentação".

No entendimento de Mizabel de Abreu Machado Derzi e Thomas da Rosa Bustamante (2013, p. 357), o Código de Processo Civil de 2015 adotou a concepção pós-positivista ou discursiva do precedente judicial, defendida por MacCormick, no sentido de que "a vinculação ao precedente é na verdade uma vinculação aos *fundamentos* da decisão, aos *princípios* que a justificam e que devem ser repetidos com fundamento nas exigências de imparcialidade e universalidade do direito".

Nota-se, igualmente, que os citados "fundamentos determinantes", "existência de distinção" e "superação do entendimento" nada mais são que a encampação dos conceitos de *ratio decidendi, distinguishing* e *overruling*, da doutrina do *stare decisis*. São critérios estabelecidos que, além de dotar de motivações para a observância do precedente, também inserem, como parte do contexto do sistema de precedentes, as motivações para sua recusa (TUSHNET, 2013, p. 104).

Nesse sentido, os precedentes, conquanto seja imposta a sua aplicação, parece que também no Código de Processo Civil de 2015 trata-se de um ponto de partida, como retratado por Edward Re (1994, p. 8) no que tange ao *common law*, a balizar a fundamentação.

O desenvolvimento dessa fundamentação não deve se ater ao precedente, tornando o juiz uma espécie de despachante jurídico; ao contrário, acredita-se, não se sabe se efetivar-se-á na prática forense, que o que a legislação quer alcançar é que a fundamentação seja completa, contextualizada jurídica – com a lei e com os precedentes – e faticamente, descrevendo e enfrentando os argumentos relevantes das partes do processo, até para o fim de não "reduzir o discurso do direito jurisprudencial a uma pauta de isonomia forçada a qualquer custo para geração de um eficiência quantitativa", e tendo-se em conta que os precedentes são o princípio e não fechamento do sistema, com o que "não podem ser formados com superficialidade e aplicados mecanicamente", conforme assentam Dierle Nunes e Alexandre Bahia (2014, p. 470).

Essa, aliás, outra preocupação do legislador ao ainda considerar não fundamentada e, portanto, nula, a decisão que "não enfrentar todos os argumentos deduzidos no processo capazes de, em tese, infirmar a conclusão adotada pelo julgador" (art. 489, § 1º, IV).

Esse dever de fundamentação, reiteradamente disposto no Código de Processo Civil de 2015, segundo agregam Alexandre Gustavo Melo Franco Bahia e Paulo Roberto Iotti Vecchiatti (2014, p. 39) "é uma decorrência tanto de uma compreensão imanente (ontológica) do dever constitucional de fundamentação/motivação das decisões quanto, especialmente, da interpretação sistemática do mesmo com o direito fundamental ao devido processo legal substantivo".

Diante dessa regulamentação de nulidade da decisão baseada também na imposição de respeito ao precedente, tanto para aplicá-lo, quanto para afastá-lo, Erik Navarro Wolkart (2014, p. 454) entende que as diversas nulidades possíveis no manejo com precedentes "podem ensejar o ajuizamento de meios autônomos de impugnação, como a reclamação constitucional, o mandado de segurança e a ação rescisória, em hipóteses até então jamais referidas na doutrina e na jurisprudência"[78].

No particular caso da ação rescisória, parece adequado concluir que o entendimento de Wolkart restou albergado pela alteração do CPC/2015, efetivada pela Lei n. 13.256, de 4 de fevereiro de 2016, ao incluir o § 5º ao art. 966, dispondo que cabe "ação rescisória, com

---

78. Indaga referido autor, sobre a aplicação de precedentes na tutela de evidência e no julgamento de improcedência *prima facie*: "Não teria a parte a ser beneficiada por esse tipo de tutela *direito líquido e certo* ao encurtamento do procedimento para a verificação rápida de seu direito?". Ainda, questiona: "haverá alguma alteração de papel para as ações rescisórias nos cenários de entroncamento entre o sistema de precedentes e o sistema de nulidades?", defendendo que a "ação rescisória surge como meio adequado para investir contra sentenças assim contaminadas, principalmente em razão da pacífica jurisprudência pelo não cabimento de reclamação contra decisão judicial transitada em julgado" (WOLKART, 2014, p. 454-455).

fundamento no inciso V do *caput* deste artigo, contra decisão baseada em enunciado de súmula ou acórdão proferido em julgamento de casos repetitivos que não tenha considerado a existência de distinção entre a questão discutida no processo e o padrão decisório que lhe deu fundamento". Vale dizer, considerou-se pela lei processual os precedentes *norma jurídica*, passível de rescindir a decisão judicial em caso de sua violação.

Ponto importante disciplinado é a determinação imposta aos tribunais de "uniformizar sua jurisprudência e mantê-la estável, íntegra e coerente" (art. 926)[79], determinação que, derivada dos princípios constitucionais do dever de motivação, do contraditório, da igualdade e da segurança jurídica, explicita de forma direta o comportamento que se exige dos tribunais na feitura de um direito judicial (DIDIER JÚNIOR, 2015b, p. 384).

Alude ainda o § 2º do art. 926 que, "ao editar enunciados de súmula, os tribunais devem ater-se às circunstâncias fáticas dos precedentes que motivaram sua criação". A respeito da importância dos fatos para a sedimentação da jurisprudência, Maurício Ramires (2010, p. 46-47) alerta: "O que também contribui bastante para o alheamento do direito em relação aos fatos são as regras sobre os recursos especiais e extraordinários, no âmbito dos quais é vedada a (re)discussão dos fatos alegados e provados, cindindo-se os julgamen-

---

79. O texto final, com a inclusão dos termos "íntegra e coerente" resultou de sugestão realizada por Lênio Luiz Streck. Conforme justificação do próprio autor (2014): "Assim, haverá coerência se os mesmos preceitos e princípios que foram aplicados nas decisões o forem para os casos idênticos; mais do que isto, estará assegurada a integridade do direito a partir da força normativa da Constituição. A coerência assegura a igualdade, isto é, que os diversos casos terão a igual consideração por parte do Poder Judiciário. Isso somente pode ser alcançado através de um holismo interpretativo, constituído a partir de uma circularidade hermenêutica. Já a integridade é duplamente composta, conforme Dworkin: um princípio legislativo, que pede aos legisladores que tentem tornar o conjunto de leis moralmente coerente, e um princípio jurisdicional, que demanda que a lei, tanto quanto possível, seja vista como coerente nesse sentido. A integridade exige que os juízes construam seus argumentos de forma integrada ao conjunto do direito, constituindo uma garantia contra arbitrariedades interpretativas; coloca efetivos freios, através dessas comunidades de princípios, às atitudes solipsistas-voluntaristas. A integridade é antitética ao voluntarismo, do ativismo e da discricionariedade. Água e azeite". Fredie Didier Júnior (2015b, p. 388) dá o nome de *consistência* à soma, ao amálgama formado pelo dever de coerência e integridade. E, José Rogério Cruz e Tucci (2015, p. 454), de forma contrária, afirma que o "art. 926 insere uma regra, de cunho pedagógico, totalmente desnecessária e inócua", aduzindo que os deveres desse preceptivo é o mínimo que se espera da jurisprudência.

tos às 'questões de direito', mais especificamente da 'vigência' de lei federal ou da Constituição. Disso decorrem consequências nefandas, que atuam em relação circular: a produção jurídica mais 'autorizada' é aquela dos tribunais superiores, por força da concentração de poder imposta pelo sistema recursal; por isso, também é ela a mais estudada e citada; como os julgados do Supremo Tribunal Federal e do Superior Tribunal de Justiça desconhecem os fatos, também o estudo jurídico e a doutrina os ignoram. Como resultado, surgem uma teoria e uma prática independentes da realidade que os solicita, separando com isso o direito da realidade social e histórica".

O ápice da regulamentação dos precedentes no Código de Processo Civil de 2015 está no art. 927, constante no Livro III, que trata sobre os processos nos tribunais e os meios de impugnação das decisões judiciais[80], em que efetivamente obriga a observância, *por juízes e tribunais*, dos precedentes elencados, quais sejam: (i) decisões do Supremo Tribunal Federal em controle concentrado de constitucionalidade; (ii) enunciados de súmula vinculante; (iii) acórdãos em incidente de assunção de competência ou de resolução de demandas repetitivas e em julgamento de recursos extraordinário e especial repetitivos; (iv) os enunciados das súmulas do Supremo Tribunal Federal em matéria constitucional e do Superior Tribunal de Justiça em matéria infraconstitucional; (v) a orientação do plenário ou do órgão especial aos quais estiverem vinculados.

Para dar a conhecer à comunidade jurídica e, por conseguinte, possibilitar a observância determinada, o § 5º do art. 927 preceitua que os "tribunais darão publicidade a seus precedentes, organizando--os por questão jurídica decidida e divulgando-os, preferencialmente, na rede mundial de computadores".

A jurisprudência, que se entende incluída no Brasil no conceito *lato sensu* de precedente, sem olvidar-se da diferenciação *stricto sensu* detalhada por Michele Taruffo (2008), mereceu grande prestígio no sistema do Código de Processo Civil[81].

---

80. Segundo Lucas Buril de Macêdo "o *locus* que se designou para a regulação do precedente não foi o mais adequado", defendendo que sua "destinação correta seria, sem dúvidas, a Parte Geral" (2014a, p. 319).

81. Rodolfo de Camargo Mancuso (2014, p. 133) destaca que "o sentido mais fecundo e preciso do vocábulo *jurisprudência* conecta-se, não tanto ou não exclusivamente à ideia de prece-

Com efeito, na nova regulamentação processual civil, a jurisprudência é vocacionada para que seja prestigiada e seguida, cominando-se, ainda, em caso de inobservância, sanções processuais.

O art. 489, § 1º, VI, como já destacado, não considera fundamentada decisão judicial que deixa de seguir, além do precedente, súmula e jurisprudência sem demonstrar a distinção ou superação.

Há nova hipótese de ação rescisória, que é a ofensa à norma jurídica quando inexistir realização de distinção do caso com a aplicação de "súmula ou acórdão proferido em julgamento de casos repetitivos", a teor do art. 966, § 5º.

No cumprimento provisório de sentença que reconhece a exigibilidade de obrigação de pagar quantia certa, há dispensa de caução se tal sentença, nos termos do art. 521, IV, "estiver em consonância com súmula da jurisprudência do Supremo Tribunal Federal ou do Superior Tribunal de Justiça ou em conformidade com acórdão proferido no julgamento de casos repetitivos".

Além do dever já referido de os tribunais uniformizarem sua jurisprudência e mantê-la estável, íntegra e coerente, impõe-se que é a jurisprudência *dominante* que será objeto da edição do enunciado de súmula, de acordo com o § 1º, do art. 926. Afastou-se, particularmente, a possibilidade de edição de enunciado de súmula quando ainda não sedimentada internamente no tribunal a posição sobre determinada questão[82].

---

dente em si, mas a um *plus* que aí se agrega, qual seja a *reiteração* de acórdãos alinhados sob uma mesma exegese, acerca de uma dada *quaestio iuris*; até porque, é a partir desse ponto que se pode alcançar o objetivo maior, qual seja a *uniformização* do entendimento pretoriano, capaz de assegurar o tratamento isonômico aos casos análogos. Com isso se atenderá à exigência da igualdade de todos perante a lei, a qual, como antes dito, não pode se confinar somente à lei enquanto posta abstratamente no ordenamento (a norma *legislada*), mas deve também preservar tal isonomia quando a lei vem aplicada nas lides judiciais: a norma *judicada*" (grifos no original).

82. Fábio Victor da Fonte Monnerat (2012, p. 352) faz a seguinte classificação de jurisprudência: "A jurisprudência divergente seria aquela caracterizada pela existência de vários julgados sobre a mesma matéria em sede de tribunais, havendo, porém, um número relevante de julgados em mais de um sentido. Jurisprudência dominante pode ser caracterizada, tal como a divergente, pela existência de vários julgados sobre a mesma matéria em sede de tribunais com uma quantidade considerável de julgados em mais de um sentido, mas onde é possível a constatação de que a um dos entendimentos possui maior aplicação. Já a jurisprudência pacificada é aquela em que há vários julgados sobre a mesma matéria em

Sobre a jurisprudência, Rodolfo de Camargo Mancuso (2014, p. 135-136) constrói uma pirâmide escalonada em que, da base para o topo, se encontram: (i) certos acórdãos, mesmo isolados ou até minoritários, que passam a ser invocados em abono de teses jurídicas e se tornam "verdadeiros marcos regulatórios em certas questões"; (ii) acórdãos de julgamentos de recurso extraordinário e especial repetitivos, decisões plenárias do STF de grande influência social, política, econômica e jurídica, acórdãos proferidos em questões de ordem pelo pleno ou órgão especial dos tribunais, os acórdãos oriundos do incidente de assunção de competência e a posição adotada pelo STJ no pedido de uniformização da interpretação do direito federal, relativa às Turmas de Uniformização dos Juizados Especiais; (iii) acórdãos expedidos em um razoável tempo e de modo uniforme, "assim configurando o sentido básico da *jurisprudência*"; (iv) jurisprudência dominante, assim entendida os acórdãos do terceiro degrau, qualificados pela preservação firme e constante em número importante de casos (inclui o autor também a jurisprudência pacífica); (v) súmulas, simples ou persuasiva; (vi) súmulas vinculantes.

Considerando a imposição de aplicabilidade do entendimento consolidado em jurisprudência dominante, houve preocupação na nova legislação processual civil com a sua modificação, no sentido da não surpresa dos jurisdicionados, dos próprios titulares da jurisdição e, igualmente, da eventual necessidade de se adaptar transitoriamente o novo entendimento à realidade e às situações jurídicas que mereçam tratamento diverso, resguardando-se a confiança depositada. Os §§ 3º e 4º do art. 927 determinam respectivamente:

> Na hipótese de alteração de jurisprudência dominante do Supremo Tribunal Federal e dos tribunais superiores ou daquela oriunda de julgamento de casos repetitivos, pode haver modulação dos efeitos da alteração no interesse social e no da segurança jurídica.
>
> A modificação de enunciado de súmula, de jurisprudência pacificada ou de tese adotada em julgamento de casos repetitivos

---

sede de tribunais em um mesmo sentido, sendo inexistente ou, se existentes, em quantidade irrelevante ou superados, julgamentos que consagrem um entendimento em sentido diverso. A jurisprudência sumulada, por sua vez, representa, formalmente, a jurisprudência pacífica, ou dominante, e emerge de um *procedimento específico de reconhecimento da pacificação ou domínio do entendimento jurisprudencial*" (grifo no original).

observará a necessidade de fundamentação adequada e específica, considerando os princípios da segurança jurídica, da proteção da confiança e da isonomia.

Antônio do Passo Cabral (2013, p. 17), a propósito, destaca que a par de se fazer necessária a estabilidade dos precedentes, também necessário é "que as mudanças de jurisprudência sejam operadas de maneira responsável, controlável, e com considerações a respeito da segurança jurídica no tempo". E, no desenvolvimento dessa ideia, baseando-se no que denomina de "segurança-continuidade"[83], sugere a adoção da técnica do julgamento-alerta, em que pondera: "Através desta técnica, o tribunal veicula a informação de que poderá estar revendo, reavaliando, reapreciando, em casos futuros, o posicionamento até então reiterado. O anúncio equivale a uma pronúncia de que a Corte 'duvida' da correção do entendimento aplicado até aquele momento, e, portanto, passa ao público a mensagem de que é possível a alteração de sua conclusão a respeito do tema".

Dota-se, ainda, de repercussão geral automática o recurso que impugnar acórdão que "contrarie súmula ou jurisprudência dominante do Supremo Tribunal Federal", conforme art. 1.035, § 3º, I.

A repercussão geral, criada pela Emenda Constitucional n. 45/2004 e incluída no texto constitucional no art. 102, § 3º, como um requisito de admissibilidade do recurso extraordinário com o objetivo de filtrar[84] as questões constitucionais mais relevantes para serem apreciadas pelo Supremo Tribunal Federal, exige que seja demonstrada fundamentadamente pelo recorrente. O art. 1.035, do Código

---

83. "[...] a *continuidade jurídica* é um conceito que está na síntese da tensão entre uma total e estanque eternização ou petrificação de conteúdos estabilizados e o oposto de uma ampla e irrestrita alterabilidade. A continuidade jurídica significa mudança com consistência, assegurando estabilidade e permanência sem impedir a alteração das posições jurídicas estáveis. Portanto, a continuidade revela uma forma de não bloquear totalmente as mudanças e simultaneamente preservar a segurança" (CABRAL, 2013, p. 26).

84. Pedro Miranda de Oliveira (2013b, p. 271) assim expõe: "Esse mecanismo de filtragem tem três objetivos principais: a) diminuir o número de processos no STF; b) uniformizar a interpretação constitucional sem exigir que a Corte decida múltiplos casos idênticos sobre a mesma questão constitucional; e c) firmar o papel deste tribunal como Corte Constitucional e não como instância recursal, delimitando sua competência no julgamento de recursos extraordinários a questões constitucionais com relevância social, política, econômica ou jurídica, que transcendam os interesses subjetivos da causa".

de Processo Civil de 2015, disciplina esse requisito, determinando o não conhecimento do recurso se a questão constitucional discutida no recurso não contiver repercussão geral.

Ainda, o Regimento Interno do Supremo Tribunal Federal no art. 327 impõe a recusa de recursos "que não apresentem preliminar formal e fundamentada de repercussão geral", de modo que se denota a importância dada pela nova disciplina processual às súmulas e jurisprudência, conforme já o era no art. 543-A, § 3º do Código de Processo Civil de 1973, tornando-as o próprio requisito da repercussão geral em caso de contrariedade pelo acórdão recorrido.

Acerca dessa temática, Pedro Miranda de Oliveira (2013b, p. 310) assevera que referida presunção absoluta é justificável "porque a pacificação da interpretação da Constituição é, de fato, questão de grande relevância jurídica, que, indubitavelmente, transcende o interesse individual das partes".

A Lei n. 13.256, de 4 de fevereiro de 2016, retirou o julgamento proferido em casos repetitivos como hipótese de presunção automática de repercussão geral, revogando o inciso II, do § 3º, do art. 1.035. A contradição agora existente, oriunda da referida alteração legislativa, é que se manteve a redação original em relação ao art. 1.035, § 3º, I, que considera ter repercussão geral automática o recurso que impugnar acórdão que contrariar súmula ou jurisprudência dominante do Supremo Tribunal Federal.

Indaga-se, as teses assentadas em julgamento de recurso extraordinário repetitivos não podem ser consideradas incluídas no conceito de jurisprudência dominante?!

Conjectura-se que poderá ser considerada repercussão geral presumida os casos de julgamento de recurso extraordinário repetitivos, pois espelham, já que ocorrente a "multiplicidade de recursos" (art. 1.036, CPC/2015), a conclusão dominante do tribunal sobre determinada temática constitucional.

No que concerne ao julgamento de incidente de resolução de demandas repetitivas pelo Supremo Tribunal Federal, se existir, no âmbito do STF, número suficiente de decisões que reflitam a solução do julgamento do IRDR, a conclusão singela é a existência também de repercussão geral presumida. Se o julgamento do IRDR não contiver decisões anteriores suficientes a enquadrar-se como jurisprudência dominante, sendo originário de decisão isolada, ou baseada em julgamentos que até então eram divergentes ou não dominantes, inexistirá presunção automática de repercussão geral.

A controvérsia e sua resolução, criada pela alteração legislativa de 2016, para o fim de presumir a repercussão geral nos julgamentos de casos repetitivos, é o êxito em incluir-se, ou não, como jurisprudência dominante os destacados julgamentos.

Os precedentes judiciais cristalizados em julgamento de casos repetitivos[85], assim considerados a decisão proferida em incidente de resolução de demandas repetitivas e em recursos especial e extraordinário repetitivos, de acordo com o art. 928, também receberam tratamento específico na nova legislação, podendo ter "por objeto questão de direito material ou processual" (art. 928, parágrafo único). Isso porque o devido processo legal pressupõe adequação dos meios e técnicas processuais ao direito tutelado jurisdicionalmente e, por conseguinte, o "processo deve *adequar-se* às situações repetitivas" (CUNHA, 2010a, p. 143).

Dessarte, a tutela de evidência, por exemplo, que é aquela concedida independentemente da demonstração de perigo de dano ou de risco ao resultado útil do processo (art. 311), pode ser deferida desde que haja comprovação documental das alegações, quando "houver tese firmada em julgamento de casos repetitivos ou em súmula vinculante" (art. 311, II). Ainda, possibilita o parágrafo único do art. 311 que o juiz decida liminarmente.

De lado outro, os precedentes judiciais podem ser utilizados para a improcedência liminar do pedido, conforme art. 332, que teve uma

---

85. Leonardo Carneiro da Cunha, sobre o regime jurídico das causas repetitivas, sustenta que "é preciso que se conceba um regime processual próprio, com dogmática específica, que se destine a dar-lhes solução prioritária, racional e uniforme" (2010a, p. 143). Discorre o autor que há, no ordenamento jurídico brasileiro, um regime processual próprio para as causas repetitivas, enumerando a suspensão de segurança para várias liminares em casos repetitivos (art. 4º, § 8º, da Lei 8.437/1992; art. 15, § 5º, da Lei 12.016/2009), o incidente de uniformização de jurisprudência (CPC/1973, art. 476), a afetação de julgamento a órgão indicado pelo regimento interno (CPC/1973, art. 555, § 1º), o pedido de uniformização da interpretação da Lei federal no âmbito dos Juizados Especiais Cíveis Federais (Lei n. 10.259/2001), o julgamento imediato de improcedência (CPC/1973, art. 285-A), a súmula vinculante (CF, art. 103-A) e o julgamento por amostragem dos recursos extraordinários e especial (CPC/1973, arts. 543-B e 543-C).

melhoria redacional e sistêmica em relação ao revogado art. 285-A, do Código de Processo Civil de 1973, afastando-se a possibilidade de aplicação por "jurisprudência" do juiz de primeiro grau (LUIZ, 2016). Elencam-se nesse dispositivo os seguintes precedentes: (i) enunciado de súmula do Supremo Tribunal Federal ou do Superior Tribunal de Justiça; (ii) acórdão proferido pelo Supremo Tribunal Federal ou pelo Superior Tribunal de Justiça em julgamento de recursos repetitivos; (iii) entendimento firmado em incidente de resolução de demandas repetitivas ou de assunção de competência; (iv) enunciado de súmula de tribunal de justiça sobre direito local, este, novidade em relação aos precedentes delimitados genericamente no art. 927.

De todo modo, cabe apelação da decisão de improcedência liminar, oportunidade que "se houver retratação, o juiz determinará o prosseguimento do processo, com a citação do réu, e, se não houver retratação, determinará a citação do réu para apresentar contrarrazões, no prazo de 15 (quinze) dias", nos termos do § 4º do art. 332.

A remessa necessária também sofreu a influência dos precedentes judiciais no Código de Processo Civil de 2015. Consoante § 4º do art. 496 não é cabível remessa necessária quando a sentença estiver fundada em súmula de tribunal superior (I), acórdão proferido pelo Supremo Tribunal Federal ou pelo Superior Tribunal de Justiça em julgamento de recursos repetitivos (II) e entendimento firmado em incidente de resolução de demandas repetitivas ou de assunção de competência (III).

A quarta hipótese, mesmo que não seja um precedente judicial, trata-se de precedente em âmbito administrativo, denotando o *diálogo, o encontro e entrelaçamento entre as funções estatais*, tema central desta pesquisa, no sentido de que o "entendimento coincidente com orientação vinculante firmada no âmbito administrativo do próprio ente público, consolidada em manifestação, parecer ou súmula administrativa", restringe a aplicação da remessa necessária, instituto eminentemente jurisdicional.

Em âmbito recursal, a força do precedente também é destacada.

O art. 932 dá poder ao relator de negar provimento a recurso contrário a súmula do Supremo Tribunal Federal, do Superior Tribunal de Justiça ou do próprio tribunal (a); acórdão proferido pelo Supremo Tribunal Federal ou pelo Superior Tribunal de Justiça em julgamento de recursos repetitivos (b); e entendimento firmado em incidente de resolução de demandas repetitivas ou de assunção de competência (c).

Poderá ainda o relator, diante dos mesmos precedentes referidos, dar provimento ao recurso após a apresentação das contrarrazões. Veja-se que, na hipótese de provimento do recurso, necessário se faz a oitiva da outra parte, mediante contrarrazões, em observância ao princípio do contraditório, porquanto, no caso, a decisão judicial de provimento lhe afetará, o que impõe que participe argumentativamente para que a decisão se legitime.

No caso de improvimento, diversamente, a solução não afetará a outra parte, pelo contrário, beneficiará, uma vez que manteve o entendimento que então lhe era favorável.

A conhecida e denominada súmula impeditiva de recurso, disposta no art. 518, § 1º, do Código de Processo Civil de 1973, limitava-se às súmulas do STF e STJ. Como visto, houve ampliação da técnica de julgamento monocrático pelo relator do recurso, incluindo-se outros precedentes em consonância e coerência com a procedimentalização precedentalista dada pela nova legislação processual, além de aplicação não só na apelação, mas para todo e qualquer recurso. Contribui-se, em decorrência, com o assentamento da influência dos precedentes na jurisdição brasileira, iniciado, nesse particular, com a Lei n. 9.756, de 17 de dezembro de 1998, que deu nova redação ao art. 557 do Código de Processo Civil de 1973[86], e que também modificou a redação do

---

86. "Art. 557. O relator negará seguimento a recurso manifestamente inadmissível, improcedente, prejudicado ou em confronto com súmula ou com jurisprudência dominante do respectivo tribunal, do Supremo Tribunal Federal, ou de Tribunal Superior. § 1º-A Se a decisão recorrida estiver em manifesto confronto com súmula ou com jurisprudência dominante do Supremo Tribunal Federal, ou de Tribunal Superior, o relator poderá dar provimento ao recurso. § 1º Da decisão caberá agravo, no prazo de cinco dias, ao órgão competente para o julgamento do recurso, e, se não houver retratação, o relator apresentará o processo em mesa, proferindo voto; provido o agravo, o recurso terá seguimento". A respeito do assunto, Teori Albino Zavascki (2001, p. 38) explica: "Chegou-se a questionar, em certos julgados, a constitucionalidade do dispositivo do art. 557 do CPC, ao fundamento de que (a) ele comprometeria o princípio do duplo grau de jurisdição, já que impediria a apreciação do recurso pelo órgão colegiado e (b) comprometeria a competência constitucional das Cortes Superiores, já que inibiria o acesso à instância extraordinária. Tais objeções não procedem. O relator, ao negar seguimento ou dar provimento ao recurso, com base no art. 557 do CPC, está realizando o julgamento em nome e por delegação do tribunal recorrido. De

art. 97 do mencionado código, ao dispor que "os órgãos fracionários dos tribunais não submeterão ao plenário, ou ao órgão especial, a arguição de inconstitucionalidade, quando já houver pronunciamento destes ou do plenário do Supremo Tribunal Federal sobre a questão".

Quanto à sistemática dos recursos especial e extraordinário repetitivos – aqueles em que pressupõe multiplicidade de recursos com fundamento em idêntica questão de direito (art. 1.036) -, nos termos do art. 1.039, após o julgamento dos processos afetados para julgamento, "os órgãos colegiados declararão prejudicados os demais recursos versando sobre idêntica controvérsia ou os decidirão aplicando a tese firmada".

Ainda, regulamenta o art. 1.040[87] o modo pelo qual os tribunais deverão pautar-se diante do julgamento dos recursos repetitivos pelo Supremo Tribunal Federal e pelo Superior Tribunal de Justiça.

Dentro da pauta de atuação disciplinada no art. 1.040, consta a disposição do inciso IV. Similar redação tem o art. 985, § 2°[88], que trata do julgamento do incidente de resolução de demandas repetitivas.

---

sua decisão, ademais, 'caberá agravo, no prazo de cinco dias, ao órgão competente para o julgamento do recurso' (art. 557, § 1°), com o que fica preservado o princípio de reserva do colegiado. E, do julgamento desse agravo, caberá, se for o caso, recurso para a instância extraordinária, com o que estará assegurado também o acesso ao Supremo Tribunal Federal. Não há, portanto, nenhum vício de inconstitucionalidade no dispositivo em foco. Ao contrário, a disciplina de julgamento nele prevista atende aos princípios da celeridade, da economia e da racionalidade dos serviços judiciários, e, prestigiando a autoridade do precedente do Supremo, dá cumprimento ao princípio da igualdade de todos perante a lei".

87. Art. 1.040. Publicado o acórdão paradigma:
I - o presidente ou o vice-presidente do tribunal de origem negará seguimento aos recursos especiais ou extraordinários sobrestados na origem, se o acórdão recorrido coincidir com a orientação do tribunal superior;
II - o órgão que proferiu o acórdão recorrido, na origem, reexaminará o processo de competência originária, a remessa necessária ou o recurso anteriormente julgado, se o acórdão recorrido contrariar a orientação do tribunal superior;
III - os processos suspensos em primeiro e segundo graus de jurisdição retomarão o curso para julgamento e aplicação da tese firmada pelo tribunal superior;
IV - se os recursos versarem sobre questão relativa a prestação de serviço público objeto de concessão, permissão ou autorização, o resultado do julgamento será comunicado ao órgão, ao ente ou à agência reguladora competente para fiscalização da efetiva aplicação, por parte dos entes sujeitos a regulação, da tese adotada.

88. "Se o incidente tiver por objeto questão relativa a prestação de serviço concedido, permitido ou autorizado, o resultado do julgamento será comunicado ao órgão, ao ente ou à agência

Assim, o órgão, ente ou agência reguladora competente receberá a comunicação para proceder a referida fiscalização com base na tese assentada pela jurisdição; contudo, entende-se que esses dispositivos são inaplicáveis por inconstitucionalidade, como ressaltado na seção 2.6. Isso porque o Judiciário não pode impor uma obrigação de fazer aquelas pessoas de direito público sem que tenham participado da relação processual, na medida em que se ofenderiam os princípios da ampla defesa e do contraditório, além dos princípios da legalidade e das competências constitucionais materiais, decorrentes do princípio da separação dos poderes.

A pessoa jurídica que presta o "serviço concedido, permitido ou autorizado", por não fazer parte da relação processual que foi dirimida no recurso especial, extraordinário ou no incidente de resolução de demandas repetitivas, é vinculada pela legislação que rege a sua atuação administrativa, de modo que aquelas decisões não têm o condão de impor condutas a terceiros, mas apenas à jurisdição (técnica de julgamento).

Por fim, o descumprimento dos precedentes também restou disciplinado no Código de Processo Civil de 2015. Adotou-se como medida de controle das decisões que inobservem o precedente, desde que, claro, não se tenha feito escorreitamente a distinção pertinente, a Reclamação, disciplinada nos arts. 988 a 993, que "pode ser proposta perante qualquer tribunal, e seu julgamento compete ao órgão jurisdicional cuja competência se busca preservar ou cuja autoridade se pretenda garantir", conforme § 1º do art. 988[89].

Apesar de o elenco descrito no art. 988, com a redação dada pela Lei n. 13.256, de 4 de fevereiro de 2016, constar o cabimento da Reclamação para preservar a competência do tribunal (I), garantir a

---

reguladora competente para fiscalização da efetiva aplicação, por parte dos entes sujeitos a regulação, da tese adotada".

89. Lucas Buril de Macêdo (2014b, p. 429) critica essa regulamentação da Reclamação pelo Código de Processo Civil de 2015, assim defendendo: "Outorgar ao STF competência para decidir reclamações fundadas em seus precedentes obrigatórios é medida autoritária, baseada na ideia de que sua intepretação do precedente é absoluta e torna todas as demais desimportantes ou vazias". Para Douglas Anderson Dal Monte (2016, p. 67), "de nada adiantaria prever a obrigatoriedade de respeito à competência e às decisões dos tribunais pátrios se, no caso de serem violadas ou ignoradas, não existissem meios efetivos e céleres de assegurar a autoridade de seus julgados e a preservação de suas competências".

autoridade das decisões do tribunal (II), garantir a observância de enunciado de súmula vinculante e de decisão do Supremo Tribunal Federal em controle concentrado de constitucionalidade (III) e garantir a observância de acórdão proferido em julgamento de incidente de resolução de demandas repetitivas ou de incidente de assunção de competência (IV), os dois últimos incisos englobam-se no segundo, de modo que despiciendo mostram-se aqueles.

Se houve disposição expressa de observação pelos juízes e tribunais dos precedentes, evidente que tais decisões enumeradas no art. 927 são dotadas de autoridade e, por consectário lógico, passíveis de Reclamação para que essa autoridade seja garantida. Não se faziam necessários, portanto, os incisos III e IV do art. 988.

Contudo, o objetivo de tal detalhamento, forçoso aduzir, se mostra claro com a alteração do Código de Processo Civil de 2015, realizada pela Lei n. 13.256, de 4 de fevereiro de 2016, que excluiu do inciso IV, do art. 988, o termo "casos repetitivos", para incluir apenas o julgamento de incidente de demandas repetitivas.

Objetivou-se, igualmente, manter coerência com a alteração feita no inciso II, do § 5º, do art. 988, que descreve não ser cabível reclamação proposta para garantir a observância de "acórdão proferido em julgamento de recursos extraordinário ou especial repetitivos, quando não esgotadas as instâncias superiores", como também, com a Lei n. 11.417, de 19 de dezembro de 2006, que regulamentou o art. 103-A, da Constituição Federal, dispondo no art. 7º, § 1º: "Contra omissão ou ato da Administração Pública, o uso da reclamação só será admitido após esgotamento das vias administrativas".

Vale dizer, a reforma processual já realizada no CPC/2015 buscou impedir, assim como a Lei n. 11.4717/2006 tinha realizado em relação aos atos administrativos, a propositura de um elevado número de reclamações perante as Cortes Supremas, porquanto, já que se faz obrigatória, doravante, a observância, por juízes e tribunais, da tese adotada nos recursos especial e extraordinário repetitivos, a obrigatoriedade, de igual modo, de esgotamento das instâncias ordinárias, impede o manejo desmedido de reclamações contra decisões que não se pautaram conforme a tese estatuída. Trata-se de um pressuposto ou requisito de admissibilidade da reclamação.

Expostos os procedimentos aplicativos de precedentes vinculantes no Código de Processo Civil, pode-se afirmar, em certo sentido, de acordo com uma visão singular de Rodrigo Roth Castellano (2017, p. 136), que a legislação processual possui papel decisivo para a pretensão de concretização de uma justiça sustentável[90], com nítida influência utilitarista, na medida em que "aproveitam-se ao máximo os atos praticados no curso processual, tendo como resultado um menor tempo de duração dos feitos, os quais são diretamente influenciados pelas decisões em caráter macro tomadas pelos agentes judiciais".

Em outras palavras, a procedimentalização precedentalista na legislação processual civil, como visto, objetiva também maximizar as soluções jurisdicionais (concepção utilitarista do processo e da atividade jurisdicional). Se isso trará o bem-estar agregado dependerá da forma de implantação, operacionalidade e concretização do ideal dessa justiça sustentável.

---

90. Justiça sustentável, para Castellano (2017, p. XIV), é "aquela em que o Poder Judiciário consiga dar uma resposta aos conflitos de maneira célere, tempestiva, justa, efetiva, eficiente e proferida por seu Juiz Natural, após dedicar tempo adequado ao estudo de seu caso, garantindo-se aos cidadãos o efetivo exercício de seus direitos e garantias fundamentais". A respeito do tema, Bruno de Macedo Dias (2017, p. 139) afirma que "não resta dúvida que o acesso à Justiça no Brasil sofre uma grave crise de sustentabilidade, no qual os recursos existentes (capacidade de julgamento) são consumidos de forma predatória (judicialização). Enquanto não é colocado freio no fenômeno da judicialização, cada relatório estatístico anual demonstrará o agravamento do problema".

Capítulo 2

INFLUÊNCIA DA JURISDIÇÃO NA ADMINISTRAÇÃO PÚBLICA

O entrelaçamento entre jurisdição e administração nos últimos anos tem se dado progressivamente.

A vinculação da Administração Pública ao que estatuído pelo exercício da atividade jurisdicional depende de regulamentação normativa, notadamente em razão do regime jurídico administrativo ou regime jurídico de direito público.

No Brasil, referida vinculatividade decorre do texto constitucional, com o julgamento das ações de controle concentrado e as súmulas vinculantes. Verifica-se que diversos entes públicos têm se valido da sedimentação de matérias jurisprudenciais para regular também a própria atividade administrativa.

Nesse norte, necessário assentar o que caracteriza o referido regime jurídico administrativo e as atuais categorias jurisprudenciais que influenciam diretamente o modo de agir administrativo, para o fim de subsidiar a (im)possiblidade e forma de aplicação dos precedentes judiciais na Administração Pública.

2.1 ADMINISTRAÇÃO PÚBLICA

A Administração Pública, de forma simples, tem como fundamento a concreção dos direitos dispostos nas Constituições, seja federal, seja estadual, e na legislação que rege a vida das pessoas residentes em determinado território. Se dá, primordialmente, com a prestação de serviços públicos nas mais diversas áreas e, na lição de Leonardo Carneiro da Cunha (2010b, p. 588), é estruturada "para atingir o bem comum e assegurar um mínimo de direitos e garantias para o indivíduo", tendo "a incumbência intrínseca de executar serviços que revestem o matiz da necessidade e comodidade públicas, voltando seus esforços para o incremento e desenvolvimento de atividades que lhe são impostas pela sociedade".

Pertinente a clássica conceituação de José Cretella Júnior (1966, p. 27): "*Administração é não só gênero*, poder executivo, *como também a complexa máquina administrativa*, o pessoal que a movimenta, a atividade desenvolvida por êsse indispensável aparelhamento que possibilita ao Estado o preenchimento de seus fins. Pelo que, *administração é a atividade que o Estado desenvolve, através de atos concretos e executórios, para a consecução direta, ininterrupta e imediata dos interêsses públicos*" (1966, p. 27; grifo no original).

Para realização dessas obrigações impõe-se à Administração Pública que se tenha uma infraestrutura organizada e dependente de pessoas, demandando, também, toda uma legislação específica para o cumprimento de seus misteres, sendo exemplos categóricos a Lei n. 8.666, de 21 de junho de 1993, que institui normas de licitação e contratos da Administração Pública; a Lei Complementar n. 101, de 4 de maio de 2000, que estabelece normas de finanças públicas voltadas para a responsabilidade na gestão fiscal; e a Lei 8.112, de 11 de dezembro de 1990, que dispõe sobre o regime jurídico dos servidores públicos civis da União, das autarquias e fundações públicas federais.

A Constituição Federal delimita competências legislativas e executivas nos artigos 21 a 24. As primeiras atinentes à atividade do Poder Legislativo, de onde se disciplina o modo de ser normativo do Estado brasileiro; as segundas, direcionadas para a realização prática do quanto determinado pelas primeiras, estando conectadas umbilicalmente.

Diante desse plexo de competências nota-se evidente que a "Administração Pública é o principal instrumento capaz de transformar as normas que contêm os direitos fundamentais materializados de uma sociedade de bem-estar em fato, em acontecimento, em ação concreta" (DAVI, 2008, p. 21).

Tal afirmação se funda na *idealidade aplicativa* das normas constitucionais delimitadoras das competências administrativas, funda-se em um *processo descritivo* da normatividade existente no sistema jurídico brasileiro, não se podendo olvidar, é cediço, o franco e notório desprestígio desta função estatal em virtude da inaplicabilidade das normas de direitos fundamentais prestacionais[1].

Deve-se atentar, nada obstante, que a "verdade é que por meio da legislação e da jurisdição, apenas, não consegue o Estado realizar plenamente sua atividade jurídica" (CRETELA JÚNIOR, 1966, p. 25).

2.1.1 Características – Regime Jurídico Administrativo

As características da Administração Pública decorrem do regime jurídico administrativo, que envolve o *interesse público* e a sua busca na concretização das normas aplicáveis pela e para a administração, a legitimidade e demais presunções inerentes ao ato e à função administrativos, como também os limites da atuação da atividade administrativa. Assim, para "o estudo do direito administrativo, entre nós não codificado, e com a pluralidade das fontes normativas que decorrem da adoção da forma federativa do Estado brasileiro, com o modelo instituído de discriminação constitucional de competências, a identificação do nosso regime jurídico administrativo, ou sistema, elencando os princípios jurídicos que o consubstanciam, é de importância capital" (CAMMAROSANO, 2018, p. 146).

Há autores que entendem que, basicamente, "o regime jurídico administrativo resume-se a duas palavras apenas: **prerrogativas** e **sujeições**" (DI PIETRO, 2010, p. 60; grifos no original), decorrentes, de um lado, da proteção aos direitos individuais em face do Estado, de outro, da necessidade de satisfação dos interesses coletivos. Para outros, a caracterização do regime jurídico administrativo delineia--se na atribuição de uma peculiar disciplina normativa por dois princípios, o da supremacia do interesse público sobre o privado e

---

1. Não se adentrará, por transbordar o objeto desta pesquisa, na seara da inaplicabilidade endêmica das normas constitucionais pelos governos constituídos no Estado Brasileiro. Contudo, não se pode deixar de destacar, escudado por Diogo de Figueiredo Moreira Neto (2014, p. 40), a propósito das manifestações populares ocorridas nas ruas de dezenas de cidades brasileiras em junho de 2013, que se vislumbra uma nova espécie de revolução (apartidária e desarmada), "uma revolução expressa por protestos, que, ocupando desde as vias eletrônicas às vias urbanas, se vale de formidáveis demonstrações públicas, que se originam, de descontentamentos agudos, tais como a ausência ou deficiência de políticas públicas, a descrença em seus representantes eleitos e a obsolescência ou inadequação das instituições políticas vigentes".

o da indisponibilidade, pela Administração, dos interesses públicos (BANDEIRA DE MELLO, 2010, p. 55).

A justificação para a existência do regime jurídico administrativo advém de se "*justificar meios de controle de prerrogativas estatais, concatenadas harmonicamente, para a promoção e proteção do cidadão*" (FRANÇA, 2014, p. 65; grifo no original).

Marçal Justen Filho (2015, p. 128) utiliza a terminologia regime jurídico de direito público, definindo-o como "conjunto de normas jurídicas que disciplinam poderes, deveres e direitos vinculados diretamente à supremacia e à indisponibilidade dos direitos fundamentais. O regime jurídico de direito público caracteriza-se pela criação de órgãos e funções na esfera pública, a quem é atribuída a titularidade de bens vinculados à realização de valores essenciais, assim, como a competência para promover a satisfação de interesses indisponíveis".

Extrai-se do conceito descrito que o disciplinamento da função administrativa decorre de normas jurídicas e não somente da lei. Por normas jurídicas, devem-se entender os princípios jurídicos, que "traduzem o modo como a Nação concebe e vivencia os valores", e as regras, que "contemplam uma previsão de condutas determinadas e precisas, previstas como facultadas, proibidas ou obrigatórias" (JUSTEN FILHO, 2015, p. 123)[2].

Dentro do conteúdo de interesse público, estão as categorias jurídico-politicas de preponderância[3] do interesse público sobre o

---

2. Gustavo Binenbojm (2014, p. 142-149), com o uso do termo juridicidade, afirma que a vinculação administrativa é ligada a essa juridicidade, assim esclarecendo: "A ideia de *juridicidade administrativa*, elaborada a partir da interpretação dos princípios e regras constitucionais, passa, destarte, a englobar o campo da *legalidade administrativa*, como um de seus princípios internos, mas não mais altaneiro e soberano como outrora. Isso significa que a atividade administrativa continua a realizar-se, via de regra, (i) segundo a lei, quando esta for constitucional (atividade *secundum legem*), (ii) mas pode encontrar fundamento direto na Constituição, independente ou para além da lei (atividade *praeter legem*), ou, eventualmente, (iii) legitimar-se perante o direito, ainda que contra a lei, porém com fulcro numa ponderação da legalidade com outros princípios constitucionais (atividade *contra legem*, mas com fundamento numa otimizada aplicação da Constituição)" (p. 148; grifo no original).

3. A expressão preponderância, em lugar da supremacia do interesse pública, denota melhor o entendimento contemporâneo de interesse público, no sentido de que os direitos estatais não são absolutos (supremos), mas sim vocacionados para a concreção dos direitos fundamentais pela administração, havendo de se servir, para tanto e *excepcionalmente*, de

particular, indisponibilidade do interesse público e continuidade do ato e atividades administrativos em face do interesse público.

Com efeito, havendo entre os fundamentos da República Federativa do Brasil a cidadania e a dignidade da pessoa humana (CF, art. 1º), além de objetivos fundamentais a construção de uma sociedade livre, justa e solidária, e a promoção do bem de todos, sem preconceitos de origem, raça, sexo, cor, idade e quaisquer outras formas de discriminação (CF, art. 3º), é de conclusão singela que, para cumprir-se essa normatividade constitucional valorativa-principiológica, o foco central da Administração Pública é (ou deve ser) externo, voltado para as pessoas e não interno, voltado apenas para suas atividades organizacionais, de acordo, aliás, com o que profetizou José Augusto Delgado (1995).

Por isso que um dos fundamentos da visão clássica do Direito Administrativo já não ocupa posição central, que é o ato administrativo.

O sentido da preponderância do interesse público sobre o particular, em uma hermenêutica constitucional, assenta-se no afastamento *excepcional* de direitos individuais quando em tutela estão direitos da coletividade, daí se exsurgindo o interesse público que deve preponderar[4].

A indisponibilidade insere-se também no entendimento acerca do que seja preponderância. Se o direito é indisponível não pode a Administração Pública deixar de aplicá-lo em virtude de contraposição a interesse particular. Todavia, quando "os diferentes interesses

---

instrumentos normativos que faça prevalecer (preponderar) a conduta administrativa em detrimento de interesses privados.

4. Conforme defende Di Pietro (2010, p. 37), a "defesa do interesse público corresponde ao próprio fim do Estado. O Estado tem que defender os interesses da coletividade. Tem que atuar no sentido de favorecer o bem-estar social. Negar a existência desse princípio é negar o próprio papel do Estado". Gustavo Binenbojm (2014, p. 105, nota de rodapé n. 209), apesar de discordar da manutenção do princípio em realce nos termos defendidos por Di Pietro, não nega a existência de um conceito de interesse público, afirmando não se poder estabelecer uma prevalência que se pode dizer *a priori* ("prevalência teórica e antecipada de uns sobre outros") e, portanto, conclui Binenbojm (2014, p. 107) que "a *aferição* do interesse prevalecente em um dado confronto de interesses é procedimento que *reconduz* o administrador público à interpretação do *sistema de ponderações* estabelecido na Constituição e na lei, e, via de regra, obriga-o a realizar seu próprio juízo ponderativo, guiado pelo dever de proporcionalidade" (grifos no original).

em atrito comportam equivalente tutela e proteção, a solução mais adequada é propiciar a realização conjunta – ainda que limitada – de todos eles" (JUSTEN FILHO, 2015, p. 139).

Note-se que a eleição dessa indisponibilidade não é feita pelo administrador, mas oriunda daquelas normas jurídicas (princípios e regras)[5]. Neste particular, não se pode deixar de citar a concepção de Celso Antônio Bandeira de Mello (2010, p. 74), para quem a "indisponibilidade dos interesses públicos significa que, sendo interesses qualificados como próprios da coletividade – internos ao setor público –, não se encontram à livre disposição de quem quer que seja, por inapropriáveis. O próprio órgão administrativo que os representa não tem disponibilidade sobre eles, no sentido de que lhe incumbe apenas curá-los – o que é também um dever – na estrita conformidade do que predispuser a *intentio legis*".

No mesmo sentido estão as presunções de legitimidade e veracidade dos atos advindos da atividade administrativa[6].

É certo, ainda, que atua também a Administração Pública, em específicas situações, sob o regime jurídico de direito privado, como no caso do art. 173, § 1º, da Constituição Federal, em que se autoriza, mediante lei, "a sujeição ao regime jurídico próprio das empresas privadas, inclusive quanto aos direito e obrigações civis, comerciais, trabalhistas e tributários". Aplica-se, nesse caso e como regra, "o direito privado, no silêncio da norma de direito público" (DI PIETRO, 2010, p. 60)

---

5. Em realidade, inexiste expressa disposição jurídica acerca desses princípios administrativos. Wilson Vieira Loubet (2009, p. 64) assim esclarece: "Nem o princípio da supremacia do interesse público sobre o particular, tampouco o conceito de indisponibilidade do interesse público se assentam no direito positivo e por isso não podem resolver todas as questões genéricas e particulares que surgem na atividade estatal, já que a competência administrativa é limitada ao direito positivo e não sustentada apenas em princípios. O exegeta não pode pretender criar realidades que não estejam no domínio do direito, lançando-se a inovar na ordem jurídica sem que seu objeto do conhecimento – o direito positivo – assim lhe permita".

6. "Como consequência dessa presunção, as decisões administrativas são de execução imediata e têm a possibilidade de criar obrigações para o particular, independentemente de sua concordância e, em determinadas hipóteses, podem ser executadas pela própria Administração, mediante meios diretos ou indiretos de coação" (DI PIETRO, 2010, p. 68).

Os limites à Administração Pública objetivam controlar o poder existente nessa atividade estatal, conforme mesmo verberado por Mostesquieu[7].

Já que todo poder impõe controle e que a atividade administrativa está vinculada à juridicidade (normas jurídicas – princípios e regras), necessário que a limitação ao exercício do poder contenha-se nessa juridicidade. É o que ocorre com a delimitação de princípios constitucionais diretamente ligados à Administração Pública e demais princípios decorrentes do ordenamento jurídico-constitucional.

Aqui, portanto, não se trata apenas de imposição de limites de atuação dos agentes administrativos em conformidade estrita com a lei, mas sim que o limite do atuar administrativo congrega-se nos valores da sociedade constitucionalizados e, por decorrência, formadores dos objetivos do Estado que a Administração Pública deve perseguir. Vale dizer, a limitação aos poderes não é apenas restritiva, mas também e principalmente proativa, no sentido de se buscar meios de concretização dos direitos individuais dentro dos limites de princípios constitucionais, entrelaçados com a legalidade inerente à atividade administrativa.

Os precedentes judiciais e o tema do controle jurisdicional da administração inserem-se em tais limites, ora restringindo ou cassando atos administrativos, ora impondo ações aos órgãos públicos.

O controle e a delimitação do agir administrativo pela jurisdição influem no modo de ser particularizado da situação jurídica que se discutiu no processo judicial e, portanto, os atritos entre os sistemas administrativos e jurisdicionais (LUHMAN, 2009), possíveis em virtude da abertura irrestrita ao controle jurisdicional, necessitam que sejam absorvidos no centro da função administrativa, para o fim de aferir e decidir acerca da (in)aplicabilidade daquele controle judicial, cristalizado em precedente ou jurisprudência, para outras situações que se enquadrem no contexto fático e jurídico.

---

7. "Para que não se possa abusar do poder é preciso que, pela disposição das coisas, o poder freie o poder. Uma constituição pode ser de tal modo, que ninguém será constrangido a fazer coisas que a lei não obriga e a não fazer as que a lei permite" (1979, p. 148).

Assim, *aquele controle externo, exercido jurisdicionalmente, passaria a ser fundamento para um controle interno da atividade administrativa.*

Nesta medida, a juridicidade aplicativa à Administração Pública obriga que ela vença uma *inércia* estatuída por uma visão de legalidade estrita, pois impõe um agir, uma movimentação do aparato administrativo com o objetivo de possibilitar, em busca de concretizar uma sociedade justa, solidária e sem desigualdades, a tomada de posição e decisão baseadas também em precedentes vinculantes.

Destacado agir administrativo direcionado pela juridicidade e seu contexto, ou melhor, pelo ordenamento jurídico, aqui incluídos os precedentes judiciais, contudo e por paradoxal, necessita, igualmente, de uma legislação que o ampare e lhe dê sustentação normativa, pois assim é o que se extrai daquele ordenamento, em específico, das normas de competências legislativas e materiais.

2.1.2 Princípios expressos

Os princípios que regem a Administração Pública[8] estão, como é cediço, elencados na Constituição Federal. O art. 37, *caput*, dispõe que a "Administração Pública direta e indireta de qualquer dos Poderes da União, dos Estados, do Distrito Federal e dos Municípios obedecerá aos princípios da legalidade, impessoalidade, moralidade, publicidade e eficiência".

No exercício, portanto, das atividades administrativas, referidos princípios devem estar sempre presentes, impondo ao administrador a adoção de medidas concretas para tal desiderato. Quer dizer, não se pode aplicar a lei de forma imoral, pessoal, ineficiente, às escuras; não se pode aplicar um princípio moral sem lei; não se pode querer,

---

8. "Princípios da Administração Pública – como gênero da espécie normativa, ao lado das regras – indicam o valor jurídico a ser seguido pela manifestação executiva estatal, considerando seu constitucional dever de impor e servir ao administrado, conforme limites proporcionais de interferência necessária na vida de todos e de cada um dos partícipes do Estado. Representam as amarras e as sujeições da Administração Pública diante dos poderes que possui para bem empregar a obrigatória e a adequada gestão pública, como dever constitucional de boa Administração Pública, eficiente em sua natureza e eficaz nos seus resultados" (FRANÇA, 2014, p. 78).

mesmo diante da lei e da presença da moralidade, dar aplicabilidade a norma por satisfação pessoal.

O princípio da legalidade tem assento reiterado no texto constitucional. O art. 5º, *caput*, preceitua que "todos são iguais perante a lei"; o inciso II desse mesmo artigo afirma que "senão em virtude de lei", "ninguém será obrigado a fazer ou deixar de fazer alguma coisa" e, o art. 37, *caput*, como já destacado, elege o princípio da legalidade como um dos quais deve obediência à Administração Pública.

Ainda, no art. 5º da Constituição Federal, cerne dos direitos e garantias individuais, encontram-se 36 remissões à lei, no sentido de que, para a concretização de muitos daqueles direitos o Constituinte originário atribuiu competência à lei, ou melhor, ao legislador derivado, desde que, claro, não sejam normas definidoras de direitos e garantias fundamentais, as quais têm aplicação imediata, conforme § 1º. Os doutrinadores tradicionais são coesos a esse respeito[9].

Hodiernamente, contudo, passou-se a entender que a primazia da lei transferiu-se para a Constituição, de modo que é no texto constitucional que estão assentadas as balizas de direcionamento de qualquer atividade estatal. Trata-se de visualizar a evolução do Estado de Direito para um Estado Constitucional. Na concepção de Gustavo Zagrebelsky (2009, p. 40): "La ley, un tempo medida exclusiva de todas as cosas en el campo del derecho cede así el paso a la Constitución y se conviente ella misma em objeto de medición. Es

---

9. "Assim, o princípio da legalidade é o da completa submissão da Administração às leis. Esta deve tão-somente obedecê-las, cumpri-las, pô-las em prática. Daí que a atividade de todos os seus agentes, desde o que lhe ocupa a cúspide, isto é, o Presidente da República, até o mais modesto dos servidores, só pode ser a de dóceis, reverentes, obsequiosos cumpridores das disposições gerais fixadas pelo Poder Legislativo, pois esta é a posição que lhes compete no Direito brasileiro" (BANDEIRA DE MELLO, 2010, p. 101). "O princípio da legalidade, resumido na proposição suporta a lei que fizeste, significa estar a Administração Pública, em toda a sua atividade, presa aos mandamentos da lei, deles não se podendo afastar, sob pena de invalidade do ato e responsabilidade de seu autor. Qualquer ação estatal sem o correspondente calço legal, ou que exceda ao âmbito demarcado pela lei, é injurídica e expõe-se à anulação. Seu campo de ação, como se vê, é bem menor que o do particular. De fato, este pode fazer tudo que a lei permite e tudo que a lei não proíbe; aquela só pode fazer o que a lei autoriza e, ainda assim, quando e como autoriza" (GASPARINI, 1995, p. 6). "Na Administração Pública não há liberdade nem vontade pessoal. Enquanto na administração particular é lícito fazer tudo o que a lei não proíbe, na Administração Pública só se permite fazer o que a lei autoriza. A lei para o particular significa 'pode fazer assim', para o administrador público significa 'deve fazer assim'" (MEIRELLES, 2001, p. 86).

destronada em favor de uma instancia más alta. Y esta instancia más alta assume ahora la importantíssima función de mantener unidas y em paz sociedades enteras divididas em su interior y concurrenciales. Una función inexistente en outro tiempo, cuando la sociedad política estaba, y se presuponía que era en sí misma, unida y pacífica. En la nueva situación, el principio de constitucionalidad es el que debe asegurar la consecución de este objetivo de unidad".

No Brasil, aliás, a primazia da lei desde a Constituição de 1988, não é ocorrente. Basta ver a possibilidade de controle de constitucionalidade pela falta de lei, também denominado controle jurisdicional das omissões legislativas, realizado através dos instrumentos processuais da ação direta de inconstitucionalidade por omissão e do mandado de injunção, disciplinados justamente para que sejam efetivadas as normas definidoras de direitos e garantias fundamentais, reforçando, assim, o constitucionalismo do Estado social (PIOVESAN, 2003, p. 109-110).

Ademais, qualquer juiz pode deixar de aplicar a lei por julgá-la inconstitucional, já que também no Brasil vige o controle difuso de constitucionalidade. A esse respeito, Juraci Mourão Lopes Filho (2016, p. 75) ressalta que o incremento da obrigatoriedade de precedentes é uma reação à essa possibilidade de que o controle da constitucionalidade possa se dar por todo juiz, visando a "preservar a concentração dos novos poderes jurisdicionais no vértice da pirâmide judiciária, assegurando o funcionamento típico dessa estrutura rigidamente hierarquizada, em que o ápice controla a base".

Importa destacar, entretanto, que a implementação de direitos não pode ser feita de modo metafísico, já que "ainda que o juiz tenha como parâmetro as normas constitucionais, cabe-lhe, antes de tudo, dar tutela concreta ao direito material" (MARINONI, 2008, p. 136).

Especial e especificadamente na seara administrativa não há, portanto, substituição do princípio da legalidade pelo princípio da constitucionalidade, uma vez que as leis infraconstitucionais garantem e dão o movimento necessário às atividades administrativas. Como afirma Fernando Galindo (2007, p. 31), é necessário assumir a circunstância de que "legalidad y gobernanza son criterios de acción conjuntos, de inevitable seguimiento por las instituciones públicas".

Incluído nessa afirmação, é certo que o princípio da legalidade não tem forte aplicação no Brasil por mera deferência e obediência reverencial à lei. A legalidade está imposta na Constituição e, ainda, como *cláusula pétrea*. Não se pode fugir dessa realidade jurídico-constitucional; mas, também, não se pode ficar preso e inteiramente à mercê da mesma, vale dizer, não se pode ficar restrito e inerte à legalidade estrita, uma vez que há formas, admite-se, também legais, que podem possibilitar, por mais paradoxal que possa parecer, o afastamento da literalidade legal pura e simples com base justamente nos valores e princípios constitucionais de direitos fundamentais.

Nesse enfoque, deve-se também fazer uma defesa da lei, como ressalta Eduardo García de Enterría (1994, p. 129-130), ao descrever sobre as bases da formação do direito público decorrente da Revolução Francesa: "Por vez primera en la historia humana, todo el aparato del poder se objetiviza em un abstracto y casi mecânico [...] aparato de ejecución legal, de normas escritas y como tales ciertas, elaboradas meditadamente com la *sage lenteur* de las Asambleas, fijas e inmutables para los intérpretes y para los aplicadores, seguras, pues, para los ciudadanos, que por vez primera en la historia pueden conocer el Derecho a través de su publicación regular en su tenor exacto con los rigorosos de sus derechos, sin las imprecisiones y las arbitrariedades de la "jurisprudencia", reina, con el príncipe absoluto, del Derecho desde los tempos más antigos. Se instaura así, o más bien, se pretende instaurar, un sistema de pura "nomocracia", servido por normas escritas y formales".

Geraldo Ataliba (2011, p. 49-51) expõe acerca da importância da função legislativa no sentido de que, por ser a que fixa genericamente e em abstrato preceitos que a todos obrigam, é a mais nobre, elevada e expressiva função pública. E, atinente ao princípio da legalidade, defende que decorre do princípio republicano, pois se a titularidade do poder, da coisa pública (*res publica*), é do povo, a realização dessa vontade necessita ser "solene e inequivocamente expressada" (p. 122), sendo essa a função da lei.

Jeremy Waldron (2003, p. 192-197) de igual forma assevera, sobre a dignidade da lei, que o seu processo de formação (majoritário) não é somente eficaz, mas, sobretudo, um processo respeitoso por considerar e respeitar as diferenças de opiniões e ainda, em segundo lugar, por respeitar a igualdade entre as escolhas dos indivíduos, sem discriminação aos que possam não ser mais sábios ou experientes na vida política.

O princípio da impessoalidade, caracterizado por Lúcia Valle Figueiredo (2001, p. 62, grifos no original) "*pela valoração objetiva dos interesses públicos e privados envolvidos na relação jurídica a se formar, independentemente de qualquer interesse político*" impõe que o atuar da Administração Pública deve ser imparcial e objetivo, ou seja, sem subjetivismos que possam privilegiar pessoas ou grupos determinados. As escolhas administrativas lastreiam-se, pela impessoalidade, de modo a reputar todas as pessoas iguais.

Nessa direção se insere, por exemplo, os casos de nepotismos no serviço público, objeto de edição de enunciado de súmula vinculante pelo Supremo Tribunal Federal[10].

O princípio da moralidade tem como fundamento o agir conforme balizas éticas. Aqui, no princípio em foco, a aferição é ligada à intenção do agente público. Dentro da moralidade, inserem-se a lealdade e a boa-fé que devem reger a atividade administrativa.

Sobrepõe a moralidade, assim, à legalidade. Bandeira de Mello (2010, p. 120), com fundamento em Márcio Cammarosano, sustenta, ao contrário, que o princípio da moralidade é um reforço ao princípio da legalidade, aduzindo que referido princípio será considerado transgredido "quando houver violação a uma norma de moral social que traga consigo menosprezo a um bem juridicamente valorado".

A doutrina publicística clássica brasileira, diante da formação histórica e cultural brasileira, de personalismo e patrimonialismo oligárquico[11], em sua grande maioria não deu a ênfase necessária ao princípio da moralidade.

---

10. Súmula Vinculante n. 13: "A nomeação de cônjuge, companheiro ou parente em linha reta, colateral ou por afinidade, até o terceiro grau, inclusive, da autoridade nomeante ou de servidor da mesma pessoa jurídica investido em cargo de direção, chefia ou assessoramento, para o exercício de cargo em comissão ou de confiança ou, ainda, de função gratificada na Administração Pública direta e indireta em qualquer dos Poderes da União, dos Estados, do Distrito Federal e dos Municípios, compreendido o ajuste mediante designações recíprocas, viola a Constituição Federal".

11. As obras literárias de Sérgio Buarque de Holanda (2011) e Raimundo Faoro (2012) atestam tal assertiva. Relata o primeiro: "As constituições feitas para não serem cumpridas, as leis existentes para serem violadas, tudo em proveito de indivíduos e oligarquias, são fenômeno

Nada obstante, a rigor, o princípio da moralidade também deveria merecer tamanho empenho de estudo e aplicação, o que apenas tomou corpo com a promulgação da Constituição Federal. Autores há, aliás, como Ives Gandra da Silva Martins, que escrevem que o "princípio da moralidade administrativa é o mais relevante princípio da Administração" (1998, p. 17)[12].

O princípio da publicidade norteia-se pela transparência dos atos públicos, já que atinentes aos interesses de todos (do povo), detentor titular do poder.

---

corrente em toda a história da América do Sul. É vão que os políticos imaginam interessar-se mais pelos princípios do que pelos homens: seus próprios atos representam o desmentido flagrante dessa pretensão" (p. 182). Conforme descrição do segundo: "De Dom João I a Getúlio Vargas, numa viagem de seis séculos, uma estrutura político-social resistiu a todas as transformações fundamentais, aos desafios mais profundos, à travessia do oceano largo. O Capitalismo politicamente orientado – o capitalismo político, ou pré-capitalismo -, centro da aventura, da conquista e da colonização moldou a realidade estatal, sobrevivendo, e incorporando na sobrevivência o capitalismo moderno, de índole industrial, racional na técnica e fundado na liberdade do indivíduo – liberdade de negociar, de contratar, de gerir a propriedade sob a garantia das instituições. A comunidade política conduz, comanda, supervisiona os negócios, como negócios privados seus, na origem, como negócios públicos depois, em linhas que se demarcam gradualmente. O súdito, a sociedade, se compreendem no âmbito de um aparelhamento a explorar, a manipular, a tosquiar nos casos extremos. Dessa realidade se projeta, em florescimento natural, a forma de poder, institucionalizada num tipo de domínio: o patrimonialismo, cuja legitimidade assenta no tradicionalismo – assim é porque sempre foi" (p. 819).

12. Em continuação aduz o autor: "O art. 37 da CF contém quatro princípios fundamentais a conformar o perfil de administrador público. São a saber: os princípios da legalidade, da moralidade, da publicidade e aquele da impessoalidade. Um exame mais pormenorizado dos quatro princípios demonstra que, de rigor, todos terminam por desaguar na moralidade pública. O princípio da legalidade reveste todo o sistema jurídico do país. O art. 5º, inc. I da CF, elenca, como seu alicerce, a obediência à lei, que nos regimes democráticos, aprovada pelos representantes do povo, garante a ordem, oferta segurança e protege os cidadãos. Dizer, pois, que os administradores devem cumprir a lei e reiterar formulação essencial e postada no mais relevante artigo da Constituição Federal que é voltada ao cidadão mais do que àqueles que o devem servir. Por outro lado, determinar que o administrador público deve ser impessoal, pois está à disposição da sociedade, não podendo privilegiar amigos, parentes ou interesses em detrimento do bem servir, é afetar faceta da ética administrativa, sendo, pois, a impessoalidade dimensão parcial da moralidade. O mesmo se dá com o princípio da publicidade. Exceção feita às questões de segurança nacional, os atos administrativos devem ser transparentes, não se admitindo decisões escusas, resoluções de gaveta, visto que o administrado não pode desconhecer as regras da Administração. O princípio da moralidade administrativa, portanto, é princípio essencial. O mais relevante, aquele que se destaca de forma absoluta. Que torna a Administração confiável perante a sociedade e que faz do administrador público um ser diferenciado".

Liga-se, o princípio da publicidade, ademais, ao sentido de democracia, pois se o governo é exercido por delegação dos cidadãos, cabe a estes terem conhecimento e visibilidade dos atos realizados pelo poder público. No jogo de palavras de Norberto Bobbio (1986, p. 83), o governo da democracia pode ser definido como "o governo do poder público, em público".

Na perspectiva da publicidade encontra-se a doutrina dos atos próprios, que "diz respeito à obrigação do sujeito titular de direitos ou prerrogativas públicas de respeitar a aparência criada por sua própria conduta anterior nas relações jurídicas subsequentes, ressalvando a confiança gerada em terceiros, regra fundamental para a estabilidade e segurança no tráfego jurídico" (MODESTO, 2007, p. 8).

Com efeito, a publicidade dos atos administrativos também gera precedentes, precedentes administrativos[13], que pautam a conduta da sociedade (pessoas físicas e jurídicas), de modo que se organizam em seus cotidianos em consonância com o que conhecem a respeito da interpretação jurídica levada a efeito pela Administração Pública.

A obrigatoriedade de publicizar a atividade pública também tem o desiderato de orientar as condutas das pessoas e, uma vez que eventual mudança de entendimento seja estabelecida no interior do órgão público, curial que se dê publicidade anterior para tanto, justamente com base na confiança até então depositada e que direcionou os atos privados. Nesse sentido que a referida doutrina dos atos próprios ganha relevo na presente temática, sendo decorrência, também e, sobretudo, dos princípios da segurança jurídica e da boa-fé.

O princípio da eficiência foi inserido na Constituição Federal com a Emenda Constitucional n. 19, de 4 de junho de 1998. Tem como objetivo deixar expresso e impositivo que a atuação administrativa tem que primar pela eficiência, procurando sempre melhores

---

13. A respeito, Rafael Carvalho Rezende Oliveira (2018a, p. 95) refere que "precedente administrativo pode ser conceituado como a norma jurídica retirada de decisão administrativa anterior, válida e de acordo com o interesse público, que, após decidir determinado caso concreto, deve ser observada em casos futuros e semelhantes pela Administração Pública". Tais precedentes administrativo, autovinculativos da Administração Pública, para destacado autor, devem ter os seguintes requisitos: a) identidade subjetiva, b) identidade objetiva, c) legalidade do precedente e, d) inexistência de justificativa relevante e motivada para alteração do precedente (p. 125-126)

resultados para o fim de otimizar o tempo e o dinheiro públicos e, conforme retratado por Odete Medauar (2009, p.132), essa eficiência então constitucionalizada "contrapõe-se a lentidão, a descaso, a negligência a omissão – características habituais da Administração Pública brasileira, com raras exceções".

2.1.3 Princípios implícitos

Além dos princípios expressos no art. 37 da Constituição Federal, é imperioso não ficar apenas atrelado a eles. A Administração Pública também, como não podia ser diferente, é jungida pelos demais princípios dispostos em todos o texto constitucional[14].

Deveras, não se pode negar aplicação na esfera pública, por exemplo, ao princípio da igualdade, à dignidade da pessoa humana, à segurança e, também, aos objetivos da República, tais como a construção de uma sociedade livre, justa e solidária, a redução das desigualdades sociais e regionais e a promoção do bem de todos. Enfim, a Administração Pública, não é demais relembrar, está vinculada a garantir os direitos fundamentais[15].

Para os fins deste estudo, restringir-se-á aos seguintes princípios implícitos discriminados: da igualdade, da dignidade da pessoa, da separação dos poderes, da democracia e da segurança jurídica.

A importância e a premência do princípio da igualdade, cristalizado em três ocasiões em apenas um dispositivo constitucional[16], revelam-se na obrigatoriedade de que todos sejam tratados de modo igual, sem discriminação de qualquer natureza. Por conseguinte, impõe-se, por mais óbvia que possa parecer essa afirmativa, que na

---

14. "Os princípios implícitos são tão importantes quanto os explícitos; constituem, como estes, verdadeiras normas jurídicas. Por isso, desconhecê-los é tão grave quanto desconsiderar quaisquer outros princípios" (SUNDFELD, 2007, p. 150).
15. Luigi Ferrajoli (2011, p. 104) indaga e responde: "[...] 'quais direitos devem ser garantidos como fundamentais?'. Sumariamente, parece-me, que estes critérios são quatro, entre eles estreitamente conexos, e todos confirmados pela experiência histórica do constitucionalismo, seja estatal ou internacional: a dignidade da pessoa, a igualdade, a tutela dos mais fracos e a paz".
16. "Art. 5º Todos são *iguais perante a lei* [1ª], *sem distinção de qualquer natureza* [2ª], garantindo-se aos brasileiros e aos estrangeiros residentes no País a inviolabilidade do direito à vida, à liberdade, à *igualdade* [3ª], à segurança e à propriedade, nos termos seguintes: [...]".

atividade administrativa situações iguais sejam tratadas iguais. Consoante enfoca Marcelo Neves (2014a, p. 31), "o princípio da igualdade atua como norma que pretende imunizar o direito da injunção de diferenças que, embora sejam relevantes e legítimas em outras esferas sociais, não são relevantes no âmbito dos direitos".

A dignidade da pessoa humana não só não pode deixar de ser considerada como princípio aplicável à Administração Pública como, em realidade, é o seu objetivo, pois ligados ao humano e aos seus direitos, objeto central de todo Estado constituído. Os direitos humanos, assim, como atributos inerentes ao homem para sua existência digna e saudável, no sentido de se resguardar sua felicidade, protegendo a liberdade, a igualdade, a solidariedade, o trabalho e tantos outros direitos advindos da vida em sociedade, devem pautar e dirigir as condutas administrativas[17].

Sedimentado no art. 2º, da Constituição Federal, o princípio da separação dos poderes exerce grande influência nas atividades estatais. Em outras palavras, a Administração Pública não pode querer, sem delegação de competência normativa, fazer as vezes de legislador; não pode, igualmente, fazer as vezes da jurisdição, impondo como última palavra o seu entendimento; nem tampouco pode querer negar aplicabilidade a uma decisão judicial.

Isso porque há delimitação de competências aos poderes/funções constituídos na República Federativa do Brasil e, sendo-lhes determinadas a independência e harmonia, é consectário lógico que devem atuar dentro da esfera competencional disposta na formação da estrutura do Estado brasileiro pelo texto constitucional.

A seu turno, o princípio democrático estatui que "todo o poder emana do povo, que o exerce por meio de representantes eleitos ou diretamente, nos termos desta Constituição", consoante dicção do parágrafo único, do art. 1º, da Constituição Federal de 1988.

---

17. Oportuna a transcrição de Ferrajoli (2011, p. 26): "A forma universal, inalienável, indisponível e constitucional desses direitos se revela, em outras palavras, como a técnica – ou garantia – apresentada para a tutela disso que no pacto constitucional vem configurado como 'fundamentais': ou seja, daquelas necessidade substanciais cuja satisfação é condição de convivência civil e também causa ou razão social daquele artifício que é o Estado".

A participação popular nas decisões estatais, desse modo, é premissa iniludível, sob pena de deslegitimação e nulidade do afazer administrativo. Afinal, além da democracia representativa, a democracia direta também se encontra disposta constitucionalmente, sendo certo, conforme Rogério Gesta Leal (2006, p. 53), que "uma sociedade que se quer democrática de direito não pode confinar-se à democracia representativa, uma vez que esta foi desenhada, apenas, para ação política no marco do Estado e de suas instituições oficiais"[18].

Além disso, consoante construção de Gustavo Zagrebelsky (2012), não se pode também imaginar que a participação popular trará os resultados efetivos do querer social *ideal*, já que esse muitas vezes é corrompido pela necessidade, pela manipulação e por adulações interesseiras. O que importa, no que denomina Zagrebelsky de democracia crítica, é a consciência da falibilidade e limitação do povo, de modo que não é a sua divinização (*vox populi, vox dei*) - que não passaria de uma idolatria política e de uma democracia de ilusões -, mas sim a necessária concordância "da insuperável falta de algo melhor" (p. 135). Porém, como mesmo advertido pelo autor, "o que deve ser condenado não é povo, mas o excesso de expectativas nele depositadas" (p. 136).

Por fim, o princípio da segurança jurídica impõe que os atos administrativos sejam realizados sem surpresas, consubstanciados na certeza subjacente ao Direito que é aplicado. Liga-se, ainda, como já referido, à chamada doutrina dos atos próprios.

A vida em sociedade pressupõe a estabilização das relações nela ocorridas. O princípio da segurança jurídica, na seara administrativa, deriva, portanto, na obrigatoriedade da Administração Pública de agir para o fim de que aquela estabilização se mantenha, sob pena de desordens variadas no tecido social.

---

18. Mostra-se evidente nos dias de hoje a crise de representatividade democrática, ilustrada, dentre outros, por Boaventura de Souza Santos (2007, p. 91-92): "O que está acontecendo com esse modelo é que continua havendo uma autorização mas não há prestação de contas: no jogo democrático atual, quanto mais se fala de transparência, menos transparência há. Então, dado que a prestação de contas não acontece, a autorização entra em crise por meio de duas patologias muito fortes: a da representação – os representados não se sentem representados por seus representantes – e a da participação – abstencionismo muito frequente: 'Não vou participar porque meu voto não tem importância' ou porque 'acontece sempre a mesma coisa'".

Decorrente do princípio da segurança jurídica, podem-se incluir os ora denominados subprincípios da prevenção e da precaução. Por aquele, conforme Juarez Freitas (2014, p. 121), "nos limites das atribuições, nasce a obrigação administrativa de escolher hábeis medidas interruptivas da rede causal, de maneira a impedir o dano antevisto".

Por este – precaução, "com a sua alta carga simbólica, acarreta o dever de a Administração Pública motivadamente evitar, nos limites de suas atribuições e possibilidades orçamentárias, a produção do evento que supõe danoso em face de fundada convicção (juízo de verossimilhança e de forte probabilidade) quanto ao risco de, se não for interrompido tempestivamente o nexo de causalidade, ocorrer prejuízo desproporcional, isto é, manifestamente superior aos custos (sociais, econômicos e ambientais) da eventual atividade interventiva" (FREITAS, 2014, p. 122-123).

Transportados para a temática nodal desta pesquisa, impele-se à administração, diante dos precedentes judiciais e premida pela segurança jurídica que deve buscar, tanto nas formas de prevenção como de precaução, *adotar medidas e buscar instrumentos que apaziguem as questões controversas existentes administrativamente, que já se tornaram incontroversas judicialmente.*

2.1.4 Vinculação e discricionariedade

Costuma a doutrina publicista dividir os poderes administrativos em vinculados e discricionários. Contudo, de logo é mister adiantar que, contemporaneamente, essa divisão não é mais vista de forma pura e rígida, devendo-se atentar, com Odete Medauar (2009, p. 111-114), para a predominância de cada categoria de poder no exercício da atividade estatal; na "contraposição poder vinculado-discricionário, o primeiro corresponderia às matérias de reserva legal absoluta e o segundo, a matérias de reserva legal relativa".

Haveria poder vinculado ou competência vinculada "quando a autoridade, ante determinada circunstância, é obrigada a tomar decisão determinada, pois sua conduta é ditada previamente pela norma jurídica" (MEDAUAR, 2009, p. 111).

A seu modo, o poder discricionário teria um grau maior de liberdade no exercício das atividades administrativas, liberdade, é certo, condicionada e sujeita "a uma rede de princípios que asseguram a congruência da decisão ao fim de interesse geral e impedem seu uso abusivo" (MEDAUAR, 2009, p. 114)[19].

Insere-se, neste contexto, a teoria do desvio de poder, no sentido de atuação fora do âmbito circunscrito pela norma legal. Celso Antônio Bandeira de Mello, a respeito, define desvio de poder como "*a utilização de uma competência em desacordo com a finalidade que lhe preside a instituição*" (2008, p. 56, grifos no original).

Ou seja, a autoridade administrativa tem competência legal para adoção de determinado ato, mas o faz em desacordo com as balizas traçadas legislativamente, com o que esse desvio de poder, assim, tem o condão de nulificar o ato exarado, dele não se podendo extrair efeitos jurídicos legítimos.

Referida teoria, imbricada com a vinculatividade e discricionariedade da atividade administrativa, é também uma forma de segurança jurídica aos administrados e decorrência do princípio da impessoalidade, porquanto afasta, ou intenta afastar, os fins pessoais no trato dos assuntos públicos, que se sabe serão, ou deveriam ser, realizados em conformidade com a regra jurídica de antemão estabelecida.

Eventual modificação na aplicação da regra legal necessita de autorização também legal, sob pena, justamente, de infração aos propalados princípios da segurança jurídica e da impessoalidade.

2.1.5 Paradigmas contemporâneos

A Administração Pública e o modo como deve atuar estão, nos dias atuais, sendo objeto de variados estudos que demonstram que paradig-

---

19. Percuciente o escólio de Celso Antônio Bandeira de Mello (2008, p. 47): "Uma vez que atividade administrativa é desempenho de *função* e dado que função é o cumprimento obrigatório do *dever* de atingir uma *finalidade antecipadamente estabelecida* através do manejo de poderes exercitáveis no interesse de outrem, e estabelecido que a lei sempre e sempre impõe, como é natural, o dever de buscar-se a medida que atenda de modo preciso sua finalidade, resulta certo que a liberdade administrativa acaso conferida por uma norma de direito não significa sempre liberdade de eleição entre indiferentes jurídicos. Não significa poder de opções livres, como as do direito privado. Significa o dever jurídico funcional (questão de legitimidade e não de mérito) de acertar, ante a configuração do caso concreto, a providência – isto é, o ato – ideal, capaz de atingir com exatidão a finalidade da lei, dando, assim, satisfação ao interesse de terceiros – interesse coletivo e não do agente – tal como firmado na regra aplicanda".

mas tradicionais já não cabem serem aplicados diante da complexidade e pluralidade das relações que regem a sociedade contemporânea[20].

Segundo Gustavo Binenbojm (2014), essa ótica paradigmática decorre da constitucionalização do direito administrativo, em que a Constituição Federal, impregnada de princípios e regras, dá novas leituras aos institutos e estruturas da disciplina em questão. A legalidade administrativa convola-se em juridicidade administrativa, deixando a lei de ser o epicentro do sistema, posição ocupada, diante de um neoconstitucionalismo, pela Lei Maior.

Em tal contexto, Binenbojm (2014, p. 69-79) esclarece que a lei pode ser o fundamento básico do ato administrativo, porém, desde que, em um juízo de ponderação com os princípios e regras constitucionais, se possa extrair validade da conduta estatal. Pode, assim, também atuar a administração no vazio da lei, aplicando diretamente as normas constitucionais. E, elege o autor os direitos fundamentais e o princípio democrático como marcos constitucionais dos novos paradigmas do direito constitucional.

Maria Sylvia Zanella Di Pietro (2010, p. 27-39) elenca, o que denomina de tendências atuais do direito administrativo brasileiro, dez situações, que entende serem as principais na configuração do direito administrativo após a Constituição de 1988, algumas devidamente implementadas e outras a serem, ou dificilmente o serão, diante do ordenamento jurídico brasileiro. São elas: (1) alargamento do princípio da legalidade; (2) fortalecimento da democracia participativa; (3) processualização do direito administrativo; (4) pressão no sentido da ampliação da discricionariedade administrativa; (5) pretensa crise na noção de serviço público; (6) movimento de agencificação; (7) aplicação do princípio da subsidiariedade (privatização de empresas e atividades públicas, ampliação da atividade de fomento e de parcerias do setor

---

20. Nos termos sugeridos por Rogério Gesta Leal (2006, p. 39) a abordagem doravante a ser feita dos institutos de gestão pública deve "partir de outros paradigmas, em especial, o de uma filosofia e epistemologia centradas numa racionalidade emancipatória e comunicativa, aqui entendida como a estabelecida por sujeitos linguísticos (Estado x Cidadão), envolvidos numa prática cujo único objetivo deve ser o entendimento/consenso, o que implica permanentes e tensionais pactos de civilidade, que a despeito de provisórios, estão informados por alguns universais modernos, como os direitos humanos e fundamentais, a emancipação dos povos, o controle do poder político, o desenvolvimento auto-sustentável".

público com o privado, crescimento do terceiro setor); (8) tentativa de instauração de Administração Pública gerencial[21]; (9) reação contra o princípio da supremacia do interesse público; (10). fuga do direito administrativo, "tendência que não tem como concretizar-se com a extensão que se possa pretender, tendo em vista que o direito privado, quando utilizado pela Administração Pública, é sempre derrogado parcialmente por normas de direito público" (p. 38).

O consenso, igualmente, ganha grande relevo no desempenho do mister administrativo. Nesse sentido pode-se citar a Câmara de Conciliação e Arbitragem da Administração Pública Federal, criada pela Advocacia Geral da União pelo Ato Regimental n. 5, de 27 de setembro de 2007 e, recentemente, a Lei Federal n. 13.140, de 26 de junho de 2015, que dispõe sobre a autocomposição de conflitos no âmbito da Administração Pública em todas as esferas, União, Estados, Distrito Federal e Municípios.

Destacado paradigma consensual, de matriz habermasiana (LEAL, 2006, p. 40), impõe a participação efetiva dos reais destinatários da atividade administrativa (as pessoas e sociedade) não só na idealização e implementação das políticas públicas a serem adotadas, mas também e por importante, na aferição da execução e avaliação dos resultados, de modo a emergir um processo democrático pautado pela legitimidade dos atos estatais, já que pressuposto pela participação (discurso) e consensualidade, o que pode evitar, acredita-se, os reiterados desvios de conduta dos administradores[22].

---

21. No entendimento de Luiz Carlos Bresser Pereira (1996, p. 6) a Administração Pública gerencial teria os seguintes contornos: "(1) descentralização do ponto de vista político, transferindo recursos e atribuições para os níveis políticos regionais e locais; (2) descentralização administrativa, através da delegação de autoridade para os administradores públicos transformados em gerentes crescentemente autônomos; (3) organizações com poucos níveis hierárquicos ao invés de piramidal, (4) pressuposto da confiança limitada e não da desconfiança total; (5) controle por resultados, a posteriori, ao invés do controle rígido, passo a passo, dos processos administrativos; e (6) administração voltada para o atendimento do cidadão, ao invés de auto-referida".

22. Referidos desvios, como adverte Pedro Braga (2006, p. 178), "ainda teimam em persistir entre nós, e que configura a cultura da ilicitude, como por exemplo o célebre 'jeitinho brasileiro', a lei de Gerson ('deve-se tirar proveito em tudo'), o compadrio, o clientelismo, a incorporação despudorada do bem público ao patrimônio privado, a privatização do Estado, a cultura da gambiarra, a falta de profissionalismo, etc. etc".

Destarte, a doutrina de Jürgen Habermas (2003a, p. 190-191), no particular, é presente na tessitura desses novos paradigmas administrativos: "Os direitos de participação política remetem à institucionalização jurídica de uma formação pública da opinião e da vontade, a qual culmina em resoluções sobre leis e política. Ela deve realizar-se em formas de comunicação, nas quais é importante o princípio do discurso, em dois aspectos. O princípio do discurso tem inicialmente o *sentido cognitivo* de filtrar contribuições e temas, argumentos e informações, de tal modo que os resultados obtidos por este caminho têm a seu favor a suposição da aceitabilidade racional: o procedimento democrático deve fundamentar a legitimidade do direito. Entretanto, o caráter discursivo da formação da opinião e da vontade na esfera pública política e nas corporações parlamentares implica, outrossim, o *sentido prático* de produzir relações de entendimento, as quais são 'isentas de violência', no sentido de H. Arendt, desencadeando a força produtiva da liberdade comunicativa" (grifos no original).

Nos termos aludidos por Loubet (2009, p. 83-84), a consensualidade na gestão da coisa pública, com vistas à implementação do interesse público de forma dinâmica, é o novo espírito que recobre o moderno direito administrativo. Com Diogo de Figueiredo Moreira Neto (2011, p. 30), pode-se afirmar que o antigo conceito de ação pública - burocrático, monolítico, centralizado e conduzido pela fé cega no exercício da imperatividade -, cede à concepção de "*gestão pública* – criativa, flexível, descentralizada e negociada, orientada pela *consensualidade*, pela *visibilidade* e pelo *controle de resultados*" (grifo no original). Assim, a atuação administrativa consensual qualifica-se como "toda e qualquer forma de agir da Administração Pública pautada em acordo de vontades, na esfera administrativa ou na judicial, quer se trate de relacionamentos travados no âmbito da própria Administração, quer se refira a relações havidas como o administrado" (BARREIROS, 2016, p. 45). Essa gestão pública, ao expandir, imbricar, democratizar e processualizar os diálogos político e administrativo, transforma a decisão governamental, assim, de imposta, própria das sociedades fechadas, para composta, que é o "método optativo de decisão política para as *sociedades abertas*" (MOREIRA NETO, 2011, p. 30; grifos no original).

Augustín Gordillo (2003, p. II-15) já asseverou, quanto ao futuro do direito administrativo, o seguinte: "Del mismo modo, lo que fue em el passado sólo exigencia jurídica, que el acto administrativo contuviera uma 'motivación' o explicación de sus fundamentos, es hoi *tambíem* una exigencia política; ahora hay un deber jurídico y político, social y cultural, de *explicar* al ciudadano o habitante por qué se le impone una norma y hay que *convencerlo* con la explicación; pues si no se le explica satisfactoriamente, faltará su consenso, que es base essencial del concepto democrático actual y futuro del ejercicio del poder y de la eficácia en el cumplimiento de la decisión. Y ala democracia es no sólo un modo de alcanzar el poder, sino también un modo de *ejercicio* del él".

Essa ótica administrativa centrada nas pessoas, no consenso e no controle democrático advém e, por isso se faz obrigatória, da forma de vida social dos dias de hoje, uma forma pluralista, complexa e organizada – no dizer de Luiz Werneck Viana (2002, p. 16) uma *cidadania complexa* –, que não se contenta apenas com a enunciação formal de seus direitos, mas busca, muitas vezes pela via jurisdicional, a implementação do quanto entende correto no que concerne a tais direitos. Isso porque, consonante com um sistema jurídico responsivo proposto por Philippe Nonet e Philip Selznick (2010), em uma organização pós-burocrácrática dedicada a uma finalidade, "a autoridade deve estar aberta à participação; estimular a discussão e deliberação coletiva; explicar os motivos das decisões, acolher positivamente as críticas; encarar o consentimento como prova de racionalidade" (p. 153).

Assim sendo, essa realidade existencial das pessoas e da sociedade não pode passar ao largo da Administração Pública, que tem justamente o objetivo de implementar concretamente os direitos constitucionalizados, direitos advindos da sociedade e para ela exercido, ou seja, necessário estar presente o direito fundamental à boa Administração Pública, de acordo com a construção teórica de Juarez Freitas (2014)[23].

---

23. O direito fundamental à boa Administração Pública "trata-se do *direito fundamental à administração pública eficiente e eficaz, proporcional cumpridora de seus deveres, com transparência, sustentabilidade, motivação proporcional, imparcialidade e respeito à moralidade, à participação social e à plena responsabilidade por suas condutas omissivas e comissivas*" (p. 21; grifos no original).

O desligamento ou alienação administrativa do quanto ocorre no mundo empírico deslegitima o atuar administrativo e, por isso, torna-o desrespeitado.

Emerge, dessa contextualização, como um novo princípio constitucional, a da condução responsável dos assuntos do Estado, decorrente do conceito de *good governance*, conforme descrição de J. J. Gomes Canotilho (2012, p. 327): "*Good governance* significa, numa compreensão normativa, a condução responsável dos assuntos do Estado. Trata-se, pois, não apenas da direção de assuntos do governo/administração mas também da prática responsável de actos por parte de outros poderes do Estado, como o poder legislativo e o poder jurisdicional. Em segundo lugar, a *good governance* acentua a interdependência internacional dos estados, colocando as questões de governo como problema de multilateralismo dos estados e de regulações internacionais. Em terceiro lugar, a "boa governança" recupera algumas dimensões do *New Public Management* como mecanismo de articulação de parcerias público-privadas, mas sem enfatização unilateral das dimensões económicas. Por último, a *good governance* insiste, novamente, em questões politicamente fortes como as da governabilidade, da responsabilidade (*accountability*) e da legitimação".

O autor espanhol Fernando Galindo (2007, p. 42), ao traçar as razões de uma *gobernanza*, aduz que as Administrações Públicas na atualidade devem ter como princípios reitores de suas atividades "la calidad, la mejora de sus servicios, la rapidez y la eficacia".

Voltando-se, mais uma vez, ao tema central desta pesquisa, a aplicação de precedentes judiciais pela Administração Pública visa, também, além de qualificar e melhorar eficientemente os serviços públicos, conectar e legitimar os atos e atividades administrativos perante a sociedade, pois presentes estarão o discurso e o consenso decorrentes da prestação jurisdicional pelo Poder Judiciário, que é a função estatal, nos dias hodiernos, mais próxima das demandas da sociedade[24], em face do déficit de representação e de implementação satisfatória de políticas públicas.

---

24. Adverte-se, aqui, que também o Poder Judiciário, conquanto tenha papel preponderante no estabelecimento do consenso da interpretação do Direito, passa por dificuldades retratadas, por exemplo, por Rogério Gesta Leal (2006, p. 47): "Por fim, no que tange ao Poder

Para tanto, os paradigmas contemporâneos elencados forçam a Administração Pública a realizar atos e buscar soluções de forma a implementar em suas atividades o quanto definido em precedentes vinculantes. Referida atuação *proativa* força a que outro poder estatal, o Legislativo, estabeleça instrumentos legais para aplicação dos precedentes na administração.

Assim, ao mesmo tempo em que há limitação ao exercício das atividades administrativas por uma legalidade constitucional, há, igualmente, uma juridicidade constitucional, aplicativa na seara administrativa, que impõe o abandono de uma inércia institucional para uma movimentação que dê integridade ao direito estatal, visando a pacificação das relações entre administração e os administrados.

Essa movimentação impositiva, entretanto, necessita ser instrumentalizada em uma *forma normativa* que possibilite e discipline, objetivamente, o modo de concretizar a aplicação de precedentes na Administração Pública.

2.2 SÚMULA VINCULANTE

A súmula vinculante foi criada pela emenda constitucional n. 45, de 30 de dezembro de 2004[25], tendo o dispositivo recebido a seguinte redação:

> Art. 103-A. O Supremo Tribunal Federal poderá, de ofício ou por provocação, mediante decisão de dois terços dos seus membros, após reiteradas decisões sobre matéria constitucional, aprovar

---

Judiciário, a despeito de que seu posicionamento face à realidade social não tem sido objeto de estudos jurídicos mais sistematizados, especialmente porque a matéria se enquadra no âmbito da sociologia jurídica, em tese, entre nós pouco desenvolvida, podemos afirmar que ele também passa por, no mínimo, duas crises institucionais: (1) uma crise de identidade, principalmente em face da profunda anomia de responsabilidade pelos cenários que vimos anteriormente, já que nenhum dos poderes oficiais pretende assumir sua parcela no latifúndio caótico em que se vê imerso o tecido social. Assim, recaem sobre o Estado Juiz os reclames os mais diversos e polêmicos possíveis, buscando-o como tábua de salvação de uma cidadania desterrada; (2) uma crise funcional e estrutural, já que a burocracia que o assola, não raro, o torna ineficiente, não conseguindo, sequer, cumprir com suas cotidianas tarefas operativas".

25. Conforme José Carlos Barbosa Moreira (2007c, p. 22), a emenda constitucional 45 decorreu do entendimento, exato ou inexato, de que as reformas até então empreendidas no Código de Processo Civil de 1973 não bastavam, "era preciso alterar a própria Constituição".

súmula que, a partir de sua publicação na imprensa oficial, terá efeito vinculante em relação aos demais órgãos do Poder Judiciário e à administração pública direta e indireta, nas esferas federal, estadual e municipal, bem como proceder à sua revisão ou cancelamento, na forma estabelecida em lei.

§ 1º A súmula terá por objetivo a validade, a interpretação e a eficácia de normas determinadas, acerca das quais haja controvérsia atual entre órgãos judiciários ou entre esses e a administração pública que acarrete grave insegurança jurídica e relevante multiplicação de processos sobre questão idêntica.

§ 2º Sem prejuízo do que vier a ser estabelecido em lei, a aprovação, revisão ou cancelamento de súmula poderá ser provocada por aqueles que podem propor a ação direta de inconstitucionalidade.

§ 3º Do ato administrativo ou decisão judicial que contrariar a súmula aplicável ou que indevidamente a aplicar, caberá reclamação ao Supremo Tribunal Federal que, julgando-a procedente, anulará o ato administrativo ou cassará a decisão judicial reclamada, e determinará que outra seja proferida com ou sem a aplicação da súmula, conforme o caso.

Objeto de muitos debates antagônicos, notadamente sobre a sua natureza jurídica (MEURER JÚNIOR, 2016, pp. 140-143) a súmula vinculante trouxe ao sistema jurisdicional brasileiro uma nova visão na forma de decidir, de pensar o Direito estatal, como também de entender a função de uma Corte Suprema.

A mudança de paradigma ocorreu de uma anterior visão micro da jurisdição e dos conflitos judicializados, em que as soluções para as resoluções dos interesses contrapostos no processo prestavam-se individualmente em cada auto processual, mesmo nos casos das demandas coletivas, para uma visão macro da jurisdição, visualizando os conflitos do cume do sistema, estabelecendo uma transcendência do julgamento, para o fim de abarcar não só aquela situação conflituosa dirimida, mas, doravante, espraiar-se por outros conflitos de origem jurídica semelhante.

Segundo alguns autores, como Dínio de Santis Garcia (1996), por exemplo, seria temerária a adoção de súmula vinculante no Brasil, uma vez que inexistem as características do sistema do *common law*, que a independência do juiz seria contrariada, pois ele não tem superiores para receber ordens e instruções, não se podendo tornar um burocrático repetidor de arestos, e que haveria violação ao princípio da separação dos poderes, devido à invasão de competência do Poder Legislativo.

No mesmo sentido, João Carlos Pestana de Aguiar Silva (2000), para quem a súmula vinculante é um retrocesso perante a histórica evolução da jurisprudência, tornando o direito estagnado, já que o Direito, fonte do fato social, também como esse, deve ser dinâmico é mutável.

E, de um ponto de vista hermenêutico, aduz-se ainda que a súmula vinculante antecipa e define previamente o sentido do texto, coibindo a interpretação do texto legal e, consequentemente, a variabilidade hermenêutica, limitando a possiblidade de se originar uma norma para o caso concreto singular e específico então a ser julgado (STRECK; ABBOUD, 2013, p. 55; BAHIA, 2012).

Referido posicionamento é rechaçado por outros autores, ainda dentro de uma visão hermenêutica, como Maurício Martins Reis, para quem aqueles autores se equivocam, "pois são os fundamentos dos precedentes que vinculam os casos ulteriores, e súmulas são precedentes ao redundarem" (2014, p. 422, nota n. 14), destacando que súmula é também norma consolidada em texto, produto da interpretação de razões determinantes (2013, p. 209)[26].

Conforme José Joaquim Calmon de Passos (2007), a súmula vinculante, ou jurisprudência com força vinculante, tem natureza interpretativa nos termos da norma de caráter geral editada pelo legislador, decorrente da lógica do sistema. Coaduna Roberto Rosas (2009, p. 45), observando que também são vinculantes os fundamentos do texto, não apenas o enunciado sumular.

Contribuiu com o tema Eduardo de Avelar Lamy (2005, p. 114), ao sustentar que "a súmula vinculante possibilitará melhor obtenção de resultados práticos por meio da jurisdição na vida dos litigantes, coadunando-se com a realidade forense que demanda interpretar a constituição conforme a necessidade social e a operabilidade do instrumento constituído pelo processo [...]. Se o que importa para

---

26. Sobre o jargão que Streck utiliza, de que "o precedente não cabe na súmula", Maurício Martins Reis (2013, p. 222) refuta afirmando que por "mais que o precedente nela não caiba, a súmula tampouco o esconde!".

a sociedade, a nosso ver, não é a resposta da jurisdição, mas, sim, o resultado do processo e a aplicação do direito substancial, de que adianta a não vinculatividade das súmulas aos demais órgãos do Poder Judiciário se as indagações constitucionais e infraconstitucionais relevantes são, essencialmente, respondidas pelos tribunais superiores?"

Subjacente à vinculatividade da súmula não está, como muitas vezes alegado pelos expoentes contrários, uma solução para a diminuição do número de processos e para a resolução mais célere das demandas, até porque, conforme adverte José Carlos Barbosa Moreira (2007c, p. 31), não se dispõe de dados estatísticos concretos, abrangentes e confiáveis, que revelem os pontos de estrangulamento e as causas mais relevantes da disfunção. Mais do que a ideia de diminuição e celeridade - o que, a rigor, não é fundamento, mas reflexo da aplicação -, a súmula vinculante tem como móvel a igualdade no tratamento das mesmas questões pela jurisdição e a uniformidade dos julgamentos.

A legitimidade da súmula vinculante decorre de estar inserida no texto constitucional, pois que, se uma Constituição assenta e estrutura as relações estatais e sociais, tendo força normativa (Hesse, 1991), é cediço que, concordando-se ou não, inexiste fundamento, ao menos *jurídico-constitucional*, que lhe imponha inaplicabilidade.

Destarte, se pelo poder constituinte se dá a função de estabelecer o modo de ser de uma jurisdição, o exercício regular desse poder, perante a supremacia decorrente das normas constitucionais (CANOTILHO, 1993, p. 136-140), parece não ser passível de contestabilidade no campo da execução das medidas e instrumentos então disciplinados[27].

No campo das ideias, todavia, a discussão pode ser outra. Não obstante, tendo-se como premissa um processo descritivo, resta claro que a súmula vinculante, na forma como foi inserida no ordenamento jurídico brasileiro, mediante emenda constitucional, passando a ser,

---

27. Nos termos da doutrina José Joaquim Gomes Canotilho (1993, p. 137): "Esta superioridade hierárquico-normativa concretiza-se e revela-se em três perspectivas: (1) as normas do direito constitucional constituem uma *lex superior* que recolhe o fundamento de validade em si própria {*autoprimazia normativa*}; (2) as normas de direito constitucional são normas de normas {*norma normarum*}, afirmando-se como fonte de produção jurídica de outras normas (normas legais, normas regulamentares, normas estatutárias); (3) a superioridade normativa das normas constitucionais implica o princípio da conformidade de todos os actos dos poderes políticos com a constituição" (grifos no original).

portanto, norma constitucional com os efeitos daí decorrentes, é instituto que merece análise dentro de sua regulamentação.

Ao que importa ao debate deste estudo, dispõe o art. 103-A, anteriormente descrito, que o efeito vinculante da súmula aprovada aplica-se aos demais órgãos do Poder Judiciário, como também, e aqui está uma inovação paradigmática central, à Administração Pública em todos os seus níveis (direta e indireta, federal, estadual e municipal).

Diz-se inovação paradigmática central porquanto se a Administração Pública, como visto, submete-se à *legalidade como princípio constitucional*, "a validade, a interpretação e a eficácia de normas determinadas", na redação do parágrafo §1º do art. 103-A, *apenas poderia ser afastada mediante uma norma superior de competência, que é a norma constitucional*.

Isso porque, se súmula vinculante à Administração Pública fosse disciplinada por lei – o que se afigura inconstitucional -, mesmo complementar, a competência decorrente da jurisdição para regular as atividades administrativas derivaria de lei, assim como também é para as demais normas impositivas à Administração Pública, o que poderia ensejar colisão, antinomias e contradições entre referidas normas – a lei da súmula vinculante e a objeto de controle jurisdicional. Por conseguinte, adviriam maiores problemas de hermenêutica e de aplicação do que o que se intentava solucionar. Assim, sendo norma constitucional, inexiste possibilidade de contradição, pois aqui se está no campo da hierarquia das normas, em que a de menor grau deve se adequar a de maior grau, respeitando, igualmente, o campo de competências constitucionais de poderes e federativas.

Ainda, e sobretudo, a feição da jurisdição, como poder/função, apenas pode tomar forma mediante norma estabelecedora de estruturas estatais e fundante do sistema jurídico, que é uma Constituição. Daqui decorre a legitimidade da influência direta da jurisdição na administração.

Já que os poderes são independentes e harmônicos entre si, eventual influência ou afastamento dessa independência e harmonia necessita se dar no mesmo patamar daquela norma; se constitucional é o princípio, constitucional deve ser a regra que o limita[28], sob pena de esvaziamento daquele, superior, por esta, inferior[29].

Consoante dicção de Eduardo de Avelar Lamy (2005, p. 118), não "há que se cogitar, portanto, no império do Poder Judiciário sobre os demais Poderes, mas sim num fenômeno de integração e complementação das funções exercidas por cada Poder".

Às situações que se quer evitar, de grave insegurança jurídica e relevante multiplicação de processos sobre questão idêntica, deve estar presente a reiteração de decisões sobre matéria constitucional.

O ato administrativo que contrariar ou indevidamente aplicar a súmula vinculante será passível de nulidade por meio de reclamação ao Supremo Tribunal Federal, após esgotamento das vias administrativas, conforme art. 7º, § 1º, da Lei n. 11.417, de 19 de dezembro de 2006. Nessa hipótese, importa destacar que, ao contrário da decisão judicial reclamada, em que será determinado pelo STF que outra seja proferida, com ou sem aplicação da súmula, no caso do ato administrativo reclamado o julgamento é de nulidade, cabendo, por conseguinte, à autoridade administrativa, se assim for o caso, proferir novo ato, dentro das balizas da súmula vinculante, evidentemente.

Sendo assim, não há tomada de decisão na reclamação no lugar do ato administrativo, mas sim nulidade do ato. As consequências advindas ainda são de competência da sede administrativa.

Daí porque a legislação federal dispôs sobre o modo de agir no caso de julgamento procedente contra o ato administrativo reclama-

---

28. A propósito, de se destacar o que se chama de limites imanentes ou "limites dos limites", conforme expõe Gilmar Ferreira Mendes (2002) quando trata dos direitos individuais e do princípio de proteção do núcleo essencial, perfeitamente aplicados ao princípio em tela da separação de poderes, fundante da organização política estatal. Segundo o autor, esses "limites, que decorrem da própria Constituição, referem-se tanto à necessidade de proteção de um núcleo essencial do direito fundamental, quanto à clareza, determinação, generalidade e proporcionalidade das restrições impostas" (p. 241), salientando que "o princípio da proteção do núcleo essencial destina-se a evitar o esvaziamento do conteúdo do direito fundamental decorrente de restrições descabidas, desmesuradas ou desproporcionais" (p. 243).
29. Eros Roberto Grau (2014), refundindo seu entendimento e obra anteriores, entende, doravante, que os princípios configuram espécie de regras. Aduz: "O que caracteriza os *princípios* como *espécie de regra* é (i) o seu grau de generalidade - isto é, seu caráter mais amplo e largo de generalidade - e (ii) certa proximidade aos valores tidos como inspiradores do direito positivo. Ainda assim, contudo, os princípios são regras de direito. Essa maior proximidade aos valores não lhes retira o caráter de regra" (p. 113).

do. A Lei n. 9.784, de 29 de janeiro de 1999, que regula o processo administrativo federal, com alteração dada pela Lei n. 11.417, de 19 de dezembro de 2006, estabeleceu adequação das decisões administrativas ao quanto delimitado pelo Supremo Tribunal Federal no julgamento de reclamação por inaplicabilidade de súmula vinculante, com imposição de penalidade por descumprimento[30].

2.3 DECISÕES EM CONTROLE CONCENTRADO DE CONSTITUCIONALIDADE

A possibilidade do reconhecimento de inconstitucionalidade decorre do já referido princípio da supremacia das normas constitucionais.

Aponta Clémerson Merlin Clève (2000, p. 29) os seguintes pressupostos para a fiscalização da constitucionalidade: Constituição formal, rigidez e supremacia constitucionais, distinção entre leis ordinárias e constitucionais e competência de ao menos um órgão que exerça essa atividade fiscalizadora.

A disciplina do controle de constitucionalidade brasileiro pode ser, singelamente e para o fim de apenas ilustrar a temática, exposta da seguinte maneira.

São espécies de controle de constitucionalidade a por ação e por omissão[31]. A primeira, relativa a atos normativos efetivamente realizados em desacordo com o texto da Constituição; o segundo, aferível na ausência de norma quando a Constituição assim impõe, recebendo o mesmo tratamento processual daquela (ARAUJO; NUNES JÚNIOR, 2012, p. 90).

---

30. "Art. 64-B. Acolhida pelo Supremo Tribunal Federal a reclamação fundada em violação de enunciado da súmula vinculante, dar-se-á ciência à autoridade prolatora e ao órgão competente para o julgamento do recurso, que deverão adequar as futuras decisões administrativas em casos semelhantes, sob pena de responsabilização pessoal nas esferas cível, administrativa e penal".

31. Costuma a doutrina, sendo exemplo Oswaldo Luiz Palu (2001, p. 74-84), ainda aduzir sobre a inconstitucionalidade total e parcial, originária e superveniente, antecedente e consequente ou indireta, oblíqua ou reflexa, material, formal e orgânica. Contudo, para os fins do quanto versado neste estudo, as duas espécies aludidas no texto são suficientes para balizar e assentar as premissas atinentes à influência da jurisdição na Administração Pública.

Os tipos de controle, no Brasil, são o concentrado ou em abstrato, em que o competente constitucionalmente para exercê-lo é o Supremo Tribunal Federal[32], e o difuso ou concreto, em que se autoriza todo e qualquer juiz brasileiro a declarar a inconstitucionalidade.

A consequência da declaração de inconstitucionalidade no controle concentrado é o reconhecimento da nulidade do ato normativo, podendo haver, conforme autoriza o art. 27 da Lei n. 9.868, de 10 de novembro de 1999[33], a modulação dos efeitos, ou seja, o ato pode ter como sanção efeitos retroativos ou prospectivos (PALU, 2001, p. 87).

No caso de declaração de inconstitucionalidade por omissão, no que pertine à Administração Pública, há imposição de obrigação de fazer, no sentido de tomar medidas para tornar efetiva norma constitucional.

Os efeitos do reconhecimento da inconstitucionalidade diferem do tipo de controle então exercido.

---

32. "Art. 102. Compete ao Supremo Tribunal Federal, precipuamente, a guarda da Constituição, cabendo-lhe:

    I - processar e julgar, originariamente:

    a) a ação direta de inconstitucionalidade de lei ou ato normativo federal ou estadual e a ação declaratória de constitucionalidade de lei ou ato normativo federal;

33. "Art. 27. Ao declarar a inconstitucionalidade de lei ou ato normativo, e tendo em vista razões de segurança jurídica ou de excepcional interesse social, poderá o Supremo Tribunal Federal, por maioria de dois terços de seus membros, restringir os efeitos daquela declaração ou decidir que ela só tenha eficácia a partir de seu trânsito em julgado ou de outro momento que venha a ser fixado". Sustenta Oswaldo Luiz Palu (2001, p. 165) a inconstitucionalidade do artigo 27: "Se a interpretação que se der for a de que a lei declarada inconstitucional *continuará a ser aplicada, mesmo após o julgamento, durante certo tempo*, entendo carecer de suporte constitucional tal dispositivo. Em outras palavras, não vejo como possa uma lei atribuir poderes ao STF para, reconhecendo determinada lei como inconstitucional, mantê--la aplicável a casos futuros. Note-se bem, quanto aos casos pretéritos, e regulados pela lei inconstitucional, não havia ainda a decisão de inconstitucionalidade, e a presunção de constitucionalidade da lei impunha sua observância. *Após a declaração de inconstitucionalidade*, para que a lei assim declarada possa ser aplicada aos casos futuros, se se pretender chegar a tanto com o disposto no art. 27, antes referido, somente se a Constituição assim determinasse, como em outros ordenamentos (*v.g.*, Áustria)". Portanto, referido autor aborda, com o que se concorda, a questão formal como fundamento da inconstitucionalidade. Gilmar Ferreira Mendes e Ives Gandra da Silva Martins (2009, p. 547-559) discrepam, defendendo que a aplicação do art. 27 decorre da sistemática do texto constitucional. Nada obstante, quanto à questão de fundo, se a disciplina se desse por norma constitucional, corrobora-se com Mendes e Martins, no sentido de que no "interesse da segurança, da clareza e determinação jurídicas, afigura-se recomendável a edição de regra sobre suspensão de aplicação apta a legitimar o Supremo Tribunal Federal a, sob determinadas condições, autorizar a aplicação do direito inconstitucional, nos casos constitucionalmente exigidos" (p. 558).

No controle difuso, os efeitos restringem-se apenas ao processo, ao objeto litigioso em que reconhecida a inconstitucionalidade, tendo como consequência a nulidade retroativa da norma em que fundada a controvérsia. Se o controle difuso for exercido pelo Supremo Tribunal Federal, a norma declarada inconstitucional ainda permanece "presumida" constitucional até que o Senado Federal suspenda a sua execução, conforme art. 52, X da Constituição Federal.

Averbe-se, contextualmente, que existem entendimentos doutrinários e algumas decisões do STF que intentam aplicar eficácia *erga omnes* também para esse controle difuso, no sentido de que o art. 52, X, da Constituição Federal teria apenas o efeito de publicidade a ser dado pelo Senado Federal. Sustenta-se que pela mutação constitucional houve a objetivação do recurso extraordinário ou abstrativização do controle difuso de constitucionalidade, tendo, portanto, efeitos gerais para todos, ou seja, "justamente por versarem sobre situações idênticas que essas causas permitem uma solução homogênea para todos os casos" (MIRANDA DE OLIVEIRA, 2016, p. 195).

A respeito, Gilmar Ferreira Mendes (2004) defende que o instituto da suspensão da lei pelo Senado Federal tem natureza exclusivamente histórica e que é a própria decisão proferida no controle incidental que contém força normativa a dar eficácia geral ao julgamento, restando à Casa Legislativa publicar a decisão no Diário do Congresso.

No âmbito do Supremo Tribunal Federal, na qualidade de relator, o Ministro Gilmar Mendes defendeu mencionada posição na Reclamação n. 4.335, sendo seguido por Eros Roberto Grau, tese que, contudo, não prevaleceu no julgamento definitivo, finalizado em 20 de março de 2014.

Em sede doutrinária, a encampação da aludida mutação constitucional encontrou resistência. Lenio Luiz Streck, Marcelo Andrade Cattoni de Oliveira e Martonio Mont'Alverne Barreto (2007), seguidos por Maurício Ramires (2010, p. 81-86), refutando a tese dos Ministros Gilmar Mendes e Eros Roberto Grau, sustentaram que o STF no julgamento do recurso extraordinário funciona como corte de apelação, não havendo julgamento de tese, mas do caso concreto que contém uma inconstitucionalidade. Extrai-se, de Streck, Cattoni de Oliveira e Barreto (2007), ainda: "Mas o modelo de participação democrática no controle difuso também se dá, de forma indireta, pela atribuição constitucional deixada ao Senado Federal. Excluir a competência do Senado Federal — ou conferir-lhe apenas um caráter de tornar público o entendimento do Supremo Tribunal Federal — significa reduzir as atribuições do Senado Federal à de uma secretaria de divulgação intra--legistativa das decisões do Supremo Tribunal Federal; significa, por fim, retirar do processo de controle difuso qualquer possibilidade de chancela dos representantes do povo deste referido processo, o que não parece ser sequer sugerido pela Constituição da República de 1988".

De fato, em que pese a intenção de objetivar o recurso extraordinário ou abstratizar o controle difuso, por uma pretensa mutação constitucional, que, a rigor, trata-se de uma interpretação jurídica, é certo que ainda existe uma norma constitucional que delimita a matéria e que inexiste, por outro lado, regulamentação normativa, constitucional ou processual que encampe destacado posicionamento, não se podendo olvidar que "ninguém será obrigado a fazer ou deixar de fazer alguma coisa senão em virtude de lei" (CF, art. 5º, II). Nos termos expostos por Streck, Cattoni de Oliveira e Barreto (2007), "agir no limite de um contexto significa obedecer aos ditames do poder constituído, condição existencial do STF como poder jurisdicional vinculado à Constituição".

Além disso, a pretendida vinculação das decisões em julgamento de recursos extraordinários já tem instrumento constitucional que a implementa, que é a súmula vinculante, pressupondo reiteradas decisões. Em outras palavras, se a própria Constituição Federal impõe que existam decisões reiteradas e que as mesmas sejam cristalizadas em enunciado sumular com as formalidades impostas no art. 103-A, não se pode manobrar hermeneuticamente fora dessa regulamentação, sob pena de encampar entendimentos inconstitucionais. Em síntese, a "ideia de que a atuação do STF e do STJ estaria reduzida apenas a uma função objetiva não encontra respaldo no texto constitucional" (ABBOUD, 2014, p. 416).

A desejada vinculação no controle difuso em julgamento de recurso extraordinário, como já destacado, atine-se aos demais órgãos do próprio Poder Judiciário, como técnica de julgamento e como forma de igualizar a prestação do serviço público jurisdicional[34],

---

34. A corroborar essa assertiva veja-se o entendimento do STF sobre a aplicação do princípio da reserva de plenário disposto no art. 97, da Constituição Federal, que determina que

visando impedir decisões judiciais discrepantes. Eventual vinculação da Administração Pública, outra função estatal, não será, como no controle concentrado, direta, mas dependerá de legislação autorizativa nesse sentido, isto é, *indireta*.

A democraticidade inerente ao processo de sedimentação do entendimento jurisprudencial, para o fim de assentar a tese vencedora e que norteará a ordem jurídica, como no caso da súmula vinculante e do julgamento dos recursos extraordinários repetitivos, também restaria prejudicada, pois a participação para o "consenso" delimitado na decisão se restringiria tão somente às partes daquele litígio.

O Código de Processo Civil de 2015 traz também novas luzes às decisões de constitucionalidade em controle difuso pelo STF, pois considera precedentes vinculantes as decisões proferidas nos recursos extraordinários repetitivos, todavia, desde que atendido o procedimento estatuído nos arts. 1.036 a 1.041. Há, deveras, participação de demais interessados (partes de vários processos em que "contenham abrangente argumentação e discussão a respeito da questão a ser decidida", conforme § 6º do art. 1.036, e terceiros) para o consenso. Só após uma discussão, que se pretende seja exauriente – assim se espera -, será adotada a tese vinculante para a jurisdição. A vinculação da administração, mesmo neste controle difuso de julgamento de recursos extraordinários repetitivos, ainda prescindirá de autorização legislativa.

Vê-se, nessa esteira, que, embora se tenha promulgado uma nova legislação processual, não vingou a tese de vinculação, mesmo apenas em âmbito jurisdicional, de única decisão em controle difuso/concreto de constitucionalidade, impondo-se que os recursos sejam repetidos, quer dizer, em número suficiente que potencialize o consenso.

"somente pelo voto da maioria absoluta de seus membros ou dos membros do respectivo órgão especial poderão os tribunais declarar a inconstitucionalidade de lei ou ato normativo do Poder Público", no sentido de que, se já houve pronunciamento da Corte Constitucional sobre a matéria, mesmo em julgamento de recurso extraordinário, despiciendo se mostra a aplicação do art. 97, afastando-se, inclusive, a súmula vinculante n. 10, que trata da referida temática. Cita-se, exemplificadamente, Rcl. 11.228, relator Ministro Gilmar Mendes, DJe de 10.02.2014 e ARE 861.608, relatora Ministra Rosa Weber, DJe de 15.06.2015. Esta, aliás, a disposição do parágrafo único do art. 481 do Código de Processo Civil de 1973, repetido pelo art. 949, parágrafo único, do Código de Processo Civil de 2015.

No controle abstrato, diversamente, os efeitos transcendem o caso julgado, porquanto é para isso que o processo constitucional se instaurou, objetivamente delimitado para declarar a constitucionalidade ou inconstitucionalidade da norma impugnada. Ademais, com a emenda constitucional n. 45/2004, todas as decisões em controle concentrado passaram a ter efeito vinculante e não apenas a ação declaratória, como antes assim era disposto a partir da emenda constitucional n. 3 de 17 de março de 1993.

A redação que dá poder vinculante a tais decisões vem disposta no art. 102, § 2º, da Constituição Federal:

> § 2º As decisões definitivas de mérito, proferidas pelo Supremo Tribunal Federal, nas ações diretas de inconstitucionalidade e nas ações declaratórias de constitucionalidade produzirão eficácia contra todos e efeito vinculante, relativamente aos demais órgãos do Poder Judiciário e à administração pública direta e indireta, nas esferas federal, estadual e municipal.

Nesses termos, a Administração Pública, tanto direta quanto indireta, em todos os níveis federativos, é vinculada à decisão exarada pelo Supremo Tribunal Federal no controle concentrado de constitucionalidade da ADI e ADC.

A vinculação da administração à jurisdição, também aqui, portanto, é *direta*, decorrente do próprio texto constitucional e, por isso, no mesmo sentido do que explanado em relação à súmula vinculante, constitucional se mostra essa limitação ao princípio da separação de poderes/funções.

Situação diversa é a da arguição de descumprimento de preceito fundamental, disposta no § 1º do art. 102: "A argüição de descumprimento de preceito fundamental, decorrente desta Constituição, será apreciada pelo Supremo Tribunal Federal, na forma da lei".

Inexiste alusão a efeito vinculante; mencionado efeito vem disciplinado por lei ordinária, Lei n. 9.882, de 3 de dezembro de 1999, no art. 10, § 3º, impondo aos demais órgãos do Poder Público vinculação à decisão.

Três interpretações possíveis se podem fazer, apenas uma, é certo, entende-se constitucional.

A primeira, admitindo a inaplicabilidade direta do efeito vinculante à Administração Pública, pois a regulamentação por lei infraconstitucional não teria o poder de afastar o princípio constitucional da independência e harmonia dentre as funções estatais.

A segunda, ao contrário, admitindo sem restrição o efeito vinculante, nos moldes estabelecidos na legislação.

E, por último, uma terceira interpretação possível é admitir a constitucionalidade do art. 10, § 3º da Lei n. 9.882/1999 e, por conseguinte, o efeito vinculante direto ao poder público, em virtude de remissão feita no § 1º do art. 102 da Constituição Federal, de que a regulamentação da arguição de preceito fundamental se daria "nos termos da lei" e, dessa forma, sendo editada a lei regulamentando o efeito vinculante, constitucional, por aquela autorização, seria a vinculatividade da Administração Pública a decisão proferida.

Parece adequado supor que é a primeira interpretação a consentânea com o sistema constitucional brasileiro. A uma, pela já referência a que para limitar-se princípio constitucional necessário que a regra também seja constitucional; a duas, de natureza formalística, porque o dispositivo constitucional que trata da ADPF faz referência à "apreciação" na forma da lei e, deveras, apreciar é estabelecer o modo de ser do julgamento e não os efeitos dele decorrentes.

Conclui-se, então, que não pode a decisão em arguição de preceito fundamental vincular diretamente a Administração Pública[35]. Forte nessa conclusão é que se entende que também era inconstitucional o art. 28, parágrafo único, da Lei n. 9.868/1999, pois dotava de efeito

---

35. No mesmo sentido do defendido no texto quanto à inconstitucionalidade do efeito vinculante por lei ordinária, Elival da Silva Ramos (2001, p. 127) e Ingo Wolfgang Sarlet (2001, p. 157-165). Diversamente entende Celso Seixas Ribeiro Bastos (2001, p. 83): "Nesse passo, temos que é possível à lei estabelecer o efeito vinculante às decisões proferidas em sede de arguição de descumprimento de preceito fundamental, senão pela semelhança (controle concentrado) com a ação declaratória de constitucionalidade, pela circunstância de que à lei é dado disciplinar a força das decisões judiciais, especialmente aquela decorrente da arguição, já que nesta hipótese a lei remete diretamente a vontade da lei. Estendendo o efeito vinculante à arguição, não se pode sustentar que a lei tenha incidido em inconstitucionalidade. Tanto o efeito vinculante não repugna ao espírito da Constituição que nela mesma está contemplado para o caso da ação declaratória de constitucionalidade. Fosse contrário à Constituição esse tipo de efeito, e certamente não se teria sua existência em nenhuma modalidade de ação".

vinculante a declaração de inconstitucionalidade, efeito inexistente até a alteração realizada pela emenda constitucional n. 45/2004 ao art. 102, § 2º, da Constituição Federal, alteração que constitucionalizou aquele preceptivo legal.

Uma vez que o art. 102, § 2º, da Constituição Federal, atine a "decisões *definitivas* de mérito", deve-se perquirir se também a medida cautelar deferida nas ações direta de inconstitucionalidade e na declaratória de constitucionalidade é dotada de efeito vinculante, devendo-se salientar que a competência para esse julgamento decorre de expressa enunciação constitucional, inserta no art. 102, I, *p*.

O tema ganha relevo porque as medidas cautelares prolongam-se no tempo indefinidamente sem que o julgamento definitivo seja proferido, em total menoscabo a limitação temporal de eficácia de 180 dias estabelecida no parágrafo único do art. 21 da Lei 9.868/1999, o que reflete na atuação tanto da jurisdição, quanto da Administração Pública. Afinal, no que pertine a esta, deve-se seguir nas atividades administrativas o quanto delimitado em julgamento precário pelo Supremo Tribunal Federal?

Com efeito, por ser uma disciplina constitucional, qual seja, de estabelecimento e limitação do modo de agir de funções estatais, da estrutura jurídica a que se estão vinculados os poderes de Estado, parece adequado defender que a cautelar em ações de constitucionalidade não tem caráter vinculante no que tange à Administração Pública, podendo ter, é natural, caráter persuasivo.

Mesmo que se admita, por suposição, que o art. 21 da Lei n. 9.868/1999, seja aplicável no sentido da vinculação, é certo que é textual ao apenas determinar "que os juízes e os Tribunais suspendam o julgamento dos processos que envolvam a aplicação da lei ou do ato normativo objeto da ação até seu julgamento definitivo". Em outros termos, apenas se aplica na jurisdição, para o fim de não se pronunciarem decisões divergentes; decorre de mecanismo de simplificação ou sumarização do procedimento.

Posicionamento diferente tem Teori Albino Zavascki (2001, p. 59-76). Extrai-se, por elucidativo ao seu entendimento: "Como as sentenças definitivas, os provimentos antecipatórios nas ações de controle concentrado espraiam eficácia contra todos. Isso significa dizer que, deferida a liminar, a ninguém será legítimo invocarem seu favor, nem aos tribunais aplicar, o preceito normativo cuja vigência tiver sido por ela sustada em ação direta, ou negar aplicação à norma cuja vigência foi por ela imposta na ação declaratória. Se a norma suspensa criou ou aumentou tributo, ao Fisco não se permitirá lançá-lo. Se já o lançou, não poderá cobrá-lo, nem judicial, nem extrajudicialmente. Dispondo a norma sobre aumento de vencimentos, fica a Administração impedida de pagá-lo, e o servidor inibido de exigi-lo" (p. 67-68).

Sabe-se que, na prática do tribunal constitucional à decisão liminar ou medida cautelar, se tem dado efeito vinculante.[36]

Uma ressalva, contudo, deve ser feita, para dirimir eventual dúvida ou contradição do raciocínio ora exposto que possam ser suscitadas.

A não vinculação à decisão liminar ora defendida refere-se à sua transcendência, à sua aplicabilidade a outras situações que não versadas no *pedido* da ação de constitucionalidade. Por consectário lógico, se foi impugnado norma de poder público e deferida medida cautelar, haverá vinculação relativa especificamente a essa norma impugnada e a entidade que a editou, não podendo, mesmo diante de decisão liminar na ação de controle concentrado de constitucionalidade, inaplicá-la, ao fundamento de que não detém eficácia vinculante. Entendimento, nesse sentido, na verdade, convola-se em ato atentatório à dignidade da jurisdição[37].

---

36. Colhe-se, por exemplo, da ADC n. 8, Relator Ministro Celso de Mello, o seguinte trecho do voto da medida cautelar julgada em 13 de outubro de 1999: "O provimento cautelar deferido, pelo Supremo Tribunal Federal, em sede de ação declaratória de constitucionalidade, além de produzir eficácia 'erga omnes', reveste-se de efeito vinculante, relativamente ao Poder Executivo e aos demais órgãos do Poder Judiciário. Precedente. - A eficácia vinculante, que qualifica tal decisão - precisamente por derivar do vínculo subordinante que lhe é inerente -, legitima o uso da reclamação, se e quando a integridade e a autoridade desse julgamento forem desrespeitadas". E, mais recentemente, no mesmo sentido, medida cautelar referendada pelo Plenário na ADI n. 4.843, em 11 de dezembro de 2014.
37. Regulamentando, em sede administrativa, o cumprimento da decisão em medida cautelar, incluiu-se o art. 1º-A no Decreto Federal n. 2.346, de 10 de outubro de 1997, pelo Decreto Federal n. 3.001, de 26 de março de 1999: "Art. 1º-A. Concedida cautelar em ação direta de inconstitucionalidade contra lei ou ato normativo federal, ficará também suspensa a aplicação dos atos normativos regulamentadores da disposição questionada. Parágrafo único. Na hipótese do caput, relativamente à matéria tributária, aplica-se o disposto no art. 151, inciso IV, da Lei nº 5.172, de 25 de outubro de 1966, às normas regulamentares e complementares".

Por fim, importa destacar a aplicabilidade da teoria da transcendência dos motivos determinantes ou, se se preferir, a *ratio decidendi*, no controle concentrado. A respeito, Luiz Guilherme Marinoni (2013, p. 271) é oportuno: "A expressão 'motivos determinantes da decisão', em princípio tomada como sinônima da enunciada por 'eficácia transcendente da motivação', contém detalhe que permite a aproximação do seu significado ao de *ratio decidendi*. Isso porque há, nesta expressão, uma qualificação da motivação ou da fundamentação, a apontar para aspecto que estabelece claro *link* entre os motivos e a decisão. Os motivos têm de ser determinantes para a decisão. Assim, não é todo e qualquer motivo que tem eficácia vinculante ou transcendente – apenas os motivos que são determinantes para a decisão adquire esta eficácia. E os motivos que determinam a decisão nada mais são do que as razões de decidir, isto é, a *ratio decidendi*".

Se a Constituição Federal possibilitou o efeito vinculante, não só do dispositivo poderá se extrair o entendimento proveniente do julgamento. A análise das discussões, dissensos e consenso é necessária para aferir qual a razão determinante da conclusão que vinculará todo o exercício das atividades do Estado, sejam jurisdicionais ou administrativos. Referida questão, ademais, já restou devidamente dirimida pelo Supremo Tribunal Federal no julgamento da Reclamação n. 1.987[38].

---

38. Esta a ementa: "RECLAMAÇÃO. CABIMENTO. AFRONTA À DECISÃO PROFERIDA NA ADI 1662-SP. SEQÜESTRO DE VERBAS PÚBLICAS. PRECATÓRIO. VENCIMENTO DO PRAZO PARA PAGAMENTO. EMENDA CONSTITUCIONAL 30/00. PARÁGRAFO 2º DO ARTIGO 100 DA CONSTITUIÇÃO FEDERAL. 1. Preliminar. Cabimento. Admissibilidade da reclamação contra qualquer ato, administrativo ou judicial, que desafie a exegese constitucional consagrada pelo Supremo Tribunal Federal em sede de controle concentrado de constitucionalidade, ainda que a ofensa se dê de forma oblíqua. 2. Ordem de seqüestro deferida em razão do vencimento do prazo para pagamento de precatório alimentar, com base nas modificações introduzidas pela Emenda Constitucional 30/2000. Decisão tida por violada - ADI 1662-SP, Maurício Corrêa, DJ de 19/09/2003: Prejudicialidade da ação rejeitada, tendo em vista que a superveniência da EC 30/00 não provocou alteração substancial na regra prevista no § 2º do artigo 100 da Constituição Federal. 3. Entendimento de que a única situação suficiente para motivar o seqüestro de verbas públicas destinadas à satisfação de dívidas judiciais alimentares é a relacionada à ocorrência de preterição da ordem de precedência, a essa não se equiparando o vencimento do prazo de pagamento ou a não-inclusão orçamentária. 4. Ausente a existência de preterição, que autorize o seqüestro, revela-se evidente a violação ao conteúdo essencial do acórdão proferido na mencionada ação direta, que possui eficácia erga omnes e efeito vinculante. A decisão do Tribunal, em substância, teve sua autoridade desrespeitada de forma a legitimar o uso do

Ainda, conjectura-se que a teoria da transcendência dos motivos determinantes analoga-se à força gravitacional do precedente, descrita por Ronald Dworkin e já referida neste na seção 1.2.1.

2.4 NORMAS DE ENTES PÚBLICOS QUE AUTORIZAM APLICAÇÃO DE PRECEDENTES

A influência da jurisdição na Administração Pública também é constatada pela edição de normas pelos próprios entes públicos que reconhecem que o entendimento jurisprudencial deve prevalecer em detrimento do que até então era realizado, com base estrita em lei. Aqui, a influência é indireta ou dependente.

Em âmbito federal, Estefânia Maria de Queiroz Barboza (2014, p. 275) dá notícia da ação civil pública n. 2000.71.00.009347-0, tramitada no Tribunal Regional Federal da 4ª Região, que influiu para a regulamentação da Instrução Normativa n. 25, de 07 de junho de 2000, do Instituto Nacional da Seguridade Nacional (INSS), que disciplinou procedimentos a serem adotados para a concessão de pensão por morte e auxílio-reclusão a serem pagos ao companheiro ou companheira homossexual. Mencionada Instrução Normativa foi revogada pela de n. 45, de 6 de agosto de 2010, sendo a matéria disciplinada atualmente nos arts. 25, 45, § 2º, 322 e 335[39].

---

instituto da reclamação. Hipótese a justificar a transcendência sobre a parte dispositiva dos motivos que embasaram a decisão e dos princípios por ela consagrados, uma vez que os fundamentos resultantes da interpretação da Constituição devem ser observados por todos os tribunais e autoridades, contexto que contribui para a preservação e desenvolvimento da ordem constitucional. 5. Mérito. Vencimento do prazo para pagamento de precatório. Circunstância insuficiente para legitimar a determinação de seqüestro. Contrariedade à autoridade da decisão proferida na ADI 1662. Reclamação admitida e julgada procedente".

39. Art. 25. Por força da decisão judicial proferida na Ação Civil Pública nº 2000.71.00.009347-0, o companheiro ou a companheira do mesmo sexo de segurado inscrito no RGPS integra o rol dos dependentes e, desde que comprovada a vida em comum, concorre, para fins de pensão por morte e de auxílio-reclusão, com os dependentes preferenciais de que trata o inciso I do art. 16 da Lei nº 8.213, de 1991, para óbito ou reclusão ocorridos a partir de 5 de abril de 1991, conforme o disposto no art. 145 do mesmo diploma legal, revogado pela MP nº 2.187-13, de 2001.

Art. 45. A inscrição do dependente será realizada mediante a apresentação dos seguintes documentos:

§ 2º Para o(a) companheiro(a) do mesmo sexo, deverá ser exigida a comprovação de vida em comum, conforme disposto na Ação Civil Pública nº 2000.71.00.009347-0.

Pela análise desses preceptivos normativos conclui-se que se trata de cumprimento de decisão judicial e não de reconhecimento espontâneo de que o precedente deve prevalecer em vez da interpretação até então dada à lei.

Diverso, e também noticiado por Barboza (2014, p. 276), na seara do direito tributário, foi o reconhecimento pela Receita Federal de inclusão de companheiro ou companheira homossexual como dependente para fins de Imposto de Renda, com base no Parecer PGFN/CAT/1503/2010[40], de 19 de julho de 2010.

Extrai-se, por pertinente à temática, o seguinte trecho do parecer administrativo, subscrito pelo Procurador da Fazenda Nacional Rodrigo Pirajá Wienskoski, depois de se terem colacionados diversos julgados a embasar a fundamentação: "Fácil antever o resultado provável de eventual judicialização do assunto mercê de deferimento administrativo, mormente quando a própria AGU, na condição de representante judicial da União e em sede de controle abstrato de constitucionalidade, reconhece direito análogo ao ora vindicado. A previsibilidade do desfecho de potencial contencioso jurisdicional permite prevenir os ônus que a sucumbência acarretaria em detrimento do princípio da economicidade administrativa".

Ainda na esfera federal, cita-se importante súmula administrativa editada pelo Advogado Geral da União em 9 de junho de 2008, por influência de decisões do Supremo Tribunal Federal e Superior Tribunal de Justiça, sobre a possiblidade de execução da parcela incontroversa contra a Fazenda Pública. Referida súmula, de n. 31 dispôs: "É cabível a expedição de precatório referente à parcela incontroversa, em sede de execução ajuizada em face da Fazenda Pública" (OLIVEIRA, 2015a).

Art. 322. Por força de decisão judicial, Ação Civil Pública nº 2000.71.00.009347-0, fica garantido o direito à pensão por morte ao companheiro ou companheira do mesmo sexo, para óbitos ocorridos a partir de 5 de abril de 1991, desde que atendidas todas as condições exigidas para o reconhecimento do direito a esse benefício, observando-se o disposto no art. 318.

Art. 335. Por força de decisão judicial, Ação Civil Pública nº 2000.71.00.009347-0, fica garantido o direito ao auxílio-reclusão ao companheiro ou companheira do mesmo sexo, para óbitos ocorridos a partir de 5 de abril de 1991, desde que atendidas todas as condições exigidas para o reconhecimento do direito a esse benefício, observando-se o disposto no art. 318.

40. Disponível em http://www.pgfn.fazenda.gov.br/arquivos-de-noticias/Parecer%201503-2010. doc/view. Acesso em 02.07.2015.

Diversas súmulas administrativas já foram igualmente editadas, com base na Lei Orgânica da Advocacia Geral da União (AGU), Lei Complementar n. 73, de 10 de fevereiro de 1993. O art. 4º, XII atribui competência ao Advogado Geral da União de "editar enunciados de súmula administrativa, resultantes de jurisprudência iterativa dos Tribunais". A obrigatoriedade dessas súmulas da AGU restringe-se aos órgãos jurídicos, como se conclui pela redação do art. 43 da Lei Complementar 73/1993[41].

A *questão central da presente pesquisa, todavia, é justamente aferir se os precedentes judiciais também devem, e a forma para tanto, serem aplicados não só pelos órgãos de representação jurídica da Administração Pública, por aplicação de súmulas administrativas*[42] *para área do contencioso*[43], *mas também espraiar-se por toda atividade administrativa.*

---

41. "Art. 43. A Súmula da Advocacia-Geral da União tem caráter obrigatório quanto a todos os órgãos jurídicos enumerados nos arts. 2º e 17 desta lei complementar".

42. Ricardo Vieira de Carvalho Fernandes (2010, p. 126) ressalta que as súmulas administrativas são criadas para as demandas de massa e situações em que se verifica a desvantagem de se recorrer. Afirma o autor: "O objetivo principal do procedimento de sumular administrativamente determinados temas tem o mesmo foco das súmulas judiciais, qual seja, *racionalizar a prestação do serviço*, no caso, advocatício. Há ainda razões de simplificação dos procedimentos internos, ganho de eficiência, diminuição de gastos, redução da burocracia estatal na prestação advocatícia, publicidade dos entendimentos da Procuradoria, uniformização do entendimento administrativo, economicidade processual, entre outros" (p. 127).

43. Exemplifica-se com Lei Federal n. 10.522, de 19 de julho de 2002, que no art. 19, com a redação dada pela Medida Provisória n. 881, de 30 de abril de 2019, especifica: "Art. 19. Fica a Procuradoria-Geral da Fazenda Nacional dispensada de contestar, de oferecer contrarrazões e de interpor recursos, e fica autorizada a desistir de recursos já interpostos, desde que inexista outro fundamento relevante, na hipótese em que a ação ou a decisão judicial ou administrativa versar sobre: I - matérias de que trata o art. 18; II - temas que sejam objeto de parecer, vigente e aprovado, pelo Procurador-Geral da Fazenda Nacional, que conclua no mesmo sentido do pleito do particular; IV - temas sobre os quais exista súmula ou parecer do Advogado-Geral da União que conclua no mesmo sentido do pleito do particular; V - temas fundados em dispositivo legal que tenha sido declarado inconstitucional pelo Supremo Tribunal Federal em sede de controle difuso e tenha tido sua execução suspensa por Resolução do Senado Federal ou tema sobre o qual exista enunciado de súmula vinculante ou que tenha sido definido pelo Supremo Tribunal Federal em sentido desfavorável à Fazenda Nacional em sede de controle concentrado de constitucionalidade; VI - temas decididos pelo Supremo Tribunal Federal, em matéria constitucional, ou pelo Superior Tribunal de Justiça, pelo Tribunal Superior do Trabalho, pelo Tribunal Superior Eleitoral ou pela Turma Nacional de Uniformização de Jurisprudência, no âmbito de suas competências, quando não houver viabilidade de reversão da tese firmada em sentido desfavorável à Fazenda Nacional, conforme critérios definidos em ato do Procurador-Geral

Em artigo sobre a Administração Pública federal e os precedentes do STF, Eduardo de Avelar Lamy e Leonard Ziesemer Schmitz (2012) relacionam diversas situações normativas em que se determina respeito às decisões dos tribunais, notadamente do Supremo Tribunal Federal. Nesta vertente, colhe-se o Decreto Federal n. 2.346, de 10 de outubro de 1997, que consolida normas a serem observadas pela Administração Pública em virtude de decisões judiciais, dispondo no art. 1º: "As decisões do Supremo Tribunal Federal que fixem, de forma inequívoca e definitiva, interpretação do texto constitucional deverão ser uniformemente observadas pela Administração Pública Federal direta e indireta, obedecidos aos procedimentos estabelecidos neste Decreto".

Para que seja efetivada essa observação de seguimento descrito no preceptivo regulamentar destacado, fazem-se necessários ainda procedimentos administrativos no âmbito da Advocacia Geral da União, do Ministério do Planejamento, Orçamento e Gestão, nos termos do 1º-B[44]. A chamada extensão administrativa dos efeitos da decisão judicial se dá por Portaria Interministerial.

No campo estadual, também se encontra norma que conforma o atuar administrativo à interpretação do direito dada pela jurisdição.

---

da Fazenda Nacional; e VII - temas que sejam objeto de súmula da administração tributária federal de que trata o art. 18-A". .

44. Art. 1º-B. Compete exclusivamente ao Advogado-Geral da União e ao Ministro de Estado do Planejamento, Orçamento e Gestão se manifestarem, prévia e expressamente, sobre a extensão administrativa dos efeitos de decisões judiciais proferidas em casos concretos, inclusive ações coletivas, contra a União, suas autarquias e fundações públicas em matéria de pessoal civil da administração direta, autárquica e fundacional.

§ 1º Os pedidos de extensão administrativa, instruídos com manifestação jurídica, documentos pertinentes e, quando possível, jurisprudência dos Tribunais Superiores, serão submetidos à análise do Advogado-Geral da União e do Ministro de Estado do Planejamento, Orçamento e Gestão.

§ 2º A extensão administrativa dos efeitos de decisões judiciais será realizada por meio de Portaria Interministerial do Advogado-Geral da União e do Ministro de Estado do Planejamento, Orçamento e Gestão.

§ 3º As autarquias e fundações públicas encaminharão o pedido de extensão administrativa por meio do titular do órgão ao qual estejam vinculadas.

§ 4º Os procedimentos para o trâmite dos pedidos de extensão serão disciplinados em ato conjunto do Advogado-Geral da União e do Ministro de Estado do Planejamento, Orçamento e Gestão.

No Estado de Santa Cataria, editou-se a Lei Complementar n. 534, de 20 de abril de 2011, que alterou a redação original do § 1º do art. 53 da Lei Complementar n. 381, de 7 de maio de 2007, passando a constar o seguinte:

> Para assegurar a adequação entre as práticas administrativas e a jurisprudência dos tribunais, compete ao Procurador-Geral do Estado editar enunciados de súmula administrativa ou determinar providências específicas de observância obrigatória pelas Secretarias de Estado, seus órgãos e entidades vinculadas.

Destacada legislação foi revogada pela Lei Complementar n. 741, de 12 de junho de 2019, sendo mantida essa regulamentação no art. 24, § 1º, com a pontual alteração de que a competência para a edição dos atos mencionados passa a ser, doravante, do Conselho Superior da Procuradoria Geral do Estado, ratificado pelo Governador do Estado.

Criaram-se assim, em âmbito estadual, dois institutos até então inexistentes, que objetivam justamente dar o enquadramento aos órgãos públicos, não só jurídicos, da forma como deverão atuar em consonância com a jurisprudência dos tribunais. Na Exposição de Motivos constam algumas das razões da alteração legislativa: "A ideia é dotar a Procuradoria Geral do Estado de um mecanismo eficaz para coibir a litigância resultante da perpetuação de condutas administrativas já definitivamente declaradas contrárias ao direito pelo Poder Judiciário. Estima-se, nesse caso, que a atuação preventiva da Procuradoria Geral do Estado, além de atender ao postulado da boa fé processual, deva evitar o dispêndio de significativas somas de recurso, como são normalmente aquelas decorrentes de sucessivas condenações da Fazenda Pública no pagamento de honorários de advogado, juros de mora e correção monetária"[45].

No âmbito municipal, por fim, Rodolfo de Camargo Mancuso (2014, p. 42) descreve que a Lei Municipal da cidade de São Paulo, n. 14.107/2005, com a redação dada pela Lei 15.690/2013, autorizou no art. 44, § 2º, o Presidente do Conselho Municipal de Tributos a

---

45. Disponível em: http://www.alesc.sc.gov.br/diarios/pdf/6256dia.pdf. Acesso em 10.07.2015.

propor súmula, de caráter vinculante para todos os órgãos da Administração Tributária, decorrente de decisões definitivas de mérito, proferidas pelo Supremo Tribunal Federal em matéria constitucional ou pelo Superior Tribunal de Justiça em matéria infraconstitucional, em consonância com a sistemática prevista nos arts. 543-B e 543-C do Código de Processo Civil [...]

Diante dessa descrição do panorama nacional difuso da influência da jurisdição na Administração Pública, parece adequado afirmar que esse real entrelaçamento das funções legislativa, executiva e judiciária, notadamente com a disciplina dos precedentes vinculantes pelo Código de Processo Civil de 2015, necessita de um estudo e demarcação dos limites e possibilidades; necessita de um disciplinamento unitário, para o fim de legitimar, constitucional e socialmente, a aplicação de precedentes judiciais pela Administração Pública.

2.5 NOVA LEI DE INTRODUÇÃO ÀS NORMAS DO DIREITO BRASILEIRO - LINDB (LEI FEDERAL N. 13.655/2018)[46]

Após a 1ª edição desse livro foi promulgada a Lei Federal n. 13.655, de 25 de abril de 2018, que objetiva, como descrito em sua ementa, dispor sobre a segurança jurídica e eficiência na criação e na aplicação do direito público. Assim, importa contextualizar destacada legislação, que influencia no objeto desse estudo (sempre) em desenvolvimento.

Em um aspecto histórico, a "Introdução" às normas brasileiras foi primeiramente inserida no Código Civil de 1916, nos arts. 1º a 21, em livro preliminar às disposições civis[47]. O autor do projeto do Código Civil de 1916, Clóvis Beviláqua, assim a descreveu: "A INTRODUÇÃO do Código Civil não é uma parte componente do mesmo; é, por assim dizer, uma lei anexa, que se publica, juntamente com o Código, para

---

46. Item extraído, com adaptações, de OLIVEIRA (2018b).
47. Para registro histórico em relação ao pensamento da época, merece menção o seguinte trecho da obra de Clóvis Beviláqua (1956, p. 22): "Mas certos dispositivos, que, melhor, acentuavam a feição liberal do Projeto, desapareceram ou foram modificados. Assim é que a Lei de Introdução perdeu o artigo 30, que reconhecia, expressamente, a dissolução do vínculo matrimonial, resultante do divórcio legalmente pronunciado, no estrangeiro, de acôrdo com a lei pessoal dos cônjuges, muito embora, o Projeto não aceitasse, para o Brasil, a perversora e dissolvente instituição do divórcio".

facilitar a sua aplicação. Os seus dispositivos compreendem matéria de direito público, de hermenêutica e de direito internacional privado. O Projeto primitivo dera-lhe, à semelhança do Código Civil alemão, o nome de lei de introdução; a Comissão revisora preferiu denomina-la título preliminar, seguindo a lição do Código Civil francês, do Esboço de TEIXEIRA DE FREITAS, e do Projeto de FELÍCIO DOS SANTOS; adotou a Câmara a designação de lei preliminar, que se encontra no Projeto de COELHO RODRIGUES. Ao Senado se deve a inscrição que ficou. Contém numeração distinta da do Código, para indicar a diversidade da matéria, e acentuar que, se a êle está ligada e se domina, com êle não forma um todo homogêneo, podendo ser modificada, permanecendo íntegro o articulado do Código, do mesmo modo que as alterações dêste se não refletem sôbre ela" (p. 69).

Como destacado por J. M. de Carvalho Santos (1980, p. 11-12): "Em verdade, Introdução é, em parte, um simples acessório do Código Civil, mas em parte estende as raias de suas injunções muito além da órbita que o Código Civil domina", ressaltando, na sequência de sua exposição, que da "natureza da Lei de Introdução resulta que as regras contidas nesta lei não são peculiares ao Código Civil, aplicando-se, antes, a tôdas as leis, quaisquer que sejam, como as penais, as comerciais, as fiscais, as processuais, etc".

Em 1942, a Lei de Introdução ao Código Civil foi regulamentada pelo Decreto-Lei n. 4.657, posteriormente renomeada, em 2010, pela Lei n. 12.376, como Lei de Introdução às Normas do Direito Brasileiro.

A Lei de Introdução às Normas do Direito Brasileiro pode ser considerada um "sol" no sistema jurídico nacional[48]. Trata-se, em certo sentido, da lei das leis. Dispõe sobre aplicação, interpretação, vigência, segurança jurídica, territorialidade e extraterritorialidade da lei brasileira.

Significa dizer, as leis e as decisões, em todas suas esferas, orbitam em torno da LINDB, uma vez que, dentre seus dispositivos pode-se destacar "que uma lei começa a vigorar em todo o país quarenta e

---

48. Pontes de Miranda (1998, pp. 124-126) utiliza também essa analogia com o "sol" quando doutrina sobre as ações, descrevendo que a ação de direito material é o sol do sistema. Em estudo dedicado ao tema, relevante estudo foi realizado por Pedro Henrique Pedrosa Nogueira (2008).

cinco dias depois de oficialmente publicada" (art. 1º), que, não sendo temporária, "a lei terá vigor até que outra a modifique ou revogue" (art. 2º), que "ninguém se escusa de cumprir a lei, alegando que não a conhece" (art. 3º), que, "quando a lei for omissa, o juiz decidirá o caso de acordo com a analogia, os costumes e os princípios gerais do direito" (art. 4º), apenas para citar os primeiros dispositivos.

É uma lei, na classificação de Norberto Bobbio (2007, p. 196), estrutural ou de competência, porquanto sistematiza o modo de ser de outras leis, ou seja, são "aquelas normas que não prescrevem a conduta que se deve ter ou não mas prescrevem as condições e os procedimentos por meio dos quais são emanadas normas de conduta válidas".

Nesse sentido, a doutrina nacional assim se pronuncia: "A Lei de Introdução às Normas do Direito Brasileiro é um conjunto de normas sobre normas, visto que disciplina as próprias normas jurídicas, determinando o seu modo de aplicação e entendimento, no tempo e no espaço. Ultrapassa ela o âmbito do direito civil, pois enquanto o objeto das leis em geral é o comportamento humano, a Lei de Introdução às Normas do Direito Brasileiro é a própria norma, visto que disciplina a sua elaboração e vigência, a sua aplicação no tempo e no espaço, as suas fontes etc. Contém normas de sobredireito ou de apoio, podendo ser considerada um Código de Normas, por ter a lei como tema central (GONÇALVES, 2015, p. 48). "A Lei de Introdução é um *lex legum*, ou seja, um conjunto de normas sobre normas, constituindo um direto sobre direito ("ein Recht der Rechtsordenung", "Recht ueber RechtI", "surdroit", "jus supra jura") um superdireito, um direito coordenador de direito. Não rege as relações de vida, mas sim as normas, uma vez que indica como interpretá-las ou aplica-las, determinando-lhes a vigência e eficácia, suas dimensões espácio-temporais, assinalando suas projeções nas situações conflitivas de ordenamentos jurídicos nacionais e alienígenas, evidenciando os respectivos elementos de conexão. Como se vê, engloba não só o direito civil, mas também os diversos ramos do direito privado e público, notadamente a seara do direito internacional privado. A lei de Introdução é o Estatuto de Direito Internacional Privado; é uma norma cogente brasileira, por determinação legislativa da soberania nacional, aplicável a todas as leis (DINIZ, 2002, p. 4).

A Lei 13.655, de 25 de abril de 2018, ao incluir dispositivos na LINDB, seria, na metáfora utilizada, um "segundo sol", para utilizar do contexto musical (REIS).

Um segundo sol a tentar iluminar o modo com que devem ser proferidas, doravante, decisões, administrativas, de controladoria e judiciais.

Tal legislação objetiva dispor sobre a segurança jurídica e eficiência na criação e na aplicação do direito público. Eis os fundamentos expostos por um dos autores do projeto de lei: "A proposta teve origem em pesquisa acadêmica da Sociedade Brasileira de Direito Público – SBDP e do Grupo Público da FGV Direito SP. Seu objeto de análise eram as concepções legislativas fundamentais adotadas no Brasil nos últimos 80 anos a respeito de três problemas básicos: a construção do interesse público, o tratamento da autoridade pública e os papéis dos Poderes do estado e dos órgãos constitucionais autônomos (ver Carlos Ari Sundfeld, Direito Administrativo para Céticos, 2ª. ed., em especial caps. 9, 11 e 12, ed. Malheiros-sbdp, 2014). A pesquisa identificou uma crise, causada por opções legislativas conscientes, das ideias históricas sobre a divisão de tarefas dentro do estado na construção do interesse público. A conclusão foi que, para superar a crise, seria preciso aceitar duas tendências. Por um lado, a de juízes e controladores compartilharem em alguma medida com a Administração Pública a construção em concreto do interesse público. Por outro, a de a administração compartilhar uma parte da produção normativa com os legisladores. Mas o problema, apontou a pesquisa, é que as leis sobre a atuação dos diversos órgãos, muito pontuais e fragmentadas, não foram capazes de inventar o 'direito mais que administrativo' (capaz de lidar com a construção do interesse público para além do âmbito da administração), necessário para evitar a ineficiência e o arbítrio no exercício dessas competências compartilhadas. Além disso, a gestão pública no Brasil ficara fragilizada e até acuada, muitas vezes por conta de avaliações apressadas e superficiais. Daí a constatação de que só uma solução legislativa articulada poderá abrir caminho para o equilíbrio no compartilhamento de funções jurídicas criadoras pelos vários Poderes e órgãos constitucionais autônomos [...] A pesquisa apontou que o tipo de normas que se estava concebendo tinha identidade funcional com o conteúdo da velha Lei de Introdução ao

Código Civil – LICC, de 1942, pois, à semelhança desta, a função das novas normas seria regular as bases da criação e aplicação do Direito, mas agora segundo as necessidades surgidas das mudanças desses mais de 70 anos desde a LICC, em especial no campo público. Estava, então, descoberta a fórmula: era preciso publicizar ainda mais a Lei de Introdução, e com isso modernizá-la" (SUNDFELD, 2018).

Refere-se tal legislação, parece adequado afirmar, em uma tentativa de aplicação prática a uma teoria da decisão em relação ao direito público; um disciplinamento do modo de ser de decisões administrativas, de controle e judiciais, que deve ser seguido por quem as edita, de maneira que sobreleva a importância de expor a temática que envolve as decisões no âmbito do direito público, seus efeitos, (in)constitucionalidades e aplicações em todos as esferas de decisão, como mesmo disposto no art. 20 da LINDB: esferas administrativa, controladora e judicial.

Trata-se, a rigor, de uma temática multidisciplinar, que envolve o direito público, constitucional e administrativo, como o direito processual, em âmbito judicial e administrativo, destacando-se a novel disposição sobre a esfera controladora, atinente aos processos e decisões dos Tribunais de Contas. Reflexo, igualmente destacado, a lei traz sobre as controversas questões da judicialização da política (controle judicial de políticas públicas) e do ativismo judicial, como ainda do processo para solução de conflitos de interesse público (COSTA, GRINOVER, WATANABE, 2017).

Quando a Lei 13.655/2018 incluiu na LINDB que "não se decidirá com base em valores jurídicos abstratos sem que sejam consideradas as consequências práticas da decisão" (art. 20)[49], que "a decisão que, nas esferas administrativa, controladora ou judicial, decretar a invalidação de ato, contrato, ajuste, processo ou norma administrativa deverá indicar de modo expresso suas consequências jurídicas

---

49. Fredie Didier Jr. e Rafael Alexandre Oliveira (2019) aduzem que desse art. 20 da LINDB se podem extrair duas normas, uma sendo postulado hermenêutico, outra, uma regra de densificação do dever de motivar decisões, concluindo, não sem antes criticarem a teoria adotada pela legislação e os seus paradoxos, que "o dispositivo não parecer ser inconstitucional e, bem aplicado, sobretudo a partir da sua combinação com outros postulados hermenêuticos, pode ser bom e interessante. Se realmente contribuir para a mudança de cultura no trato dos princípios normativos, já terá cumprido bem o seu propósito" (p. 159).

e administrativas" (art. 21)⁵⁰, que "a decisão administrativa, controladora ou judicial que estabelecer interpretação ou orientação nova sobre norma de conteúdo indeterminado, impondo novo dever ou

---

50. Sobre a Categoria "Consequencialismo" na LINDB colaciona-se esclarecimento doutrinário: "Numa primeira aproximação ao tema, pode-se dizer que as consequências jurídicas são estados futuros associados à interpretação ou à aplicação do Direito. O Judiciário invalida a desapropriação. Uma das consequências jurídicas imediatas é o dever jurídico de devolver a indenização ao expropriante. Servidor estável tem sua demissão invalidada administrativamente; consequência jurídica imediata é a reintegração ao cargo. Decisão judicial invalida norma de agência que proíbe a comercialização de medicamentos; consequência lógico-jurídica é a liberação do comércio. Também nessa primeira impressão, consequências jurídicas seriam estados futuros associados à atuação pública. Em muitos casos, a consequência administrativa é sua decorrência material. Com a invalidação da demissão do servidor estável surge o direito à reintegração; com o exercício do direito, consequência administrativa é o apostilamento do retorno ao cargo. No exemplo da liberação do medicamento, consequência administrativa é a sustação de operações da agência com o propósito de recolher o produto. As consequências a que a norma do art. 21 se refere são estados de fato e de Direito (i) admissíveis pela Constituição de 1988 e exequíveis. Consequências que impliquem a instrumentalização de direitos fundamentais não são admissíveis. A norma do art. 21 não é, apenas, dever expresso de fundamentação de decisão [...]. Há outra norma que dele se extrai: o julgador não poderá invalidar o ato, negócio ou norma administrativa quando, disso, decorrerem estados jurídicos ou administrativos inconstitucionais e/ou inexequíveis. Figure-se exemplo. A invalidação de decreto sobre administração prisional implicará a desativação do presídio estadual e a liberação de mil pessoas. A consequência administrativa é inexequível e funciona como trava à invalidação pura e simples. As consequências jurídicas e administrativas a serem indicadas devem ser, ainda, (ii) certas e prováveis, e não apenas plausíveis. Embora algum intuicionismo esteja envolvido em categorias quetais, a diferença entre aquelas e essa está na certeza da ocorrência. É certo que, a partir de medida de decretação de indisponibilidade de bens de sociedade empresária de capital aberto, haverá desvalorização de suas ações. É provável que, da interdição sanitária de pequeno bar por longo período, resulte a quebra da empresa – o que proibiria, por exemplo, interdições por períodos extensos. É plausível cogitar que seus ex-proprietários, portugueses idosos afundados em dívidas, busquem retornar a Portugal – mas não é certo nem provável. Consequências jurídicas administrativas são estados (iii) imediatos e imediatamente futuros, mas não os remotos no tempo. Esta característica se liga à discussão sobre causalidade. [...] Consequência jurídica ou administrativa é estado de fato em relação aos quais se possa indicar (iv) alguma base, lógica ou empírica, de evidenciação. Consequência não é palpite. É decorrência - lógica, jurídica, ou fática - da decisão. Caso se trate de decorrência fática, deve ser possível indicar-lhe alguma evidência empírica. Evidência empírica pode ser, por exemplo, relatórios produzidos por fontes imparciais; notas técnicas; manuais de boas práticas; pesquisas científicas. Sintetizando as reflexões até aqui apresentadas, pode-se dizer que consequências jurídicas são estados imediatos e imediatamente futuros associados à interpretação ou à aplicação do Direito e que, certos ou prováveis, sejam exequíveis e admissíveis pela Constituição de 1988. Consequências administrativas são estados imediatos e imediatamente futuros, associados à atuação pública e que, certos ou prováveis, sejam igualmente exequíveis e admissíveis por nossa Constituição". (MENDONÇA, 2018, p. 48-50).

novo condicionamento de direito, deverá prever regime de transição quando indispensável para que o novo dever ou condicionamento de direito seja cumprido de modo proporcional, equânime e eficiente e sem prejuízo aos interesses gerais" (art. 23), encampou-se, em alguns aspectos, o direito responsivo.

De fato, calha a transcrição: "Para que os fins adquiram tanto autoridade crítica quanto afirmativa, o direito deve ser capaz de detalhar, ao mesmo tempo que generaliza, as missões das instituições jurídicas. Por esse motivo, uma fase crucial do direito responsivo é a definição da missão, isto é, a tradução da finalidade geral em objetivos específicos. Em certa medida, a atenção com a finalidade facilita a elaboração de missões legais, porque exige a investigação das consequências concretas e dos fatos que possam eventualmente desobrigar instituições de suas responsabilidades. Em outras palavras, o direito responsivo é orientado para resultados, e se diferencia nitidamente da imagem clássica da justiça cega a consequências. Não se deve concluir, porém, que um direito consequencialista seja menos comprometido com a aplicação imparcial do direito a cada caso individual. O que importa são fatos legislativos, não os adjudicativos; padrões existentes nos fatos e consequências sistemáticas de políticas alternativas, não resultados particulares (NONET; SELZNICK, 2010, p. 134).

Traz, a recente alteração legislativa, um contrabalanço "a tendência dos magistrados a se esconderem atrás das regras e a se esquivarem de sua responsabilidade" (NONET, SELZNICK, 2010, p. 133), afinal, toda decisão que interfira não apenas no caso particularizado, mas irradia sobre outras situações fáticas e jurídicas, deve ter presente, como todo ato de poder, os resultados que possam advir.

Assim, de igual forma, "o administrador público precisa ter em mente quais serão os reflexos de sua responsável atuação para que sua atividade efetivamente alcance a realização do desenvolvimento esperado" (FRANÇA, 2014, p. 93).

Nesse contexto de decisão, é importante o estabelecimento normativo de que se analise todos os aspectos e consequências do ato estatal, sem deixar, contudo, é igualmente importante deixar muito bem claro, que não se pode negligenciar ou escamotear, em nome de consequências, a aplicação e defesa dos direitos fundamentais.

O que parece correto dizer é que toda decisão – administrativa, judicial e de controle –, como ato estatal dotado de poder e, por consectário, de responsabilidades, deve refletir sobre os efeitos que a sua implementação pode causar, para o fim, talvez, de calibrar o conteúdo decisório, fazendo, por exemplo, o que enuncia o parágrafo único do art. 21 da LINDB, no sentido de "indicar as condições para que a regularização ocorra de modo proporcional e equânime e sem prejuízo aos interesses gerais, não se podendo impor aos sujeitos atingidos ônus ou perdas que, em função das peculiaridades do caso, sejam anormais ou excessivos".

A possível aplicação de precedentes vinculantes no âmbito da Administração Pública não poder prescindir de cumprir esse novo preceptivo legal.

O que demonstra a alteração da LINDB é que o ato decisório não seja dirigido apenas com um olhar estanque, para sua esfera de atuação. Em outras palavras, se sou Administrador pretendo, em tese, implementar políticas públicas eficientes; se sou membro do Ministério Público exijo a prestação do serviço público contido na política pública ou na Constituição Federal; se sou Juiz determino a implantação de tal política; se sou Advogado Público defendo o modo de sua aplicação; se sou controlador do Tribunal de Contas, fiscalizo e autuo irregularidades.

Mas, é necessário perceber, todos, em tese, atuam viciados pelas suas respectivas áreas de atuação e competências institucionais. A abertura argumentativa proposta pela Lei 13.655/2018 objetiva que não se fique com um olhar fixo em um só horizonte, mas se contextualize a situação jurídica por diversas variáveis, efeitos e consequências.

É isso que o "sol" realiza, irradiando luzes em todos os seus horizontes. É isso que se intenta construir nesse estudo.

Impele-se que se tenha uma análise não monoinstitucional, e sim, se possível, pluri-institucional (diálogos institucionais). Cada instituição é dotada de suas expertises e capacidades, que são desperdiçadas quando se atua monoinstitucionalmente, daí ser relevante, por exemplo, o art. 29 da LINDB ao preceituar que "em qualquer órgão ou Poder, a edição de atos normativos por autoridade administrativa, salvo os de mera organização interna, poderá ser precedida de consulta pública para manifestação de interessados, preferencialmente por meio eletrônico, a qual será considerada na decisão".

Assim também é a razão que o Código de Processo Civil de 2015 anuncia o saneamento compartilhado, destacando que "se a causa apresentar complexidade em matéria de fato ou de direito, deverá o juiz designar audiência para que o saneamento seja feito em cooperação com as partes, oportunidade em que o juiz, se for caso, convidará as partes a integrar ou esclarecer suas alegações" (art. 357, § 3º). Esse dispositivo pode ser muito útil para subsidiar o juiz em sua decisão, nos denominados processos para solução de conflitos de interesse público, como a ação civil pública e a ação popular, em que se pode mostrar oportuno, por exemplo, o comparecimento do gestor ou de integrantes da área técnica objeto do litígio, para contextualizar, em suas visões, os objetivos, restrições, consequências e resultados.

Muito embora as melhorias, na segurança jurídica e eficiência na criação e aplicação do direito público, que se entende que possam ocorrer, é certo que a recente lei não está imune à corretas críticas, a exemplo do que expõe Fábio Martins de Andrade (2018, p. 22), no sentido de que teria faltado um debate mais aberto e permanente com diversas Instituições, como o Tribunal de Contas da União, a Procuradoria Geral da República e associações representativas da magistratura, afirmando que a " ambiguidade é marca característica dessa lei. Assim, o mesmo argumento, quando invoca conceitos jurídicos indeterminados, noções abertas e/ou valores jurídicos indeterminados, ao final, pode ser usado tanto para aplicá-lo como também para rechaçá-lo".

Expostas, panoramicamente, as disposições da LINDB com os artigos inseridos pela Lei n. 13.655/2018, passa-se a descrever, *especificamente*, sobre um dispositivo que se relaciona diretamente com a pesquisa ora empreendida, a aplicação de precedentes judiciais na Administração Pública.

2.5.1 Deveres das autoridades públicas na expedição de súmulas administrativas e regulamentos. Caráter vinculante.

Dispõe o art. 30 da LINDB, incluído pela Lei Federal n. 13.655/2018:

Capítulo 2 • INFLUÊNCIA DA JURISDIÇÃO NA ADMINISTRAÇÃO PÚBLICA

As autoridades públicas devem atuar para aumentar a segurança jurídica na aplicação das normas, inclusive por meio de regulamentos, súmulas administrativas e respostas a consultas.

Parágrafo único. Os instrumentos previstos no caput deste artigo terão caráter vinculante em relação ao órgão ou entidade a que se destinam, até ulterior revisão.

A particularidade retratada é concernente a aplicação de regulamentos e súmulas administrativas, com caráter vinculante, em razão de precedentes judiciais.

Isso porque, nos termos dispostos no art. 30 da LINDB, há um dever, portanto, ato cogente, das autoridades públicas, com o desiderato de aumentar a segurança jurídica na aplicação das normas, de editar regulamentos e súmulas administrativas. Tal agir, de acordo com o texto legal em comento, tem caráter vinculante. Nesse sentido, também de aplicação de precedentes administrativos na própria Administração Pública, Lorena Miranda Santos Barreiros (2016, p. 330) ressalta, em uma perspectiva de consensualidade, que é "possível defender, inclusive, que o precedente da Administração tenha caráter vinculante para esta, buscando resguardar não apenas o princípio da igualdade, mas, também, princípios outros, como os da segurança jurídica e da boa-fé, bem como servindo de vedação à atuação estatal arbitrária".

Parece adequado afirmar, nesse cenário, que o art. 30 da LINDB, de certa forma, encampa o posicionamento de precedentes judiciais indiretamente vinculantes à Administração Pública, melhor contextualizado nos itens 3.2.2 e 3.2.3.3, disciplinando, de maneira inicial, mas não integral, o que se denomina de "lei autorizativa" (ponte de transição) de aplicação de precedentes, porquanto impõe (o verbo utilizado é "devem") uma atuação das autoridades públicas no sentido de dar aplicabilidade às normas, no cenário ora desenhado, precedentes judiciais vinculantes a serem respeitados administrativamente.

Assim, se considerado precedente judicial vinculante norma jurídica (ao menos na esfera da jurisdição), pode-se inferir, por consectário lógico, que o comentado art. 30 da LINDB, ao determinar que a autoridade pública deve aumentar a segurança jurídica na aplicação de tais normas jurídicas, que essas podem ser os próprios precedentes vinculantes. E, para aplicação administrativa, no caso de precedentes indiretamente vinculantes, necessária a edição de atos para sua encampação, particularmente, regulamentos e súmulas administrativas.

Poderia se conjecturar que esse preceptivo legal tem por destinatário apenas a União, ente federativo que editou a lei 13.655/2018. Nada obstante, por se tratar de uma lei estruturante de todo o sistema jurídico brasileiro, se está diante de uma lei nacional, de impositiva aplicação em todas unidades federativas, de modo que se faz, doravante, imperativo que as administrações públicas se voltem, com mais atenção, aos precedentes judiciais vinculantes editados pelo Poder Judiciário, para o fim de dar cumprimento ao que dispõe o art. 30 da LINDB e, assim, "aumentar a segurança jurídica na aplicação das normas".

2.6 ALCANCE PAMPROCESSUAL DO JULGAMENTO DE CASOS REPETITIVOS

O Código de Processo Civil de 2015 regulamentou os institutos processuais do incidente de resolução das demandas repetitivas e dos recursos especial e extraordinário repetitivos, enquadrando-os dentro da categoria de casos repetitivos, a teor do art. 928[51].

Inseridos como tal, regem e geram efeitos por uma disciplina própria e delimitada na nova legislação processual civil. Essa disciplina, por sua vez, está inserida na regulamentação do direito jurisprudencial e sua normatividade, em que se pretende dar mais efetividade e eficiência ao sistema jurisdicional brasileiro.

Além de impor o seguimento pelos órgãos jurisdicionais do quanto decidido no julgamento dos casos repetitivos, em consonância com um ideal precedentalista de uniformização e universalização do entendimento jurídico sobre dada questão de direito, material ou processual[52], as decisões dos casos repetitivos pretendem impor um alcance pamprocessual aos seus julgamentos, externo à jurisdição.

---

51. No particular, foi aprovado o enunciado n. 345, do Fórum Permanente de Processualistas Civis, nos seguintes termos: "O incidente de resolução de demandas repetitivas e o julgamento dos recursos extraordinários e especiais repetitivos formam um microssistema de solução de casos repetitivos, cujas normas de regência se complementam reciprocamente e devem ser interpretadas conjuntamente".
52. O parágrafo único do art. 928 assim dispõe: "O julgamento de casos repetitivos tem por objeto questão de direito material ou processual".

Dessarte, a eficácia de uma decisão judicial, em geral, se restringe ao seu conteúdo e são adstritos à relação processual então existente no processo. O art. 506 do CPC/2015 é claro ao dispor que a "sentença faz coisa julgada às partes entre as quais é dada, não prejudicando terceiros", estabelecendo, ademais, o art. 503, que a "decisão que julgar total ou parcialmente o mérito tem força de lei nos limites da questão principal expressamente decidida"[53]. Tem-se presente os limites subjetivos e objetivos da coisa julgada.

O efeito pamprocessual é aquele em que o conteúdo da decisão judicial se alarga para fora do processo, vale dizer, quando o que foi delimitado na decisão passa também a reger situações que não estavam e não foram objeto daquela primeira apreciação jurisdicional.

A aplicação da tese adotada em julgamento de casos repetitivos, como de demais precedentes vinculantes descritos no art. 927 do CPC/2015, decorrem deste efeito pamprocessual, em que nos processos diversos, presentes ou futuros, são utilizados os fundamentos assentados em outros processos paradigmáticos, para o fim de julgar o pedido.

Vislumbra-se tal efeito, igualmente, na sentença penal transitada em julgado em relação a uma demanda civil que discuta os fatos já analisados naquele processo. Nesse sentido, o art. 935 do Código Civil dispõe: "A responsabilidade civil é independente da criminal, não se podendo questionar mais sobre a existência do fato, ou sobre quem seja o seu autor, quando estas questões se acharem decididas no juízo criminal". O art. 65 do Código de Processo Penal estatui ainda: "Faz coisa julgada no cível a sentença penal que reconhecer ter sido o ato praticado em estado de necessidade, em legítima defesa, em estrito cumprimento de dever legal ou no exercício regular de direito". Por sua vez, o art. 91, I, do Código Penal arremata, descrevendo, dentre

---

53. Não cabe nesse trabalho, por transbordar os seus objetivos, adentrar na polêmica acerca da referida conceituação legal e das divergências doutrinárias a respeito do conceito e disciplina da coisa julgada (a respeito, TALAMINI, [2005]; HOFFMANN JR., 2019). O propósito, aqui, é mais singelo; a tentativa é demonstrar como uma decisão judicial, sendo um instituto processual, pode transcender a aplicação perante as partes e alcançar, em um efeito pamprocessual, terceiros, impondo uma normatividade abstrata de direito material pela jurisdição, sem respaldo nas regras de competências constitucionais.

os efeitos da condenação, a de "tornar certa a obrigação de indenizar o dano causado pelo crime".

Pamprocessualismo, de igual modo, se vê no efeito *erga omnes* e *ultra partes* das decisões definitivas de ações coletivas. Nos termos do art. 103, I e III, do Código de Defesa do Consumidor, há coisa julgada *erga omnes* no caso de julgamento procedente de pedido afeto a direitos difusos e na decisão de procedência quando em tutela estão direitos individuais homogêneos; a coisa julgada *ultra partes*, descrito no art. 103, II, do CDC, se refere aos direitos coletivos, se procedente o pedido.

Nesse particular, os beneficiários das decisões de demandas coletivas, mesmo que não participantes da relação processual, serão alcançados pela procedência do pedido da ação originária, ou melhor, "o que se verifica na disciplina normativa é que nas hipóteses de procedência das demandas coletivas ter-se-á a produção de efeitos que extrapolam os lindes subjetivos da demanda" (LEONEL, 2002, p 183).

A declaração de (in)constitucionalidade e as súmulas vinculantes também são dotadas desse efeito pamprocessual, aplicando-se, destarte, fora do campo jurisdicional por imposição constitucional.

Os dispositivos do art. 985, § 2º e 1.040, IV, do Código de Processo Civil, receberam este efeito pamprocessual, contudo, mais potencializado e por legislação infraconstitucional processual, ao ser preceituado que a tese adotada no julgamento do IRDR e RESP e RE repetitivos deverá ser utilizada para fiscalização por órgão, ente ou agência reguladora, para que os serviços concedidos, permitidos ou autorizados, doravante, passem a dar aplicação ao entendimento jurisprudencial.

O referido pamprocessualismo daqueles julgamentos, portanto, não se refletem apenas dentro da jurisdição, mas visa a delimitar a atuação das atividades administrativas de órgão, ente ou agência reguladora, além de impor aplicação da tese adotada por pessoas jurídicas de direito privado, que não participaram da relação processual e das discussões então travadas.

2.6.1 Concessão, Permissão e Autorização de Serviço Público

Os entes federativos, como já destacado, tem como função a realização de atividades para a organização e bem-estar sociais.

Para desincumbência desse desiderato podem se valer de pessoas jurídicas de direito privado, utilizando-se, para tanto, de instrumentos legais-administrativos da concessão, da permissão e da autorização de serviços públicos. O art. 175, da Constituição Federal, assim dispõe: "Incumbe ao Poder Público, na forma da lei, diretamente ou sob regime de concessão ou permissão, sempre através de licitação, a prestação de serviços públicos".

Contudo, preliminarmente, como sustentado em outra oportunidade (OLIVEIRA, 2018c), o que é serviço público?

Serviço público é "atividade administrativa ou de prestação direta ou indireta de bens ou serviços à população, exercida por órgão ou entidade da Administração Pública".

Esse, pelo menos, é o conceito legal estabelecido na Lei Federal n. 13.460, de 26 de junho de 2017, que dispõe sobre participação, proteção e defesa dos direitos do usuário dos serviços públicos da Administração Pública.

Na Constituição Federal são encontradas 6 referências ao termo "serviço público" e 26 ao termo no plural, muitas relacionadas a prestação de trabalho na Administração Pública, ou seja, serviço público como o *locus* em que a atividade dos servidores públicos são exercidas.

O termo contém diversos significados, como bem expõe Diógenes Gasparini (1995, p. 208): "A locução serviço público é formada por dois vocábulos. Um é o substantivo serviço, outro é o adjetivo público. Ambos demandam algum aclaramento. O primeiro, de significado unívoco, indica prestação, realização ou atividade. O segundo, de sentido equívoco, tanto pode expressar o autor da prestação, realização ou atividade (Estado), como seu beneficiário (usuário, administrado, povo, público)".

Destaca Eros Roberto Grau (2015, p. 126) que "serviço público não é um conceito, mas uma noção, plena de historicidade"[54].

Relevante, para o estudo do serviço público, tendo como mira de Eros Roberto Grau a ordem econômica na Constituição de 1988, é a divisão e conceituação que emprega sobre atividade econômica

---

54. Extrai-se de sua obra (2015, p. 131-132): "Serviço público, diremos, é atividade indispensável à consecução da coesão social. Mais: o que determina a caracterização de determinada parcela da atividade econômica em sentido amplo como serviço público é a sua vinculação ao interesse social. Daí por que diremos que, ao exercer atividade econômica em sentido amplo em função de imperativo da segurança nacional ou para atender a relevante interesse coletivo, o Estado desenvolve atividade econômica em sentido estrito; de outra banda, ao exercê-la para prestar acatamento ao interesse social, o Estado desenvolve serviço público. Detida atenção dedicada a essa circunstância permitirá ao estudioso do Direito Brasileiro observar que são distintos entre si o interesse coletivo e o interesse social, ainda que ambos se componham na categoria interesse público. [...] Esta a noção de serviço público, há de ser construída sobre as ideais de coesão e de interdependência social. Dela nos aproximando, inicialmente diremos que assume o caráter de serviço público qualquer atividade cuja consecução se torne indispensável à realização de ao desenvolvimento da coesão e da interdependência social (Duguit) - ou, em outros termos, qualquer atividade que consubstancie serviço existencial relativamente à sociedade (Cirne Lima). Por isso, porque assume o caráter de serviço público, deve ser prestada à sociedade pelo Estado (ou por outra pessoa administrativa, direta ou indiretamente). Pois bem: a identificação dos casos nos quais a realização e o desenvolvimento da coesão e da interdependência social reclamam a prestação de determinada atividade pelo Estado (= casos nos quais essa atividade assume caráter existencial em relação à sociedade) é conformada pela Constituição. Esta, como observei linhas acima, além de permitir a identificação de novas áreas de serviço público, indica decisivamente a intensidade a ser adotada na prestação das atividades que o caracterizam. Note-se bem que essa função, de conformação da própria noção de serviço público, é cumprida pela Constituição como um todo. Desejo dizer, com isso, que o seu intérprete não se deve deter exclusivamente na análise das diretrizes, programas e fins que ela enuncia, a serem realizados pelo Estado e pela sociedade; mas, ao contrário, interpretá-la no seu todo. Repito, também aqui, afirmação que reiteradamente venho fazendo: não se interpreta a Constituição em tiras, aos pedaços. Ademais, cumpre considerar, também, que a Constituição é um dinamismo. É do presente, da vida real - como observei anteriormente -, que se tomam as forças que a ela, bem assim ao Direito, conferem vida. Por isso mesmo os movimentos de redução e ampliação das parcelas da atividade econômica em sentido amplo que consubstanciam serviço público refletem a atuação das forças sociais em um determinado momento, evidentemente também conformados pela Constituição. Serviço público, assim, na noção que dele podemos enunciar, é a atividade explícita ou supostamente definida pela Constituição como indispensável, em determinado momento histórico, à realização e ao desenvolvimento da coesão e da interdependência social (Duguit) - ou, em outros termos, atividade explícita ou supostamente definida pela Constituição como serviço existencial relativamente à sociedade em um determinado momento histórico (Cirne Lima). Não há qualquer demasia em relembrarmos, aqui, que a interpretação da Constituição, indispensável ao desvelamento do quanto por ela definido a esse respeito, explícita ou supostamente, envolve também a interpretação dos fatos, tal como se manifestam em um determinado momento".

em sentido amplo, atividade econômica em sentido estrito e serviço público, sendo a primeira o gênero, do qual são espécies as duas últimas. Em sentido amplo existe atuação estatal; em sentido estrito, há intervenção estatal na atividade econômica; serviço público, por sua vez, pode ser realizado de modo privativo ou não privativo, sendo esse exercido independentemente de concessão ou autorização estatal.

Tais classificações auxiliam nas seguintes questões: quando é dever do Estado prestar serviço público? Para Grau, a prestação de serviço público pelo Estado é impositiva quando se está diante de interesse social, que é definido pela Constituição e relativo à existência e desenvolvimento da sociedade. E, quando se autoriza o Estado a explorar diretamente a atividade econômica? No entendimento do autor, com fundamento no art. 173 da Constituição, por imperativo da segurança nacional e relevante interesse coletivo.

Digno de nota, igualmente, é a conceituação empregada por Celso Antonio Bandeira de Mello (2010, p. 620): "Serviço público é toda atividade de oferecimento de utilidade ou comodidade material destinada à satisfação da coletividade em geral, mas fruível singularmente pelos administrados, que o Estado assume como pertinente a seus deveres e presta por si mesmo ou por quem lhe faça as vezes, sob um regime de Direito Público – portanto, consagrador de prerrogativas de supremacia e de restrições especiais -, instituído em favor dos interesses definidos como públicos no sistema normativo.

Importa ainda destacar que serviço público é umbilicalmente ligado às políticas públicas, vale dizer, a eficiente delimitação, planejamento e concretização de políticas públicas, nas mais diversas áreas (saúde, educação, segurança pública, saneamento básico, transporte, jurisdição, etc.) possibilita a maximização e eficientização de um serviço que impõe se deva ser prestado à sociedade (caráter social do serviço público).

Em tempos de "comemoração" dos 70 anos da Declaração dos Direitos Humanos de 1948, imperativo reavivar os seus fundamentos, dentre os quais é oportuno mencionar, particularmente sobre a prestação de serviços públicos, a redação dos seguintes enunciados[55]:

---

55. Disponível em: https://www.unicef.org/brazil/pt/resources_10133.html. Acesso em 13 jul. 2019.

Artigo 8

Todo ser humano tem direito a receber dos tribunais nacionais competentes remédio efetivo para os atos que violem os direitos fundamentais que lhe sejam reconhecidos pela constituição ou pela lei.

Artigo 10

Todo ser humano tem direito, em plena igualdade, a uma justa e pública audiência por parte de um tribunal independente e imparcial, para decidir seus direitos e deveres ou fundamento de qualquer acusação criminal contra ele.

Artigo 21

2. Todo ser humano tem igual direito de acesso ao serviço público do seu país.

Artigo 22

Todo ser humano, como membro da sociedade, tem direito à segurança social, à realização pelo esforço nacional, pela cooperação internacional e de acordo com a organização e recursos de cada Estado, dos direitos econômicos, sociais e culturais indispensáveis à sua dignidade e ao livre desenvolvimento da sua personalidade.

Artigo 25

1. Todo ser humano tem direito a um padrão de vida capaz de assegurar a si e à sua família saúde, bem-estar, inclusive alimentação, vestuário, habitação, cuidados médicos e os serviços sociais indispensáveis e direito à segurança em caso de desemprego, doença invalidez, viuvez, velhice ou outros casos de perda dos meios de subsistência em circunstâncias fora de seu controle.

Artigo 26

1. Todo ser humano tem direito à instrução. A instrução será gratuita, pelo menos nos graus elementares e fundamentais. A instrução elementar será obrigatória. A instrução técnico-profissional será acessível a todos, bem como a instrução superior, esta baseada no mérito.

2. A instrução será orientada no sentido do pleno desenvolvimento da personalidade humana e do fortalecimento do respeito pelos direitos do ser humano e pelas liberdades fundamentais.

A instrução promoverá a compreensão, a tolerância e a amizade entre todas as nações e grupos raciais ou religiosos e coadjuvará as atividades das Nações Unidas em prol da manutenção da paz.

A escorreita conceituação de serviço público, além de, principalmente demonstrar as áreas em que a Administração Pública tem o dever de o prestar, tem reflexos em outras áreas, como, por exemplo e a título ilustrativo, no direito tributário, no sentido de diferenciar mercadoria de serviço público, para o fim de configurar o fato gerador do tributo.

Em diversas oportunidades o Supremo Tribunal Federal se pronunciou sobre tal situação, podendo se destacar as ADI's 567 e 2224 e o Tema 326 de Repercussão Geral, definido no julgamento do RE 607.056[56], em que se debateu sobre ser o uso da água encanada fato gerador do ICMS. A tese do Tema 326 foi assim redigida: "O ICMS não incide sobre o fornecimento de água tratada por concessionária de serviço público, dado que esse serviço não caracteriza uma operação de circulação de mercadoria".

A Lei Federal n. 13.460/2017, constata-se, passou longe de expor um conceito que poderia albergar as variáveis existentes sobre serviços públicos, se é que isso é possível e recomendável para um texto legal.Contextualizado, de modo singelo, conceitos e características de serviço público, passa-se a expor as formas com que as pessoas privadas o podem exercer.

Concessão de serviço público "é o instituto através do qual o Estado atribui o exercício de um serviço público a alguém que aceita prestá-lo em nome próprio, por sua conta e risco, nas condições fixadas e alteráveis unilateralmente pelo Poder Público, mas sob garantia contratual de um equilíbrio econômico-financeiro, remunerando-se pela própria exploração do serviço, em geral e basicamente mediante tarifas cobradas diretamente dos usuários do serviço" (BANDEIRA DE MELLO, 2010, p. 652, grifos no original).

Permissão de serviço público define-se como "ato unilateral e precário, *intuitu personae*, através do qual o Poder Público transfere a

---

56. Relator(a): Min. Dias Toffoli, Tribunal Pleno, julgado em 10/04/2013, Acórdão Eletrônico Repercussão Geral - Mérito DJe-091 DIVULG 15-05-2013 PUBLIC 16-05-2013.

alguém o desempenho de um serviço de sua alçada, proporcionando, à moda do que faz na concessão, a possibilidade de cobrança de tarifas dos usuários" (BANDEIRA DE MELLO, 2010, p. 701).

Mencionadas formas de prestação de serviços públicos também têm conceituação legal, disposta na Lei n. 8.987, de 13 de fevereiro de 1995[57], inserindo-se, outrossim, as parcerias público-privadas, estatuídas na Lei n. 11.079, de 30 de dezembro de 2004[58].

Há, portanto, toda uma regulamentação, seja para as pessoas estatais, seja às pessoas privadas, que pretendem participar da prestação de serviços públicos, auferindo, logicamente, os lucros e dividendos do desempenho de seus misteres[59].

57. "Art. 2o Para os fins do disposto nesta Lei, considera-se: I - poder concedente: a União, o Estado, o Distrito Federal ou o Município, em cuja competência se encontre o serviço público, precedido ou não da execução de obra pública, objeto de concessão ou permissão; II - concessão de serviço público: a delegação de sua prestação, feita pelo poder concedente, mediante licitação, na modalidade de concorrência, à pessoa jurídica ou consórcio de empresas que demonstre capacidade para seu desempenho, por sua conta e risco e por prazo determinado; III - concessão de serviço público precedida da execução de obra pública: a construção, total ou parcial, conservação, reforma, ampliação ou melhoramento de quaisquer obras de interesse público, delegada pelo poder concedente, mediante licitação, na modalidade de concorrência, à pessoa jurídica ou consórcio de empresas que demonstre capacidade para a sua realização, por sua conta e risco, de forma que o investimento da concessionária seja remunerado e amortizado mediante a exploração do serviço ou da obra por prazo determinado; IV - permissão de serviço público: a delegação, a título precário, mediante licitação, da prestação de serviços públicos, feita pelo poder concedente à pessoa física ou jurídica que demonstre capacidade para seu desempenho, por sua conta e risco".

58. "Art. 2º Parceria público-privada é o contrato administrativo de concessão, na modalidade patrocinada ou administrativa. § 1o Concessão patrocinada é a concessão de serviços públicos ou de obras públicas de que trata a Lei nº 8.987, de 13 de fevereiro de 1995, quando envolver, adicionalmente à tarifa cobrada dos usuários contraprestação pecuniária do parceiro público ao parceiro privado. § 2o Concessão administrativa é o contrato de prestação de serviços de que a Administração Pública seja a usuária direta ou indireta, ainda que envolva execução de obra ou fornecimento e instalação de bens. § 3o Não constitui parceria público-privada a concessão comum, assim entendida a concessão de serviços públicos ou de obras públicas de que trata a Lei no 8.987, de 13 de fevereiro de 1995, quando não envolver contraprestação pecuniária do parceiro público ao parceiro privado. § 4o É vedada a celebração de contrato de parceria público-privada: I – cujo valor do contrato seja inferior a R$ 20.000.000,00 (vinte milhões de reais); II – cujo período de prestação do serviço seja inferior a 5 (cinco) anos; ou III – que tenha como objeto único o fornecimento de mão--de-obra, o fornecimento e instalação de equipamentos ou a execução de obra pública.

59. Celso Antônio Bandeira de Mello (2010, pp. 662-663), a propósito, salienta: "Para o concessionário, a prestação do serviço é um meio através do qual obtém o fim que almeja: o lucro. Reversamente, para o Estado, o lucro que propicia ao concessionário é meio por cuja via busca sua finalidade, que é a boa prestação do serviço".

Autorização de serviço público, a seu turno, é "o ato administrativo discricionário mediante o qual a Administração Pública outorga a alguém, que para isso se interesse, o direito de realizar certa atividade material que sem ela lhe seria vedada" (GASPARINI, 1995, p. 80).

O contrato administrativo, como instrumento para a concretização da concessão, permissão e autorização de serviços públicos, difere em cada uma dessas categorias negociais. Na concessão, pode haver ajuste bilateral para manutenção do equilíbrio econômico-financeiro do contrato; na permissão e autorização, pode haver precariedade e revogabilidade unilateral do contrato pelo poder concedente, de acordo com o art. 40, da Lei n. 8.987, de 13 de fevereiro de 1995.

2.6.2 Nova Lei das Agências Reguladoras (Lei Federal n. 13.848/2019)

Considerando que o Código de Processo Civil de 2015 almeja impor, nas decisões de casos repetitivos, um fazer para Agências Reguladoras, é oportuno destacar, no tema ora em apreciação de concessão e permissão de serviço público e eventuais imbricamentos das atividades administrativas com as jurisdicionais, a recente Lei Federal n. 13.848, de 25 de junho de 2019, que dispõe sobre a gestão, a organização, o processo decisório e o controle social das agências reguladoras, tendo essas, como descrito no art. 2º, natureza especial "caracterizada pela ausência de tutela ou de subordinação hierárquica, pela autonomia funcional, decisória, administrativa e financeira e pela investidura a termo de seus dirigentes e estabilidade durante os mandatos".

Particularmente sobre o processo decisório das agências reguladoras, cita-se as disposições do art. 6º, que aduz que a "adoção e as propostas de alteração de atos normativos de interesse geral dos agentes econômicos, consumidores ou usuários dos serviços prestados serão, nos termos de regulamento, precedidas da realização de Análise de Impacto Regulatório (AIR), que conterá informações e dados sobre os possíveis efeitos do ato normativo".

Os §§ 1º a 5º desse art. 6º disciplinam formas e procedimentos que devem ser atendidos para a realização da Análise de Impacto Regulatório (AIR), de modo que emerge claro que quaisquer decisões de Agências Reguladoras pressupõem uma análise generalizante sobre os interesses gerais de todos os envolvidos (agentes econômicos, consumidores e usuários) e os reflexos (efeitos) que possa causar eventual alteração do entendimento normativo.

Daí que se mostra necessária atenção sobre a (im)possibilidade e (in)constitucionalidade de se impor, pela jurisdição, o entendimento de julgamento de casos repetitivos para as Agências Reguladoras sem que essas utilizem, previamente, o impositivo instrumento legal do AIR.

O art. 7º da Lei 13.848/2019, ademais, impõe que "a decisão da agência reguladora referente a regulação terá caráter colegiado" e, o art. 9º determina que deverão ser objeto de consulta pública, "previamente à tomada de decisão pelo conselho diretor ou pela diretoria colegiada, as minutas e as propostas de alteração de atos normativos de interesse geral dos agentes econômicos, consumidores ou usuários dos serviços prestados". O art. 10 enuncia possibilidade de realização de "audiência pública para formação de juízo e tomada de decisão sobre matéria considerada relevante".

Os arts. 985, § 2º e 1.040, IV, do Código de Processo Civil, por sua vez, referem sobre uma comunicação "à agência reguladora competente para fiscalização da efetiva aplicação" da tese adotada.

Indaga-se, a jurisdição teria competência (administrativa) para impor tal conduta em dissonância com a legislação especial que disciplina a atuação das Agências Reguladoras?

É o que se passa a responder negativamente.

2.6.3 Inconstitucionalidade dos arts. 985, § 2º e 1.040, IV, do Código de Processo Civil

Considerando a exposição da questão até este momento, cumpre demonstrar a razão que se entende que os arts. 985, § 2º e 1.040, IV, do CPC/2015 são inconstitucionais[60].

Muito embora alguns autores cheguem mesmo a afirmar que a vinculação dos precedentes decorre do regime jurídico das cortes

---

60. Esse entendimento também é defendido na Ação Direta de Inconstitucionalidade n. 5492, cujo Relator é o Ministro Dias Toffoli, proposta pelo Estado do Rio de Janeiro em abril de 2016.

supremas (MARINONI, 2013; MITIDIERO, 2014; CAMBI, ARANÃO, 2018), "fato é que, de ordinário, o direito pretoriano tem seu precípuo campo, de aplicação ao interno dos processos judiciais" (MANCUSO, 2014, p. 251).

Nessa medida, conquanto seja necessária, de fato, na jurisdição, a adoção de precedentes vinculantes, tal normatividade vinculante[61] não se aplica, automática e diretamente, aos demais poderes estatais, nem tampouco delimita, coercitivamente, condutas abstratas para as pessoas, sejam físicas ou jurídicas, sejam públicas ou privadas.

Em raros textos que trataram especificadamente sobre o IRDR e os serviços concedidos, permitidos e autorizados, André Guskow Cardoso (2016, p. 69) assevera que "extrai-se do sistema do novo CPC que a decisão do IRDR não pode ser tomada como vinculante para as entidades e agências reguladoras", nem tampouco "há verdadeiro caráter vinculante da decisão proferida no IRDR a esses sujeitos regulados". Por sua vez, Ticiano Alves e Silva (2016) entende que se a agência reguladora participar do processo como *amicus curiae* a força vinculante dos julgamentos dos casos repetitivos lhe é aplicável[62].

Note-se que a disciplina da coisa julgada é contrariada por este alcance pamprocessual do julgamento de casos repetitivos. Deveras, o art. 506 do CPC /2015 é claro ao dispor que a "sentença faz coisa julgada às partes entre as quais é dada, não prejudicando terceiros".

---

61. Hermes Zaneti Júnior (2015, p. 345) afirma que a normatividade vinculante dos precedentes judiciais, conforme classificação proposta pelo autor, em precedentes normativos vinculantes, precedentes normativos formalmente vinculantes e precedentes normativos formalmente vinculantes fortes, pode ser reconhecida mesmo sem delimitação expressa da legislação, entretanto, defende "a utilidade da previsão constitucional e legal como formalização da força normativa dos precedentes".

62. Essas as conclusões do destacado autor, na obra referenciada (p. 772-773, grifos no original): "(1) o § 2º do art. 985 do CPC é *norma atributiva* de um *dever institucional de intervenção* das agências reguladoras e entes fiscalizadores como amicus curiae no IRDR. O *efeito dessa intervenção*, também extraível do § 2º do art. 985 do CPC, é, precisamente - nem mais, nem menos - a utilização do precedente como *base normativa* da regulação e fiscalização pertinentes. (2) A eficácia do precedente é *persuasiva* para as agências reguladoras e os demais entes fiscalizadores apenas quando estes sujeitos nã participam, por ausência de cientificação, do processo de formação do precedente a ser utilizado como base normativa da regulação e da fiscalização. *Em suma, se as agências reguladoras participarem do IRDR ou, cientificadas da instauração deste, omitirem-se, elas ficam vinculadas ao precedente; se não participarem, por ausência de cientificação, não ficam vinculadas, e o precedente tem eficácia apenas persuasiva*".

Ora, o que são os concessionários, permissionários, autorizatários, entes, órgãos e agências reguladoras em uma relação processual que não participaram?

Certamente a resposta não pode ser outra que não enquadrá-los como terceiros. Portanto, haveria estabelecimento de condutas advindas do processo sem que alguma parte interessada[63], agora objeto de fiscalização para aplicação da tese, tenha participado. Evidente, quer-se parecer, a ofensa aos princípios do devido processo legal, da ampla defesa e do contraditório, pois, não se mostra devido o processo que alarga os elementos subjetivos para pessoas indeterminadas que não estiveram presentes como parte e, portanto, não foram ouvidas e não participaram, nos autos do processo[64]. Como refere Marinoni (2015b, p. 403), a resolução única da questão do IRDR significa "que se está diante de coisa julgada que estende a terceiros".

Situação diversa, por óbvio, é quando os órgãos, entes ou agências reguladoras, além das próprias pessoas jurídicas privadas prestadoras de serviços públicos participarem da relação processual. Nessa hipó-

---

63. Conrado Hubner Mendes 2006, p. 131), acerca das agências reguladoras identifica três tipos de interessados, o Estado, as empresas concessionárias e os usuários. Pondera, em sequência, sobre a legitimidade democrática das próprias agências no seu processo decisório, relatando sobre os citados três interesses: "Desvelar qual destes é atendido numa decisão concreta da agência é de fundamental importância para não nos curvarmos à enunciação de um interesse público genérico. Terá legitimidade democrática, portanto, a agência que der canais de representação a cada um destes interesses". Desarte, se assim o é para as agências reguladoras, detentoras de competência constitucional e legal para a atuação específica, com muito mais razão se deve refletir sobre o pretendido papel da jurisdição no estabelecimento de teses jurídicas, abstratas e de direito material, para aplicação por interessados não participantes da relação processual.

64. Nesse sentido, Eduardo Talamini expõe, sobre os limites subjetivos da coisa julgada não serem aplicáveis a terceiros: "Estaria sendo vedado o acesso à justiça ao terceiro, caso se lhe estendesse a coisa julgada formada em processo alheio. Depois, isso implicaria privação de bens sem o devido processo legal. Haveria ainda a frustração da garantia do contraditório: de nada adiantaria assegurar o contraditório e a ampla defesa a todos os que participam de processos e, ao mesmo tempo, impor como definitivo o resultado do processo àqueles que dele não puderam participar" (2005, p. 96). A seu turno, conquanto Luiz Guilherme Marinoni seja um dos autores brasileiros que defendem a normatividade e universalização dos precedentes, no caso particularmente tratado, por também entender que a decisão do IRDR não seria considerada precedente – com o que não concorda Leonardo Carneiro da Cunha (2016, p. 213) -, é enfático ao dizer que "a decisão proferida no caso de um, assim como a decisão proferida no incidente de resolução, não pode retirar o direito de discutir a questão daquele que não participou. O contrário constituiria grosseira violação do direito fundamental de participar do processo e influenciar o juiz" (2015b, p. 407).

tese, há simplesmente cumprimento da decisão judicial, que deve se dar, por certo, à inteireza.

A fiscalização das empresas concessionárias e permissionárias de serviços públicos, a seu turno, de acordo com o art. 175, parágrafo único, I, da Constituição Federal, deve se dar por lei, entendida como específica para tal finalidade. O art. 174 da Constituição Federal agrega: "Como agente normativo e regulador da atividade econômica, o Estado exercerá, *na forma da lei*, as funções de fiscalização, incentivo e planejamento, sendo este determinante para o setor público e indicativo para o setor privado" (grifos nossos).

De modo que, lei que *regula processo civi*l usurpa a competência constitucional definida nos preceptivos constitucionais destacados, usurpando, igualmente, o princípio da separação de poderes[65]. Vale dizer, somente lei *específica*, e não decisão judicial, pode disciplinar "o regime das empresas concessionárias e permissionárias de serviços públicos, o caráter especial de seu contrato e de sua prorrogação, bem como as condições de caducidade, fiscalização e rescisão da concessão ou permissão" (CF, art. 175, parágrafo único, I).

À lei de processo não compete estabelecer a forma pela qual órgão, ente ou agência reguladora, nem tampouco, empresas concessionárias, permissionárias e autorizatárias de serviços público devem atuar. Essa competência decorre da Constituição Federal, incluída na competência do Poder Legislativo, não do Poder Judiciário, como intentar fazer os arts. 985, § 2º e 1.040, IV, do Código de Processo Civil. Afinal, vige no ordenamento jurídico brasileiro, como *cláusula pétrea*, as disposições do art. 5º, II, da Constituição Federal, no sentido de que "ninguém será obrigado a fazer ou deixar de fazer alguma coisa senão em virtude de lei".

Nos termos da referida competência constitucional é que foram promulgadas diversas leis que criaram as agências, estabelecendo seus regimes administrativos, formas de organização, atribuição,

---

65. Entende Thiago Baldani Gomes de Filippo (2015) que os precedentes obrigatórios não ofendem o princípio da separação dos poderes, contudo, no particular caso presentemente tratado, de aplicação da normatividade do precedente para outra função estatal e para pessoas privadas diversas, que não participaram do julgamento, parece adequado concluir que destacado autor não enfrentou essa possibilidade.

competência e fiscalização, da mesma forma dispondo sobre como o particular, interessado na assunção de serviço público, deve se pautar, dentro das balizas legais das leis das agências reguladoras[66]. Afinal, como adverte Maria Sylvia Zanella Di Pietro (2002, p. 239), o "direito administrativo brasileiro não é de elaboração pretoriana".

Os contratos firmados se regem por essa legislação incluída no âmbito do direito administrativo e do direito econômico[67], assumindo as partes contratantes os ônus e bônus, seja da atividade de regulação, seja da assunção do serviço público pelas pessoas privadas, de modo que o conhecimento e alcance da regulação legal e das cláusulas contratuais buscam dar estabilidade às essas relações jurídicas.

A imposição de se adotar tese definida em julgamento de casos repetitivos por referidas pessoas, como se leis e cláusulas contratuais delimitadas entre os contratantes o fossem, traz instabilidade ao contrato e ao seu cumprimento, em contrariedade, justamente, à disciplina e ideal precedentalista de estabilidade das relações jurídicas.

Veja-se, ainda, no que se refere à Lei de parceria público-privada, Lei n. 11.079, de 30 de dezembro de 2004, que há indelegabilidade das "funções de regulação, jurisdicional, do exercício do poder de polícia e de outras atividades exclusivas do Estado", a teor do art.4º, III. No mesmo sentido, art. 34, § 1º, da Lei 13.848/2019: "É vedada a delegação de competências normativas".

As condições estabelecidas no contrato ficariam a mercê da tese adotada nos julgamentos dos casos repetitivos, em desrespeito ao que ficou convencionado ou aceito pelos contratantes e, por conseguinte, aos princípios de direito contratual administrativo, de licitação pública

---

66. A propósito, dentre as diversas agência criadas, importa destacar: Lei n. 9.427, de 26 de dezembro de 1996, que instituiu a Agência Nacional de Energia Elétrica (ANEEL); Lei n. 9.472, de 16 de julho de 1997, que criou a Agência Nacional de Telecomunicações (ANATEL); Lei n. 9.478, de 6 de agosto de 1997, que instituiu a Agência Nacional de Petróleo (ANP); a Lei n. 11.182, de 27 de setembro de 2005, que criou a Agência Nacional de Aviação Civil (ANAC).

67. Sobre o direito econômico, extrai-se de Eros Roberto Grau (2008, p. 258): "A Constituição de 1988 põe o Direito Econômico a serviço da conformação da ordem econômica. Normas de Direito Econômico, a complementarem o quadro da ordem econômica (mundo do dever ser) instalada pela Constituição de 1988, são aquelas previstas nos arts. 172, 173 e § 4º, 174, § 2º, do texto constitucional entre tantas outras".

e de vinculação à lei[68] e disposições contratuais delimitadas no contrato de concessão[69], permissão ou autorização de serviço público. Outra

---

68. Lei n. 8.987/1995, art. 18. "O edital de licitação será elaborado pelo poder concedente, observados, no que couber, os critérios e as normas gerais da legislação própria sobre licitações e contratos e conterá, especialmente: I - o objeto, metas e prazo da concessão; II - a descrição das condições necessárias à prestação adequada do serviço; III - os prazos para recebimento das propostas, julgamento da licitação e assinatura do contrato; IV - prazo, local e horário em que serão fornecidos, aos interessados, os dados, estudos e projetos necessários à elaboração dos orçamentos e apresentação das propostas; V - os critérios e a relação dos documentos exigidos para a aferição da capacidade técnica, da idoneidade financeira e da regularidade jurídica e fiscal; VI - as possíveis fontes de receitas alternativas, complementares ou acessórias, bem como as provenientes de projetos associados; VII - os direitos e obrigações do poder concedente e da concessionária em relação a alterações e expansões a serem realizadas no futuro, para garantir a continuidade da prestação do serviço; VIII - os critérios de reajuste e revisão da tarifa; IX - os critérios, indicadores, fórmulas e parâmetros a serem utilizados no julgamento técnico e econômico-financeiro da proposta; X - a indicação dos bens reversíveis; XI - as características dos bens reversíveis e as condições em que estes serão postos à disposição, nos casos em que houver sido extinta a concessão anterior; XII - a expressa indicação do responsável pelo ônus das desapropriações necessárias à execução do serviço ou da obra pública, ou para a instituição de servidão administrativa; XIII - as condições de liderança da empresa responsável, na hipótese em que for permitida a participação de empresas em consórcio; XIV - nos casos de concessão, a minuta do respectivo contrato, que conterá as cláusulas essenciais referidas no art. 23 desta Lei, quando aplicáveis; XV - nos casos de concessão de serviços públicos precedida da execução de obra pública, os dados relativos à obra, dentre os quais os elementos do projeto básico que permitam sua plena caracterização, bem assim as garantias exigidas para essa parte específica do contrato, adequadas a cada caso e limitadas ao valor da obra; XVI - nos casos de permissão, os termos do contrato de adesão a ser firmado".

69. Art. 23. São cláusulas essenciais do contrato de concessão as relativas: I - ao objeto, à área e ao prazo da concessão; II - ao modo, forma e condições de prestação do serviço; III - aos critérios, indicadores, fórmulas e parâmetros definidores da qualidade do serviço; IV - ao preço do serviço e aos critérios e procedimentos para o reajuste e a revisão das tarifas; V - aos direitos, garantias e obrigações do poder concedente e da concessionária, inclusive os relacionados às previsíveis necessidades de futura alteração e expansão do serviço e con-seqüente modernização, aperfeiçoamento e ampliação dos equipamentos e das instalações; VI - aos direitos e deveres dos usuários para obtenção e utilização do serviço; VII - à forma de fiscalização das instalações, dos equipamentos, dos métodos e práticas de execução do serviço, bem como a indicação dos órgãos competentes para exercê-la; VIII - às penalidades contratuais e administrativas a que se sujeita a concessionária e sua forma de aplicação; IX - aos casos de extinção da concessão; X - aos bens reversíveis; XI - aos critérios para o cálculo e a forma de pagamento das indenizações devidas à concessionária, quando for o caso; XII - às condições para prorrogação do contrato; XIII - à obrigatoriedade, forma e periodicidade da prestação de contas da concessionária ao poder concedente; XIV - à exigência da publicação de demonstrações financeiras periódicas da concessionária; e XV - ao foro e ao modo amigável de solução das divergências contratuais. Parágrafo único. Os contratos relativos à concessão de serviço público precedido da execução de obra pública deverão, adicionalmente: I - estipular os cronogramas físico-financeiros de execução das

não é a interpretação que se extrai do art. 37, XXI, da Constituição Federal[70], e do art. 54, da Lei 8.666, de 21 de junho de 1993[71].

Destarte, a liberdade de contratar, mormente a das empresas, estaria coibida pela incursão de tese estranha ao que foi disposto nas fases preliminares, de pactuação, confecção, regulamentação e fiscalização do conteúdo contratado. Conteúdo esse, curial destacar, pelo qual as empresas fazem estudos, análises técnicas e econômico--financeiras, no sentido de subsidiar tais pessoas jurídicas de direito privado acerca do interesse, dos riscos e das vantagens na entabulação com os entes estatais para assunção de serviços públicos.

À reboque dessa assertiva se encontra a figura do equilíbrio econômico-financeiro do contrato administrativo. Facilmente se pode conjecturar sobre o desequilíbrio econômico-financeiro decorrente da aplicação da tese adotada nos julgamentos dos casos repetitivos, à revelia da participação dos contratantes, que podem ser surpreendidos com a obrigatoriedade de se seguir uma norma jurisdicional em detrimento do planejamento e organização até então realizados, baseados na legislação regente do campo de atuação da empresa e das cláusulas contratuais assumidas com o poder público.

Em outra perspectiva e conjectura, parece adequado afirmar que a obrigatória aplicação de teses de casos repetitivos para Agências Reguladoras seria uma forma de *burlar* o sistema democrático nacional, em que, com pressões e expedientes de *soft law* e autorregulação

---

obras vinculadas à concessão; e II - exigir garantia do fiel cumprimento, pela concessionária, das obrigações relativas às obras vinculadas à concessão.

70. "ressalvados os casos especificados na legislação, as obras, serviços, compras e alienações serão contratados mediante processo de licitação pública que assegure igualdade de condições a todos os concorrentes, com cláusulas que estabeleçam obrigações de pagamento, *mantidas as condições efetivas da proposta, nos termos da lei*, o qual somente permitirá as exigências de qualificação técnica e econômica indispensáveis à garantia do cumprimento das obrigações" (grifos nossos).

71. "Os contratos administrativos de que trata esta Lei *regulam-se pelas suas cláusulas e pelos preceitos de direito público*, aplicando-se-lhes, supletivamente, os princípios da teoria geral dos contratos e as disposições de direito privado. § 1º Os contratos devem estabelecer com clareza e precisão as condições para sua execução, expressas em cláusulas que definam os direitos, obrigações e responsabilidades das partes, *em conformidade com os termos da licitação e da proposta a que se vinculam*" (grifos nossos).

(STAFFEN, 2018)[72], órgãos, empresas e organizações internacionais e transnacionais poderiam influenciar a jurisdição, como partes nos processos de casos repetitivos (inclusive requerendo sua instauração), ou, ainda, participando ativamente em audiências públicas e como *amicus curiae*, em uma espécie de litigância estratégica para que sejam proferidas decisões vinculatórias de Agências Reguladoras - que fiscalizam rentáveis e estratégicas atividades econômicas (petróleo, mineração, energia, saneamento, comunicação) –, conforme seus interesses, corporativos, internacionais, transnacionais e globais.

Com efeito, como sustentado por Márcio Ricardo Staffen (2018, p. 77), em "relação ao aspecto teleológico, tanto a *soft law* quanto à autorregulação, no cenário do Direito Global, assumem uma tríplice funcionalidade. Primeiro como mecanismo de normatização de condutas a partir de atos específicos, dinâmicos e atentos à complexidade do global e suas interface com o local, nacional, internacional e supranacional. Segundo, como expediente para especificação de disposições de normas provenientes dos poderes estatais, como objetivo de detalhamento e aprimoramento da generalidade e abstração da *hard law*. Terceiro, como prática comparativa, segunda a qual, o propósito de sua adoção está na orientação dos comportamentos jurídicos, políticos, sociais e institucionais para escolha de normas dotadas de maior efetividade, eficácia e eficiência, com o marco inédito de propiciar, o '*libero impiego di modelli extrasistemici*', conforme assevera Jacopo Paffarini".

As perspectivas descritas, de inconstitucionalidade do alcance pamprocessual da imposição de aplicação da tese adotada em julgamento de casos repetitivos às pessoas jurídicas, públicas ou privadas,

---

72. "Não se trata apenas de definir os limites dos poderes dos Estados nacionais em estabelecer preceitos normativos vinculantes, efetivos e eficazes, mas, noutro lado, de analisar o progresso de novos mecanismos normativos privados, não-estatais, plurais e específicos que versam sobre os mais variados comportamentos sociais. [...] Nesse sentido, e sem prejuízo às fontes normativas 'tradicionais' do Direito que lançam incidência sobre o Direito Global, há que se guardar atenção especial aos expedientes de *soft law* e autorregulação que cada vez mais avançam para novos territórios, novos poderes, novas instituições e novos direitos" (STAFFEN, 2018, p. 75). Já a autorregulação "se apresenta como manifestação da capacidade que possuem os sujeitos privados de aprovar e garantir a satisfação de normas de comportamento que devem respeitar no exercício das atividades a que estão associadas" (STAFFEN, 2018, p. 76).

contudo, pode ser solucionada, ou melhor, se podem aproveitar os arts. 985, § 2º e 1.040, IV, desde que se dê uma interpretação conforme, no sentido de que a "efetiva aplicação" seja entendida como forma persuasiva para modificação, *pelos meios e instrumentos constitucionalmente definidos*, da legislação e dos contratos que regem a matéria consolidada na tese adotada dos julgamentos dos casos repetitivos[73], tal como disciplinado na Lei n. 13.848/2019, por exemplo, em que se exige a realização da Análise do Impacto Regulatório (AIR), com decisão colegiada e prévia consulta pública.

Tal medida, evita a decretação de inconstitucionalidade daqueles dispositivos e permite o conhecimento, por todos os interessados, da tese adotada, permitindo e instrumentalizando um diálogo institucional entre a jurisdição, a administração, a legislação e os diversos setores da iniciativa privada.

Desse diálogo poderá decorrer a alteração das normas então aplicadas, da legislação e das cláusulas contratuais, que alberguem, consensualmente, a tese adotada nos julgamentos dos casos repetitivos, já que cientes e participativos estarão todos os envolvidos.

Não se coaduna, por fim, com entendimentos doutrinários no sentido de que se dê pronta e efetiva aplicação à tese do julgamento dos casos repetitivos[74] ou se imponha a criação de ato normativo

---

73. No que tange a natureza persuasiva do julgamento do IRDR perante a Administração Pública, Sofia Temer (2016, pp. 222-223) assim expõe: "A decisão do IRDR não vincula diretamente, portanto, a Administração Pública direta e indireta, mas apenas o próprio Poder Judiciário. Significa dizer que, embora os órgãos da administração fiquem vinculados na medida em que sejam partes de processos judiciais em que haja discussão sobre a matéria decidirá pelo IRDR, não haverá vinculação direta aos órgãos da administração direta e indireta à tese jurídica", ressaltando, em sequência, que o art. 985, § 2º do CPC/2015 "deve ser lido, pensamos, como um mecanismo que confere uma eficácia persuasiva em relação à Administração Pública".
74. Cássio Scarpinella Bueno (2015, p. 629) ressalta, em comentário ao art. 985, 2º, do CPC/2015: "Trata-se de iniciativa importante que, ao estabelecer indispensável cooperação entre o órgão jurisdicional e as pessoas, os entes e/ou órgãos administrativos, cria condições de efetividade do quanto decidido no âmbito jurisdicional e, neste sentido, traz à mente o disposto no art. 4º do CPC que, pertinentemente, não se contenta tão só com a declaração do direito, mas também com sua concretização. Ademais, se esta fiscalização for efetiva, como se espera, reduz-se os riscos de nova judicialização do conflito e, com isto, dá-se um passo importante em direção a um mecanismo mais racional de distribuição justiça, inclusive na perspectiva dos meios alternativos/adequados difundidos desde o art. 3º do

pela Administração[75], porquanto não pode, por inexistir competência constitucional, o Poder Judiciário obrigar o Poder Executivo a legislar, expedindo ato normativo por imposição judicial, nem tampouco obrigar o exercício de atividade às pessoas estranhas à relação processual. À jurisdição, exercida pelo processo, não compete forçar a expedição de normas gerais por outros poderes, pois a sua competência é dirimir controvérsias concretas, e não delimitar condutas genéricas, fora do âmbito jurisdicional, a terceiros que não participaram do processo.

Nesse particular, recorda-se da indagação de Ingeborg Maus, de que, não seria a justiça, além de substituta do imperador também o próprio monarca? Da análise sistêmica do ordenamento jurídico--constitucional brasileiro não se extrai uma resposta positiva, mas, como visto, a resposta à indagação de Maus é negativa, porque existem parâmetros de divisão de competências constitucionais entre os entes federativos e entre os poderes estatais.

Evidente, igualmente, que não pode a Administração Pública ficar obtusa à realidade jurisdicional, alheia, portanto, ao quanto foi estatuído nos julgamentos dos casos repetitivos, contudo, também não pode ter postura fora dos esquadros delimitados pela Constituição Federal. Afinal, ou "a Constituição é norma e, pois, preceito obrigatório, ou não é nada; não existe, não tem eficácia. O que não pode o jurista é atribuir-lhe a singela função de lembrete ou recomendação. A Constituição, lei máxima, sagrada e superior, ordena, manda, determina, impõe. A tarefa do intérprete é, exatamente, desvendar o que a norma está impondo, em cada caso" (ATALIBA, 2005, p. 160).

A quebra desse paradoxo, qual seja, não ficar indiferente à jurisdição, mas também não infringir as normas constitucionais de competências, parece autorizado dizer, sugere que os órgãos, entes e agências, dentro de suas esferas competencionais, editem normas para concretizar o entendimento jurisprudencial, não de forma automática, direta ou obrigatória, mas com vistas a tomar medidas - em um diálogo institucional entre a legislação, a jurisdição e a

---

novo CPC. Que os entes administrativos façam, como devem fazer, a sua parte e que o novo CPC sirva de mola propulsora a tanto" (grifos no original).

75. Alexandre Freitas Câmara (2015, p. 555) entende que "o ente regulador deverá, a partir da fixação da tese do precedente vinculante, produzir ato normativo de natureza administrativa, cuja observância pelos entes sujeito à regulação obrigatória".

administração - além das pessoas privadas interessadas e envolvidas com qualquer alteração na área regulatória -, que, além de estarem respaldadas pelos princípios da legalidade e da democracia, da mesma forma concretizem o princípio da eficiência, da segurança jurídica e da igualdade entre todos, sejam pessoas físicas ou jurídicas, sejam pessoas públicas ou privadas.

Capítulo 3

PRECEDENTES JUDICIAIS NA ADMINISTRAÇÃO PÚBLICA

A inovação almejada pelo Código de Processo Civil de 2015, alterando a historicidade da jurisdição brasileira, baseada na tradição romano-canônica (SILVA, 1997) e na doutrina da separação dos poderes, tem a pretensão de trazer ao sistema jurisdicional, aos jurisdicionados, maior segurança jurídica nas suas relações, seja entre particulares, seja com o Estado.

Dentro desse contexto, indaga-se se a Administração Pública tem o dever, ou apenas faculdade, de também seguir esse novel disciplinamento da jurisdição brasileira dos precedentes vinculantes.

A problematização está na permanência ou não do paradigma da atuação administrativa com base no princípio da legalidade, como limitativo ou possibilitador da aplicação dos precedentes vinculantes na Administração Pública e, se possível, quais são os critérios, mecanismos e instrumentos para tanto.

Ainda, impende realçar se além da legalidade, ínsita a atividade política do Poder Legislativo, se igualmente a interpretação do direito pelo Poder Judiciário, no exercício de atividade também política, mas jurisdicional, pode ser objeto de imputação dos atos do Poder Executivo e, em caso positivo, a forma de efetivação. São consequências de um processo institucional democrático e consensual, nos termos aludidos por Jürgen Habermas (2002; 2003a).

Antes, porém, de adentrar no foco central descrito, interessa traçar os precedentes judiciais nos próprios processos em que a Fazenda Pública é parte. Vale dizer, antes de demonstrar em uma perspectiva ou influência externa dos precedentes (extraprocessual ou pamprocessual), importante destacar a existência de uma influência interna (endoprocessual).

Pontual, a respeito, é Carlos Ari Sundfeld (2003, p. 17): "Inicialmente, as perguntas que devemos propor são as seguintes: Quais as relações existentes entre o Judiciário e a Administração Pública? Em que medida elas se relacionam? Qual a profundidade desta relação? Quais os instrumentos para seu estabelecimento? Quais as suas características? Há um segundo conjunto de questões que, à primeira vista, confundem-se com as anteriores, mas que nos conduzem a um campo mais abrangente de reflexão. Quais são as relações entre Administração Pública e processo? Em que medida a *Administração* depende do *processo*? Em que medida o *processo* condiciona a *ação administrativa*? Em que medida a *ação administrativa* pode ser mais extensa ou menos extensa *em função do processo*? Em que medida a ação administrativa deve ser de um modo ou de outro em função do processo ou de processos judiciais?" (grifo no original).

As duas perspectivas mostram-se necessárias, portanto, para fechar a pesquisa da relação dos precedentes judiciais com a Administração Pública, da relação do processo e sua influência sobre as atividades administrativas e da relação entre as funções/poderes Judiciário e Executivo.

3.1 APLICAÇÃO DOS PRECEDENTES NOS PROCESSOS EM QUE A FAZENDA PÚBLICA É PARTE – FASE PROCESSUAL

Nos processos em que a Administração Pública seja parte, em razão de envolver o direito público material, ou seja, que envolve a todos, a legislação processual dota-a de certas prerrogativas, como, por exemplo, o aumento de prazos processuais, a imposição de remessa necessária, a forma de intimação dos atos processuais, a execução diferenciada ou especial, a limitação à concessão de liminares e tutelas antecipadas. Tem-se denominado esse disciplinamento de direito processual público, o qual "deve levar em conta o regime jurídico de direito público em que o Estado, quer figure como autor, como réu ou como terceiro juridicamente interessado na resolução da lide, ostente *in casu*" (BUENO, 2003, p. 44).

Essas prerrogativas – ou privilégios para alguns –, como também certas regulamentações processuais, podem ser afastadas por existirem precedentes sobre a temática litigiosa então travada nos autos. De forma genérica, esses precedentes foram retratados no item 1.2.7.

De forma específica, o Código de Processo Civil de 2015 elenca duas situações com precedentes que delimitam o atuar da Fazenda Pública em juízo, sendo apenas um que, efetivamente, afasta uma das prerrogativas, que é o obrigatório duplo grau de jurisdição.

Com efeito, a remessa necessária não será aplicável se a sentença fundar-se em súmula de tribunal superior, acórdão proferido pelo Supremo Tribunal Federal ou pelo Superior Tribunal de Justiça em julgamento de casos repetitivos e em entendimento firmado em incidente de resolução de demandas repetitivas ou de assunção de competência, de acordo com o elenco disposto no art. 496, § 4º[1].

Assim, o duplo grau de jurisdição obrigatório fica mitigado, restringido pela aplicação de precedentes judiciais.

O "entendimento coincidente com orientação vinculante firmada no âmbito administrativo do próprio ente público, consolidada em manifestação, parecer ou súmula administrativa", incluído no inciso V não se trata de precedente judicial, mas administrativo, reconhecido pela jurisdição como hipótese de exclusão da remessa necessária.

Esse disciplinamento é mais uma constatação de que as funções estatais não são estanques e independentes totalmente, mas harmônicas, devendo-se suas atuações estarem abertas ao quanto assentado no âmbito de competência de cada uma. Aqui, o entendimento e a orientação vinculante da Administração Pública são utilizados no exercício da atividade jurisdicional como uma exceção a um instrumento estritamente processual.

Indaga-se, *antes de tal disposição legal os juízes reconheciam ou poderiam reconhecer como hipótese de inaplicação da remessa necessária o entendimento e orientação vinculante exarada no interno da Administração Pública?*

Acredita-se que não. E isso porque a atuação jurisdicional, conquanto tenha o direito como objeto de apreciação (CF, art. 5º,

---

1. Em outros estudos (OLIVEIRA, 2015b, 2015c) se analisou a remessa necessária e os seus reflexos no julgamento parcial do mérito e na estabilização da tutela antecipada, além da "desnecessidade" da remessa necessária (OLIVEIRA, 2018d).

XXXV), atrela-se ao quanto estatuído pela legalidade no que se refere aos procedimentos e instrumentos processuais, de modo que é a regulamentação legal/constitucional que disciplina a forma da prestação do serviço público jurisdicional.

Com a Administração Pública, deveras, e por certo, não é diferente e, nesse sentido é que se conduz o objeto deste estudo.

Sobre essa última hipótese de dispensa (precedentes administrativos), sobreleva destacar, mais uma vez, a redação de novo dispositivo inserido na Lei de Introdução às Normas do Direito Brasileiro pela Lei 13.655/2018, no sentido de que as "autoridades públicas devem atuar para aumentar a segurança jurídica na aplicação das normas, inclusive por meio de regulamentos, súmulas administrativas e respostas a consultas" (art. 30, *caput*) e que os "instrumentos previstos no *caput* deste artigo terão caráter vinculante em relação ao órgão ou entidade a que se destinam, até ulterior revisão" (art. 30, parágrafo único).

Nesse contexto, reafirma-se que a Administração Pública, ao editar mencionados instrumentos normativos, trará, consectariamente, com seu atuar administrativo, reflexo direto no atuar jurisdicional, com a automática dispensa da remessa necessária. Esse um diálogo institucional de contemporânea relevância.

O segundo precedente aplicável de forma específica em processos em que a Fazenda Pública seja parte vislumbra-se no cumprimento de sentença que reconheça a exigibilidade de obrigação de pagar quantia certa pela Fazenda Pública. São os precedentes judiciais proferidos em controle de constitucionalidade, tanto concentrado como difuso, pelo Supremo Tribunal Federal, passíveis de tornar inexigível a obrigação reconhecida em título executivo que se lastreou na lei então declarada inconstitucional. Essa a disposição do art. 535, § 5º, do Código de Processo Civil de 2015.

A novidade em relação ao Código de Processo Civil de 1973 é a inclusão também das decisões em controle difuso que tornam o título executivo inexigível, como também a possibilidade de o Supremo Tribunal Federal modular no tempo e em razão da segurança jurídica os efeitos daquelas decisões.

A decisão de constitucionalidade, todavia, somente será aplicável se for anterior ao "trânsito em julgado da decisão exequenda" (§ 7º do art. 535); se for posterior, cabe ação rescisória, se ainda houver prazo para tanto, que "será contado do trânsito em julgado da decisão proferida pelo Supremo Tribunal Federal" (§ 8 do art. 535).

Portanto, somente estes dois dispositivos, sobre a remessa necessária e a declaração de inconstitucionalidade de lei em que se baseava a obrigação objeto do cumprimento da sentença – que também se aplica no cumprimento genérico (CPC/2015, art. 525, § 12) -, influem e norteiam de forma *específica* a atuação *processual* da Fazenda Pública.

Os demais precedentes judiciais e as suas utilizações nos diversos instrumentos do processo (tutela provisória, improcedência liminar do pedido, recursos, dentre outros) igualmente delimitam os atos das partes e, é cediço, da Fazenda Pública quando partícipe na relação processual.

Esses precedentes podem transcender os autos do processo em que proferidos e, doravante, demarcar a forma pela qual a Administração Pública deve atuar. Não obstante, essa transcendência, extraprocessualidade ou pamprocessualidade deve seguir uma disciplina própria para legitimar-se constitucionalmente.

3.2 APLICAÇÃO DOS PRECEDENTES PELA ADMINISTRAÇÃO PÚBLICA – FASE PRÉ-PROCESSUAL OU CONSENSUAL

Nessa perspectiva extra ou pamprocessual, chega-se à parte final da pesquisa para demonstrar quando os precedentes judiciais podem (ou devem) influir no exercício das atividades administrativas e quando a Administração Pública pode (ou deve) aplicar os precedentes judiciais.

Enfim, é "fundamental discutir como a existência de um controle judicial por tais ou quais instrumentos transforma o direito material que regula a Administração Pública" (SUNDFELD, 2003, p. 29).

Fundamental, igualmente, ter-se presente que hodiernamente a consensualidade é ínsita em uma boa Administração Pública, evitando-se gastos desnecessários - de tempo e dinheiro -, e desgastes do cidadão e de toda a coletividade quando se resolvem de maneira, diga-se, mais amena, os conflitos levados a efeitos no âmbito administrativo.

Nos termos referidos por Loubet (2009, p. 85-86): "Diante de tais perspectivas, quadra destacar que o princípio da indisponibilidade do interesse público não conflita com a ideia de Administração Consensual; pelo contrário, a ela se ajusta. Com efeito, se o interesse público é o alvo a ser atingido, a Administração Consensual nada mais é do que uma forma de se chegar a esse destino, na medida em que está calcada na gestão dinâmica da coisa pública buscando alternativas que tendam a circundar os entraves operacionais do aparato estatal, obviamente que dentro dos esquadros da legalidade".

Em sendo assim, a legalidade impõe limites, mas também aufere possibilidades de aplicação dos precedentes judiciais na Administração Pública[2].

3.2.1 Limites

3.2.1.1 Princípio da Legalidade

É certo que a atuação administrativa, seja por seus administradores, seja por seus servidores, deve ser realizada mediante balizas de direcionamento, isto é, há vinculação para exercício dos atos administrativos, o que se dá com a edição de leis e regulamentos para a concretização das comodidades públicas.

A própria Constituição Federal dá grande poder de vinculação à lei, ao estabelecê-la, seja ordinária, seja complementar, como a forma pela qual haverá o disciplinamento das relações sociais. O art. 5º, *caput*, com efeito, diz que somos "iguais *perante* a lei", trazendo ínsito em seu conteúdo o poder de controle dos atos estatais. O inciso II estabelece que "ninguém será obrigado a fazer ou deixar de fazer alguma coisa senão em virtude de lei".

Daí que, por ter esse regramento constitucional, o princípio da legalidade é caracterizado por um grau maior de visibilidade, porquanto faz concretizar em muitas áreas, quando inexiste aplicabilidade imediata das normas constitucionais, os direitos e deveres de uma sociedade.

---

2. Hermes Zaneti Júnior (2015, p. 151-152) esclarece: "É completamente equivocado depositar toda a 'esperança' em uma visão jurisprudencial do direito como se esta fosse uma vanguarda contínua. O que garante a vanguarda do direito é a lei e a constituição, sendo a interpretação judicial um potencial instrumento de sua efetivação ou não, a depender do momento histórico e do contexto dogmático de uma determinada cultura jurídica. *Daí a importância de construção de limites e vínculos para este momento interpretativo*" (grifos nossos).

Essa influência decorre da adoção do Estado de Direito, em que se quer "o governo das leis não o governo dos homens" (BOBBIO, 1987, p. 95).

O princípio da legalidade e a sua adoção absoluta são, portanto, limitadores à aplicação dos precedentes vinculantes.

Como visto, a igualdade se dá *perante a lei*; a concretização dos direitos dispostos no texto constitucional é dependente de regulamentação legal; as pessoas podem fazer tudo o que a lei não proíbe, e, a Administração Pública, somente o que a lei impõe.

O poder discricionário, mesmo quando admitido, só o é conforme as diretrizes legais, "porquanto não se admite atuação administrativa que não esteja previamente autorizada em lei" (BANDEIRA DE MELLO, 2008, p. 13).

Dessa forma, não se pode negar que o princípio da legalidade, em nosso ordenamento jurídico e em nossas relações sociais, tem importante força aplicativa e obrigatória, resultado, ademais, da historicidade dos ideais da Revolução Francesa (ENTERRÍA, 1994), sendo elevado, na Constituição brasileira, a cláusula pétrea, conforme art. 60, § 4º, IV.

Jeremy Waldron (2003, p. 6), ao defender a dignidade da legislação, objetivou "evocar, recuperar e destacar maneiras de pensar a respeito da legislação na filosofia jurídica e política que a apresentem como um modo de governança importante e dignificado".

Destaca Waldron (2003, p. 37) que a diferença entre os juízes, que se "erguem acima de nós no seu solitário esplendor, com seus livros, seu saber e seu isolamento das condições da vida comum", e um parlamento com membros do *populacho* enviado pelos eleitores é uma diferença de números, de "grupos de constituintes, não uma diferença de métodos de decisão" (p. 156)[3]. Defende, então, que nosso "respeito pela legislação é, em parte, o tributo que devemos pagar à conquista da ação concertada, cooperativa, coordenada ou coletiva nas circunstâncias da vida moderna" (WALDRON, 2003, p. 190).

---

3. Questiona ainda Waldron: "Como podemos considerar as decisões legislativas com uma fonte dignificada de direito quando não se baseiam em mais nada além da autoridade de números?" (2003, p. 183).

Eduardo Garcia de Enterría (1994) observa que, ao se inaugurar (ou se pretender inaugurar) com a Revolução Francesa uma nomocracia, em que a lei passa a ser o lugar central do sistema, criou-se um âmbito de liberdade, certeza e segurança jurídica, em que pela primeira vez na história os cidadãos podem conhecer o Direito por intermédio de sua publicação regular e participação da sociedade por instrumentos de articulação entre os direitos que entendem universais (autodisposição da sociedade sobre si mesma). A legalidade, defende Enterría, não se trata de um conceito retórico, mas sim técnico e restrito, por meio da qual todo órgão público exerce poder que a lei definir previamente.

O não atendimento ao quanto estatuído em lei, aliás, dá ensejo à responsabilização do servidor no âmbito administrativo, civil e também penal.

A doutrina do desvio de poder, a propósito, impõe que a atividade administrativa seja feita tão somente em consonância com o que dispõe a lei, sob pena de invalidade do ato. Note-se que se entende também como desvio de poder as "hipóteses em que, embora buscando um interesse público, o faz mediante ato cuja destinação legal é diversa" (BANDEIRA DE MELLO, 2008, p. 64).

Esse limite legal, é evidente, alarga-se, como descrito nos itens 2.1.3 e 2.1.5, para a Constituição, no sentido de que a vinculação que a lei impõe deve coadunar-se com o texto constitucional, pois, como novamente expõe Enterría (2001, p. 50), "la Constitución es la expressión de una intención fundacional, configuradora de un sistema enterro que en ella se basa".

3.2.1.2 Princípio Democrático

Atina-se, em adição, como limite a aplicação de precedentes judiciais pela Administração Pública, o desrespeito ao princípio democrático, já que juízes e tribunais não foram eleitos por quem a Constituição dá o poder, o povo[4], representado por representantes eleitos ou diretamente (CF, art. 1º, parágrafo único).

---

4. Questiona Hans Kelsen sobre que é o povo (2000, p. 35) e, mantendo congruência com o seu pensamento, afirma que o conceito de povo somente pode ser normativo, ou seja, "o

A democracia tem como fundamento a participação popular, a participação de todos quantos possam influir nos destinos da sociedade, seja mediante a idealização da estrutura do Estado, seja mediante a escolha dos direitos e deveres que lhe são impostos, seja mediante a adoção da forma de implementação de políticas públicas para o bem-estar social.

Os aportes doutrinários assim consentem.

Hans Kelsen (2000), por exemplo, ao fundamentar sua teoria sobre a democracia nas esferas de liberdade e igualdade, dentre outros fundamentos, destaca: "Se deve haver sociedade e, mais ainda, Estado, deve haver um regulamento obrigatório das relações dos homens entre si, deve haver um poder. Mas, se devemos ser comandados, queremos sê-lo por nós mesmos. A liberdade natural transforma-se em liberdade social ou política. É politicamente livre aquele que está submetido, sim, mas à vontade própria e não alheia" (2000, p. 36).

E, em outra passagem, adverte, como se afirma comumente, que se muitas vezes se alça ao poder "os fanfarrões e os demagogos que especulam com os piores instintos das massas" (2000, p. 96), por outro lado, o método democrático insere a mais ampla base possível para a chegada ao poder, facilitando, em outra medida, a remoção daqueles que sejam reprovados, o que incorreria em uma autocracia.

Ingeborg Maus (2000) entende que, na sociedade de hoje, o Judiciário, como se fosse um direito "superior" e dotado de atributos morais, tornou-se o superego coletivo de uma sociedade órfã, refletindo-se aí uma "notória regressão a valores pré-democráticos de parâmetros de integração social" (187).

---

povo só parece uno, em sentido mais ou menos preciso, do ponto de vista jurídico; a sua unidade, que é normativa, na realidade é resultado de um dado jurídico: a submissão de todos os seus membros à mesma ordem jurídica estatal constituída – como conteúdo das normas jurídicas com base nas quais essa ordem é formada – pela unidade dos múltiplos atos humanos, que representa o povo como elemento do Estado, de uma ordem social específica" (p. 36). Esse conceito parece ser adequado e, no tempo presente, atual, mormente em razão da pluralidade das pessoas e complexidade das relações sociais, que ganham relevo de multiplicidade e transnacionalidade, não se podendo destacar uma característica cultural ou antropológica uníssona para o fim de conceituar-se povo. Respeita, igualmente, a definição kelseniana, as várias culturalidades existentes em dado território, no sentido de não excluir uma ou outra por discriminação e suposta não identificação cultural com o que se entende por povo, fruto, deveras, de inúmeros atentados à dignidade humana já realizados na história.

Alexandre Gustavo Melo Franco Bahia (2005) salienta que, se uma solução para a "crise do judiciário" possa ser feita com a concentração de competências pelos tribunais superiores – como efetivamente se constata com a regulamentação dos precedentes vinculantes no Código de Processo Civil de 2015 –, seria importante analisar a possibilidade de aplicação das críticas de Ingeborg Maus[5] no Brasil, mormente pela aplicação irrestrita pelo Poder Judiciário do princípio da proporcionalidade como panaceia geral, o que "implica referência a uma ordem suprapositiva de valores, confundindo direitos, normas morais, políticas, argumentos de custo/benefício etc." (BAHIA, 2005, p. 12).

A jurisdição, como função/poder estatal, não se inclui, *diretamente*, na formação democrática das vontades populares. A sua atuação é residual; toma e impõe medidas em casos de infração ao processo democrático já estatuído, em andamento ou, muitas vezes, finalizado. Ou seja, a atual expansão e protagonismo do Poder Judiciário "não significa que os processos deliberativos democráticos devam conduzir as instituições judiciais, transformando os tribunais em regentes republicanos das liberdades positivas dos cidadãos" (CITTADINO, 2002, p. 35).

Nessa linha de raciocínio, já que todo poder emana do povo, que o exerce pelos representantes eleitos ou diretamente por intermédio de lei – uma vez que "ninguém será obrigado a fazer ou deixar de fazer alguma coisa senão em virtude de lei" (CF, art. 5º, II) -, e que, para a edição dessas leis e delimitação de condutas sociais e estatais, se faz imprescindível a participação popular, parece adequado supor que a inexistência destas premissas – *participação popular* e *lei* –,

---

5. Em outra obra Ingeborg Maus (2009), ao dizer que "a Constituição, como meta-nível do processo decisório democrático e da ordem processual jurídico-estatal, sedimenta, institucionalmente, o pressuposto democrático de todos os processos subsequentes" (p. 263), sintetiza, com base no pensamento de Kant: "Nesse sentido, o Estado de Direito consiste na institucionalização de ordenamentos processuais que constroem um patamar de seleções pós-ordenadas: no processo de legislação constitucional se institucionaliza o processo legislativo, o que também exclui, indeterminadamente, muitas outras possibilidades de legislação. No processo legislativo são tomadas decisões que, por um lado, institucionalizam, como normas processuais e organizatórias, administração e jurisprudência, e por outro, estruturam, como Direito material, as decisões dessas instâncias pós-ordenadas de forma que elas excluem intervenções arbitrárias dos aparatos estatais no caso concreto, mas também colocam, sob a exigência de 'vinculação legal', também outras decisões na situação de aplicação" (p. 265).

não pode impor condutas sem que a própria lei, constitucional ou infraconstitucional, assim preveja.

Daí não decorre, contudo, um absolutismo e um fechamento do processo de formação do direito, como se demonstrará na seção seguinte.

Não se pode perder de vista, nesse sentido, que a democracia não pode ser concebida apenas como método de organização social, uma técnica ou um procedimento devidamente estabelecido e, por isso, legítimo, de onde "*vox populi, vox dei*". Conforme defende Zagrebelski (2012), essa é uma visão totalitária da democracia, de modo que a visão da democracia não deve ser de adulação ao povo, como poder supremo e absoluto, mas de conscientização de suas deficiências, que são inerentes ao processo democrático e que contém limites.

Por consectário, os precedentes judiciais, se assim não dispuser a legislação constitucional, não podem ser aplicados à Administração Pública *diretamente*. Assim se dá – a aplicabilidade direta e, portanto, por entendimento de um órgão estatal não democrático -, por exemplo, com a súmula vinculante e as decisões em controle concentrado de constitucionalidade, à exceção da arguição de descumprimento de preceito fundamental, que têm assentos constitucionais a esse respeito no sentido de imputar a conduta administrativa.

Nesse sentido parece ser o entendimento de Cássio Scarpinella Bueno (2017, p. 628), que afirma ser "daqueles que entendem que decisão jurisdicional com caráter vinculante no sistema brasileiro depende de prévia autorização constitucional - tal qual a feita pela EC n. 45/2004 - e, portanto, está fora da esfera de disponibilidade do legislador infraconstitucional". O destacado autor, portanto, afasta a vinculatividade dos precedentes que não tem assento constitucional. Entende-se, nada obstante, que os pronunciamentos judiciais descritos no art. 927 do CPC/2015 são vinculantes para a jurisdição, já que inseridos dentro do mesmo sistema ou subsistema político.

3.2.1.3 Princípio da Separação dos Poderes

Outro limite de aplicabilidade dos precedentes judiciais pela Administração Pública que pode ser destacado, muito embora entendimento contrário (CAMBI; ARANÃO, 2018), é o relativo à separação dos poderes, também constitucionalizado no sistema jurídico brasileiro (CF, art. 2º). Novamente se está diante de *cláusula pétrea* (CF, art. 60, § 4º, III).

Destarte, sendo delimitada constitucionalmente a separação de poderes e, ainda, delimitadas as competências materiais e legislativas dos poderes, infere-se que é vedada a atuação fora desse âmbito competencional para o fim de estatuir e disciplinar condutas em abstrato para as pessoas privadas e públicas.

Note-se que se disse condutas em *abstrato*, porquanto é cediço que, na implementação *concreta* de direitos fundamentais, sejam individuais, coletivos ou sociais, a atuação e intervenção da jurisdição na seara administrativa têm ganhado foros de legitimidade, consoante reiterada jurisprudência do Supremo Tribunal Federal[6].

Presente, nesse particular, a menção de Tércio Sampaio Ferraz Júnior (1994b) ao se referir a um processo de *desneutralização* do poder judiciário, observando a saída do juiz de uma posição neutra imposta pela clássica doutrina da separação de poderes, para uma posição inserida também de política (repolitização do Judiciário), em que há de se "exercer uma função socioterapêutica, liberando-se do apertado condicionamento da estrita legalidade e da responsabilidade exclusivamente retrospectiva que ela impõe, obrigando-se a uma responsabilidade prospectiva" (p. 19).

Luís Roberto Barroso (2013, p. 225-270) sintetiza os limites até então expostos, aludindo três críticas à expansão do poder judiciário e, utilizados para a presente temática, para a aplicação de precedentes judiciais na Administração Pública: (1ª) os juízes não são eleitos pela vontade popular; (2ª) capacidade institucional, em que a judicatura, em temas técnicos ou científicos e complexos, não deve atuar; (3ª) limitação do debate, em que há a sua elitização, circunscrita aos técnicos jurídicos e não à totalidade das pessoas.

---

6. A respeito dessa atuação do STF, Oscar Vilhena Vieira (2008) a denomina de supremocracia, denominação referida pelo autor que tem um duplo sentido; o primeiro, relativo "a autoridade do Supremo em relação às demais instâncias do judiciário" (p. 444) e, o segundo, "refere-se à expansão da autoridade do Supremo em detrimento dos demais poderes" (p. 445).

3.2.1.4 Repercussões e Responsabilidades

Diante dos referidos limites descritos – legalidade, democracia, separação de poderes –, e em razão do regime jurídico a que estão vinculados os agentes e administradores públicos, todo e qualquer ato realizado em desconformidade com a sistemática normativa disciplinadora das atividades executivas impõe repercussões e responsabilidades nos diversos campos ou setores jurídicos, notadamente o civil, o administrativo e o penal.

No campo do direito civil pode-se citar o § 6º do art. 37 da Constituição Federal, que regula a responsabilidade por regresso de servidor que atuar com dolo ou culpa. Essa culpabilidade pode naturalmente decorrer do desatendimento deliberado à lei que dispõe sobre o seu ofício.

Umbilicalmente ligado ao dispositivo constitucional em análise está o instituto processual da denunciação à lide. O Código de Processo Civil de 1973 diz que é obrigatória a denunciação à lide em relação àquele que estiver obrigado por lei a indenizar o prejuízo, em ação regressiva, de quem perder a demanda. No Código de Processo Civil de 2015, a denunciação à lide foi mantida no art. 125, esclarecendo que, nos casos em que não foi exercido o direito de denunciar, quando não for permitida ou no indeferimento da denunciação à lide, o direito de regresso será exercido em ação autônoma (art. 125, § 1º).

Preceitua ainda a Constituição Federal que lei disciplinará as formas de participação do usuário na Administração Pública direta e indireta, especialmente, conforme texto do art. 37, § 3º, III, a disciplina da representação contra o exercício negligente ou abusivo de cargo, emprego ou função na Administração Pública. E, no § 5º, remete-se à lei o estabelecimento de prazo de prescrição para ilícitos praticados por qualquer agente, tornando imprescritíveis as ações de ressarcimento.

Veja-se, portanto, que os termos utilizados nesses preceptivos constitucionais são exercício negligente, abusivo e ilícito, que nada mais são que modos de agir em desconformidade com a lei[7]. Por

---

7. O art. 186 do Código Civil, que trata dos atos ilícitos, descreve: "Aquele que, por ação ou omissão voluntária, negligência ou imprudência, violar direito e causar dano a outrem,

consectário, deixando o agente público de atuar em consonância com a lei para atuar nos termos assentados por precedente judicial vinculante, é de conclusão singela que ficará passível de responder civilmente pelos seus atos[8].

Na seara administrativa, faz-se referência ao quanto disposto na Seção IX, do Capítulo I, do Título IV, da Constituição Federal, que trata da fiscalização contábil, financeira e orçamentária, de onde se extrai do art. 70 que a:

> fiscalização contábil, financeira, orçamentária, operacional e patrimonial da União e das entidades da administração direta e indireta, quanto à legalidade, legitimidade, economicidade, aplicação das subvenções e renúncia de receitas, será exercida pelo Congresso Nacional, mediante controle externo, e pelo sistema de controle interno de cada Poder.

A Lei Complementar n. 101, de 4 de maio de 2000, denominada Lei de Responsabilidade Fiscal, dispõe no art. 73 que a infração a seus

---

ainda que exclusivamente moral, comete ato ilícito". O art. 187 cuida do abuso do direito: "Também comete ato ilícito o titular de um direito que, ao exercê-lo, excede manifestamente os limites impostos pelo seu fim econômico ou social, pela boa-fé ou pelos bons costumes". E, por fim, estatuindo sobre a responsabilidade civil, o art. 927 do Código Civil afirma: "Aquele que, por ato ilícito (arts. 186 e 187), causar dano a outrem, fica obrigado a repará-lo. Parágrafo único. Haverá obrigação de reparar o dano, independentemente de culpa, nos casos especificados em lei, ou quando a atividade normalmente desenvolvida pelo autor do dano implicar, por sua natureza, risco para os direitos de outrem".

8. Os julgados do STJ corroboram essa repercussão civil no desatendimento ao comando legal pelos agentes administrativos. Colhe-se, ilustrativamente: "RECURSO ESPECIAL. DANO MORAL. ALEGAÇÃO DE ATO ILÍCITO PRATICADO POR AGENTE PÚBLICO ESTADUAL. É FACULDADE DO AUTOR PROMOVER A DEMANDA EM FACE DO SERVIDOR, DO ESTADO OU DE AMBOS, NO LIVRE EXERCÍCIO DO SEU DIREITO DE AÇÃO. RECURSO ESPECIAL PROVIDO PARA AFASTAR A ILEGITIMIDADE PASSIVA DO AGENTE. (REsp 731.746/SE, Rel. Ministro Luis Felipe Salomão, Quarta Turma, julgado em 05/08/2008, DJe 04/05/2009)". "RECURSO ESPECIAL. INDENIZAÇÃO. RESPONSABILIDADE CIVIL. AGENTES PÚBLICOS. PROCURADORES DA REPÚBLICA. EXERCÍCIO DAS ATRIBUIÇÕES. LEGITIMIDADE PASSIVA CONDICIONADA À INSTRUÇÃO PROCESSUAL. INEXISTÊNCIA DE OBSTÁCULO LEGAL.- Os membros do Ministério Público podem, em tese, responder civilmente por seus atos que extrapolem as atribuições legais do cargo. - A responsabilidade nestes casos, deve ser examinada após a instrução processual, em que se apurará a existência de má-fé ou abuso de direito na conduta do réu. (REsp 759.272/GO, Rel. Ministro Humberto Gomes de Barros, Terceira Turma, julgado em 18/08/2005, DJ 19/06/2006, p. 138)".

dispositivos será punida segundo o Código Penal, as lei dos crimes de responsabilidade (Lei n. 1.079/1950 e Decreto-Lei n. 201/1967), além da Lei de Improbidade Administrativa (Lei n. 8.429/1992).

Ainda em âmbito administrativo, mas especificamente voltado ao direito tributário, o Código Tributário Nacional é expresso no art. 141:

> O crédito tributário regularmente constituído somente se modifica ou extingue, ou tem sua exigibilidade suspensa ou excluída, nos casos previstos nesta Lei, fora dos quais não podem ser dispensadas, sob pena de responsabilidade funcional na forma da lei, a sua efetivação ou as respectivas garantias.

No mesmo Código Tributário Nacional, o parágrafo único do art. 142 adverte: "A atividade administrativa de lançamento é vinculada e obrigatória, sob pena de responsabilidade funcional".

Outra repercussão de maior relevo que pode ocorrer pela aplicação de precedente vinculante em detrimento do disciplinamento legal é a penal ou criminal.

Em tese, pode-se enquadrar o servidor no crime de prevaricação, estatuído no art. 319 do Código Penal: "Retardar ou deixar de praticar, indevidamente, ato ofício, ou praticá-lo contra disposição expressa de lei, para satisfazer interesse ou sentimento pessoal", com pena de detenção, de três meses a um ano, e multa.

Note-se que esse interesse ou sentimento pessoal, uma vez que subjetivo, pode decorrer do entendimento do agente público acerca do direito aplicável ao caso, fundamentado em precedente judicial. A vinculação administrativa de seus órgãos e servidores, como já retratado, é com a lei, por imposição de cláusula pétrea da Constituição Federal.

A Lei Federal n. 10.028, de 19 de outubro de 2000, que acresceu um capítulo inteiro sobre os crimes contra as finanças públicas ao Código Penal (arts. 359-A a 359-H), especificou em quase todos os dispositivos que é crime a realização de atos na forma não autorizada, estabelecida ou permitida em lei.

E mais, referida lei estendeu no art. 3º, com a inclusão do art. 40-A à Lei de Crimes de Responsabilidade n. 1.079/1950, os crimes de responsabilidade dispostos no art. 10⁹ ao Procurador Geral da República, ao Advogado-Geral da União, aos Procuradores-Gerais do Trabalho, Eleitoral e Militar, Procuradores-Gerais de Justiça dos Estados e do Distrito Federal, Procuradores-Gerais dos Estados e do Distrito Federal e aos membros do Ministério Público da União e dos Estados, da Advocacia-Geral da União, das Procuradorias dos Estados e do Distrito Federal, quando no exercício de função de chefia das unidades regionais ou locais das respectivas instituições.

Em outras palavras, a mencionada alteração legislativa enquadrou os agentes que labutam diretamente com processos judiciais e, por conseguinte, tem o conhecimento dos precedentes vinculantes proferidos pelas Cortes de Justiça, no sentido de que seus atos devem ser respaldados por lei, e não por precedentes.

---

9. "Art. 10. São crimes de responsabilidade contra a lei orçamentária:

1- Não apresentar ao Congresso Nacional a proposta do orçamento da República dentro dos primeiros dois meses de cada sessão legislativa;

2 - Exceder ou transportar, sem autorização legal, as verbas do orçamento;

3 - Realizar o estorno de verbas;

4 - Infringir, patentemente, e de qualquer modo, dispositivo da lei orçamentária.

5) deixar de ordenar a redução do montante da dívida consolidada, nos prazos estabelecidos em lei, quando o montante ultrapassar o valor resultante da aplicação do limite máximo fixado pelo Senado Federal; (Incluído pela Lei nº 10.028, de 2000)

6) ordenar ou autorizar a abertura de crédito em desacordo com os limites estabelecidos pelo Senado Federal, sem fundamento na lei orçamentária ou na de crédito adicional ou com inobservância de prescrição legal; (Incluído pela Lei nº 10.028, de 2000)

7) deixar de promover ou de ordenar na forma da lei, o cancelamento, a amortização ou a constituição de reserva para anular os efeitos de operação de crédito realizada com inobservância de limite, condição ou montante estabelecido em lei; (Incluído pela Lei nº 10.028, de 2000)

8) deixar de promover ou de ordenar a liquidação integral de operação de crédito por antecipação de receita orçamentária, inclusive os respectivos juros e demais encargos, até o encerramento do exercício financeiro; (Incluído pela Lei nº 10.028, de 2000)

9) ordenar ou autorizar, em desacordo com a lei, a realização de operação de crédito com qualquer um dos demais entes da Federação, inclusive suas entidades da administração indireta, ainda que na forma de novação, refinanciamento ou postergação de dívida contraída anteriormente; (Incluído pela Lei nº 10.028, de 2000)

10) captar recursos a título de antecipação de receita de tributo ou contribuição cujo fato gerador ainda não tenha ocorrido; (Incluído pela Lei nº 10.028, de 2000)

11) ordenar ou autorizar a destinação de recursos provenientes da emissão de títulos para finalidade diversa da prevista na lei que a autorizou; (Incluído pela Lei nº 10.028, de 2000)"

12) realizar ou receber transferência voluntária em desacordo com limite ou condição estabelecida em lei. (Incluído pela Lei nº 10.028, de 2000)

Atente-se que não se está a tratar de adoção por referidos agentes públicos de atos para cumprimento de decisão judicial em determinado processo ou caso concreto, o que torna o ato, pela subscrição da jurisdição, legítimo[10], mas sim de vedação em abstrato, sob pena de incorrer-se em crime de responsabilidade, de adotar medidas em dissonância com a legislação, ou, de outra forma, em consonância com precedente judicial vinculante.

Em tema de improbidade administrativa, a Lei Federal n. 8.429, de 2 de junho de 2002, também impõe como ato de improbidade administrativa que atenta contra os princípios da Administração Pública, "qualquer ação ou omissão que viole os deveres de honestidade, imparcialidade, legalidade, e lealdade às instituições" (art. 11, *caput*), destacando, dentre outras hipóteses, a prática de "ato visando fim proibido em lei ou regulamento ou diverso daquele previsto, na regra de competência" (inciso I).

A pena prevista está estipulada no art. 12, III, que é o

> "ressarcimento integral do dano, se houver, perda da função pública, suspensão dos direitos políticos de três a cinco anos, pagamento de multa civil de até cem vezes o valor da remuneração percebida pelo agente e proibição de contratar com o Poder Público ou receber benefícios ou incentivos fiscais ou creditícios, direta ou indiretamente, ainda que por intermédio de pessoa jurídica da qual seja sócio majoritário, pelo prazo de três anos.

Assim sendo, mesmo se o agente ou administrador público tiver ciência de precedentes vinculantes e mesmo que esses possam eventualmente ser a melhor interpretação do direito aplicável ao caso sob sua análise, o sistema jurídico brasileiro, desde a Constituição Federal até a legislação infraconstitucional, delimita e obriga a atuação nos termos da lei[11], sob pena de repercussões e responsabilidades civis, administrativas e penais.

---

10. O não cumprimento de decisões judiciais também é passível de se enquadrar como crime de responsabilidade, nos termos do art. 12 da Lei 1.079/1950.
11. Eduardo Cambi e Adriano Aranão (2018), nada obstante entenderem que a aplicabilidade de precedentes vinculantes pela Administração Pública decorre da lógica do sistema jurídico, após decisão das Cortes de Vértice (que reputam definitivas), aproximam-se, em certa medida, do que se propõe nesse estudo, consoante a seguinte passagem: "Evidente-

Por tais fundamentos, ademais, que se conjectura da formatação de lei autorizativa para legitimar a conduta da Administração e de seus servidores, já que, consoante já destacado, a atuação administrativa na contemporaneidade impõe-se por uma juridicidade em vistas da concretização dos direitos fundamentais, contudo, para sua devida e regular aplicação, necessária a expedição de destacada norma autorizativa como instrumento legitimador.

3.2.2 Possibilidades

Os limites, repercussões e responsabilidades, elencados nos tópicos anteriores, mostram a complexidade do tema da aplicação de precedentes vinculantes pela Administração Pública.

O regramento dos atos da Administração Pública, como visto, está primeiramente estipulado na Constituição Federal, nas respectivas constituições estaduais e, por fim, na legislação (leis, decretos, portarias, etc.).

Em razão disso, necessário que o não atendimento a toda esta normatividade, constitucional e infraconstitucional, se dê dentro dela própria, com a inclusão de exceções ou regulamentações normativas que possibilitem o seu afastamento ou maleabilidade[12] ao caso em exame, como, por exemplo, atualmente se dá com a súmula vinculante e a decisão em controle concentrado de constitucionalidade, à exceção da arguição de descumprimento de preceito fundamental, tendo esses precedentes vinculantes aplicação direta na esfera administrativa.

A necessidade de estabelecer por regulamentação legal a possibilidade de não aplicação da legislação em casos específicos dota o ente público de legitimidade para se submeter aos precedentes judiciais, sem que com isso se possa responsabilizar a Administração Pública e/ou os seus agentes.

---

mente que não se defende a possibilidade de que cada agente público seja autorizado a reconhecer a hipótese de incidência e assim aplicar o precedente judicial vinculante aos casos concretos que se apresentam no seu cotidiano. Isso seria contribuir para aumentar a segurança jurídica. O que se propugna é que a Administração Pública, por meio dos seus órgãos diretivos competentes, analise, reconheça e determine a aplicação do precedente judicial vinculante no exercício das atividades administrativas" (p. 374).

12. O conceito de maleabilidade é extraído da obra de Gustavo Zagrebelsky (2009).

Ainda, dá publicidade às pessoas que determinada legislação será, doravante, aplicada de acordo com o que está sedimentado em precedente judicial.

Essa mudança de entendimento não pode ser feita, portanto, de inopino, sem cientificação da sociedade, pois, como dito, o particular pode fazer tudo o que lei não proíbe e, esta permissão está atrelada ao sentido da lei. O inciso II do art. 5º da Constituição Federal, assim impõe. Se o sentido da lei era interpretado pela administração de uma determinada forma, influenciando ou não as atividades privadas, a modificação da atuação estatal, em cumprimento ao princípio da moralidade, deve ser pública[13]. Afinal, a "confiança nos atos do Poder Público é fundamental para o investimento econômico e o dispêndio de energia em projetos importantes para o desenvolvimento do país" (MARINONI, 2014b, p. 111).

Trata-se, também, de aplicação da chamada doutrina dos atos próprios, referida no item 2.1.2 ao tratar-se do princípio da publicidade, ou seja, se o administrado tem uma expectativa de conduta do poder público, baseada no que delimitado pelos atos públicos fundados na interpretação da lei até então realizada, não se pode, inesperadamente, modificar o modo de agir sem dar a conhecer, previamente, o que dali em diante será aplicado, em consonância com os precedentes judiciais.

A aparência da conduta anterior impinge condutas de pessoas, sociedade e empresas que devem ser respeitadas. A mudança dessa aparência, para ser legítima, necessita de cientificação de todos quantos sejam atingidos pela nova interpretação jurídica então encampada pela Administração Pública. Trata-se, ademais, da aplicação do princípio da proibição do comportamento contraditório (*nemo potest venire contra factum proprium*) à Administração Pública.

A esse respeito, Lucio Picanço Facci (2011) destaca que o princípio da proibição do comportamento contraditório - que teria como pressupostos a conduta inicial (i), a confiança legítima (ii), o com-

---

13. Celso Antonio Bandeira de Mello (2008, p. 60) é oportuno: "Cumpre, no Estado de Direito, que os administrados estejam, de antemão, assegurados de que o proceder administrativo não lhes causará surpresas. E não as causará tanto porque outros fins, que não os estabelecidos em lei, estão vedados ao administrador, quanto porque estes mesmos fins só podem ser alcançados pelas vias previstas na regra de Direito como as adequadas ao caso".

portamento contraditório relativo a conduta inicial (iii) e o dano daí decorrente, efetivo ou potencial (iv), e, como princípios subjacentes o da segurança jurídica, da solidariedade social, da boa-fé objetiva e da dignidade da pessoa humana -, é aplicável não só no âmbito do direito privado, mas também no direito público, em decorrência e alargamento a esses princípios constitucionais referidos, dos princípios impostos à administração, como o princípio da moralidade administrativa, da impessoalidade e o da igualdade.

Ravi Peixoto (2015, p. 132-143), por sua vez, propondo a construção de uma teoria unitária, elege como requisitos para aplicação da tutela da confiança a base da confiança (i), a existência da confiança legítima (ii), a prática de atos concretos (iii) e a existência ou a potencialidade de uma conduta contraditória (iv).

Para aplicação do princípio da proibição do comportamento contraditório à Administração Pública, elege Facci ainda dois pressupostos, um subjetivo e outro objetivo; o primeiro relativo a que os atos sejam oriundos da mesma pessoa jurídica de direito público e, o segundo, impõe que as causas, os elementos fáticos que ensejaram as atuações administrativas, sejam similares.

Portanto, dentro da perspectiva da teoria dos atos próprios e da proibição do comportamento contraditório é que deve existir autorização legislativa de aplicação de precedente judicial, como também, para sua aplicação de fato, a devida cientificação da comunidade jurídica mediante publicação oficial do órgão estatal sobre a utilização do entendimento jurídico advindo de precedente judicial então encampado pela Administração Pública.

Por mais que possa parecer uma submissão exacerbada a um positivismo jurídico, em que "se reconhece também que o ordenamento jurídico, além de regular o comportamento das pessoas, *regula também o modo como devem ser produzidas as regras*" (BOBBIO, 2007, p. 196; grifos no original), o princípio da segurança jurídica e da tutela da confiança nos atos estatais coaduna-se com o que ora se defende. Ainda, a previsibilidade da ação estatal, resta garantida neste sentido.

Necessário assentar, contudo, que é imperioso que o ordenamento jurídico e, por conseguinte, a Administração Pública, não fiquem adstritos aos limites impostos pela *literalidade* da lei. Isso porque, como ocorre na seara judicial, é entendimento hodierno que, para "que o princípio da legalidade seja aplicado em consonância com outros princípios fundamentais que o delimitam, especialmente o princípio da isonomia, é necessário entender que o juiz não julga conforme a lei; julga conforme o direito, e o direito não se resume à lei. Existe, portanto, uma tendência oriunda da aceitação dos princípios como elementos essenciais do direito positivo atual, no sentido de que o princípio da legalidade seja entendido como a necessidade de que o juiz esteja vinculado não apenas à lei, de conteúdo interpretável, mas sim a todo o sistema jurídico, consoante as respostas trazidas pela lei, doutrina e jurisprudência" (LAMY, 2005, p. 118).

Propõe Augusto César Moreira Lima (2001, p. 81), a respeito da discussão da aplicação da doutrina do *stare decisis* no Brasil, que "a previsibilidade e igualdade de tratamento sejam a base da discussão e não somente o argumento de que 'há muitos casos para serem decididos'". E, Luiz Guilherme Marinoni (2014b, p. 115), tratando sobre a ética dos precedentes, disserta que "uma vida conforme o direito e, por consequência permeada pela responsabilidade, só é viável num Estado que resguarda a coerência da ordem jurídica".

Já que compete aos Tribunais Superiores dar à interpretação da lei – competência esta contida dentro do ordenamento jurídico--constitucional -, a referida *literalidade* da lei é de ser entendida em conjugação com a interpretação judicial, cristalizada em precedente vinculante. É dizer, com Gustavo Zagrebelsky (2009, p. 122), que não basta uma validez lógica das normas jurídicas, decorrente do estrito texto legal, mas sim se faz necessária uma validez prática, um direito em ação, um direito vivente. Em outros termos, "o direito é um dinamismo, um organismo vivo. Peculiar, porém, porque não envelhece, nem permanece jovem; é contemporâneo à realidade" (GRAU, 2014, p. 42).

Essa abertura da literalidade legal, consentânea com os ideais dos precedentes obrigatórios da tradição do *common law*, no sentido de dar segurança jurídica, confiança, uniformidade e previsibilidade ao sistema, no caso aqui, administrativo, é um passo importante para se assentar que também a Administração Pública - como de resto não podia ser diferente, mas que até se chegar a maturidade institucional brasileira ainda não se auferia este entendimento[14] -, pode se pautar consoante a interpretação uniforme dada pelos tribunais, desde que respaldada por autorização legal nesse sentido.

A consciência exigida é que não deve o Poder Executivo atuar somente mediante os mandamentos do Poder Legislativo, em uma visão de estado liberal, contemporaneamente ultrapassado, mas também em consonância com os princípios constitucionais, notadamente de direitos fundamentais, e em decorrência dos mandamentos do Poder Judiciário, feitos por intermédio dos precedentes vinculantes.

Os precedentes vinculantes decorrem do exercício da atividade jurisdicional devidamente regulamentada pela Constituição, ao dotar as cortes superiores de competência para dar a interpretação das normas constitucionais e infraconstitucionais. Daniel Mitidiero (2014, p. 116) assim expõe essa face da questão: "O Supremo Tribunal Federal e o Superior Tribunal de Justiça têm por função *interpretar* de forma adequada a Constituição e a legislação infraconstitucional federal, promovendo a *unidade do Direito* mediante a formação de *precedentes vinculantes*. Com isso, a atuação dessas Cortes Supremas situa-se na raiz do Estado Constitucional, na medida em que a regra do *stare decisis* implicada na adoção de um sistema de precedentes visa a assegurar a *igualdade* de todos perante o Direito e a promover a *segurança jurídica*. Igualdade e segurança jurídica funcionam aí como princípios que justificam a adoção de precedentes" (grifo no original).

---

14. Luiz Guilherme Marinoni (2014b, p. 87), escudado por Sérgio Buarque de Holanda e Max Weber, a propósito do patrimonialismo e personalismo, faz a seguinte observação: "Produto do patrimonialismo brasileiro, o 'homem cordial', vestido de parte, advogado ou juiz, evidentemente inviabilizou a aplicação igualitária da lei, uma vez que essa deveria ser neutra e abstrata apenas àquele que não tivesse 'boas razões' - ou seja, que não participasse do 'círculo íntimo' - para ser tratado de forma individualizada. Na verdade, a lógica da aplicação da lei, numa cultura marcada pelo patrimonialismo e dominada pelo cidadão que lhe corresponde - o 'homem cordial' -, só pode ser a da manipulação da sua aplicação e interpretação, bem sintetizada na conhecida e popular expressão: 'aos amigos tudo, aos inimigos a lei!' Note-se que essa expressão, cuja autoria é controversa, mas que certamente há muito expressa o ambiente brasileiro, além de confirmar a aversão da nossa cultura pela impessoalidade e pela racionalidade, evidencia que a igualdade e, mais clara e concretamente, a aplicação uniforme do direito sempre foram fantasmas a quem se acostumou a viver em um mundo destituído de fronteiras entre o público e o privado, acreditando na lógica das relações 'pessoais'".

O objetivo de se respeitar os precedentes judiciais obrigatórios, no âmbito da Administração Pública, não é apenas para aplicação no ambiente forense, nos milhares de processos judiciais existentes, quando se edita, por exemplo, portarias de dispensas de recursos para os advogados públicos ou orientações para o não ajuizamento de ações (LAMY; ZIESEMER, 2012; OLIVEIRA, 2016), ou mesmo meios consensuais de solução de conflitos envolvendo entes públicos já judicializados (SOUZA, 2010), mas, de forma ampla e geral, também e principalmente, de *meio preventivo*, consensual e de adoção de práticas administrativas para que novas ações não sejam intentadas por causa da recalcitrância na aplicação de legislação pela Administração Pública, de que se sabe não se coaduna com o entendimento massivo dos Tribunais. Posição semelhante se colhe da doutrina de Rafael Carvalho Rezende Oliveira (2018a, p. 149), para quem "ainda que a Administração Pública decida seus processos administrativos de forma diversa da orientação firmada em precedente judicial vinculante, a eventual judicialização da discussão levaria, necessariamente, à reforma da decisão administrativa, com a sua adequação aos termos do precedente judicial".

Alguns estudos e teorias dão aportes, fundamentos e diretrizes que subsidiam a possibilidade de aplicação de precedentes judiciais pela Administração Pública. Socorre-se, notadamente, na doutrina estrangeira a Ronald Dworkin e Jürgen Habermas, e, na doutrina nacional, a Conrado Hübner Mendes e Marcelo Neves.

O respeito aos precedentes vinculantes no exercício da atividade administrativa, *desde que respaldada por legislação orientada nesse sentido*, é medida que concretiza o entendimento sedimentado pelos tribunais, objetivando, em essência, a unidade e integridade do direito a que se refere Ronald Dworkin (1999), no sentido de um ideal político permeado pela coerência da justiça, equidade e devido processo legal adjetivo.

Explica Dworkin (1999, p. 483) que a justiça "diz respeito ao resultado correto do sistema político: a distribuição correta de bens, oportunidades e outros recursos"; a equidade "é uma questão da estrutura correta para este sistema, a estrutura que distribui a influência sobre as decisões políticas de maneira adequada"; e, o devido processo legal adjetivo, "é uma questão dos procedimentos corretos para aplicação de regras e regulamentos que o sistema produziu".

Nessa perspectiva, Estefânia Maria de Queiroz Barboza (2014) utiliza a integridade dworkiniana para fundamentar a adoção de precedentes judiciais, garantir e possibilitar a segurança jurídica. Extrai-se de seu texto que a teoria do direito como integridade seria a que melhor justificaria o respeito aos precedentes, pois aproximada do método do *common law*, mormente por trabalhar com uma comunidade de princípios além do texto constitucional, com os precedentes como uma prática constitucional, "bem como quando defende a ideia de um romance em cadeia, como se cada juiz, ao julgar, estivesse escrevendo o capítulo de um romance, devendo para tanto partir do capítulo anterior, para poder avançar" (p. 247). E, voltando-se para a realidade e o sistema jurídico brasileiros, disserta: "Essa integridade e continuidade do processo decisório garante uma maior estabilidade, previsibilidade e segurança jurídicas para os cidadãos nesse novo modelo de direito constitucional brasileiro, que, no que diz respeito aos direitos fundamentais e aos princípios constitucionais, aproxima-se das jurisdições do *common law*, devendo nelas buscar sua experiência na ideia de precedentes vinculantes, que se buscará justificar na teoria de Ronald Dworkin, de que as decisões da Suprema Corte devem ser escritas tais como se fossem capítulos de um romance na história do direito jurisprudencial brasileiro" (p. 267).

Em realidade, para a presente temática, acresce-se, ao princípio da integridade de Dworkin, um *princípio administrativo*, em adição aos seus dois princípios de integridade política (p. 213), quais sejam, o princípio legislativo, "que pede aos legisladores que tentem tornar o conjunto de leis moralmente coerente", e o princípio jurisdicional, "que demanda que a lei, tanto quanto possível, seja vista como coerente nesse sentido".

A teoria do direito como integridade é dividida ainda pelo seu autor em dois níveis, a inclusiva e a pura (DWORKIN, 1999, p. 482-486); aquela decorre do princípio adjudicativo voltada aos juízes, que devem, baseados na coerência da justiça, na equidade e no devido processo legal adjetivo, declarar e aplicar o direito; esta, a integridade pura, não se dirige a uma ou outra instituição pública existente, mas volta-se para o entendimento de justiça da comunidade, de modo coerente e abrangente.

Transportando referida teoria, assim como o fez Barboza (2014)[15], para a aplicação de precedentes no Brasil, mostra-se adequada a noção de integridade pura no sentido de desmonopolizar o entendimento do direito – e de coerência da justiça - a uma ou outra instituição em particular, mas, então, pautar-se pela ideia de justiça comunitária, que decerto perpassa pelo entendimento de que situações iguais devem ter as mesmas consequências e tratamentos dados pelo ordenamento jurídico.

De modo que, a divergência ou diferenciação na interpretação legal entre a Administração Pública e o que restou pacificado em precedente vinculante deve, na medida do possível, ser dirimida em favor deste, objetivando justamente retomar a igualdade de tratamento a que a justiça, a equidade e a coerência exigem, desde que os limites antes referidos, sejam ultrapassados, o que sói acontecer com uma autorização legal a qual, com a interatividade entre os poderes/funções estatais, ao mesmo tempo democratiza, legitima e delimita a atuação administrativa.

Consequentemente, na aplicação de precedentes pela Administração Pública, utiliza-se não só argumentos de princípio, como é o caso de aplicação de precedentes no âmbito judicial, mas também, e necessariamente, de argumentos de política (DWORKIN, 2002, p. 173, nota 24). E, a política é uma sequência ininterrupta de contestações e revisões das decisões de autoridade, não se querendo dizer com isso que é regressão ao infinito, mas sim, que se trata de uma continuidade histórica (MENDES, 2008, p. 180).

O Código de Processo Civil de 2015, ainda que vincule apenas juízes e tribunais, merece reflexão para que, diante da ideologia dos precedentes vinculantes (uniformidade, previsibilidade, certeza e segurança jurídicas, etc.), também seja aplicável à Administração Pública (OLIVEIRA, 2016).

Não pode o administrador público ficar obtuso a essa nova concepção e realidade institucional e jurisdicional, aguardando passivamente eventual alteração legislativa para exercer o seu múnus. Contudo, também não pode ter uma atitude ativa sem respaldo em legislação, já que, querendo ou não, o princípio da legalidade lhe é

---

15. Alexandre Freitas Câmara (2018, p. 24) também adota a concepção de precedentes como princípios de Ronald Dworkin, pois ofereceria a melhor justificativa para o tema.

impositivo, sob pena, até mesmo e como já ressaltado, de cometimento de crimes, como os de improbidade administrativa, nos termos do art. 11, da Lei Federal n. 8.429, de 2 de junho de 1992[16].

Isso não impede que a Administração Pública, diante de sua vinculação a uma juridicidade, dialogicamente com a legislação e a jurisdição (MENDES, 2008; SOUZA, 2013), e em consonância com os demais princípios constitucionais, como o da igualdade, moralidade e eficiência, como também ciente da evolução do Estado Constitucional, não adote medidas, dentro do seu campo de atuação, competência e interesse, que dê cumprimento aos precedentes vinculantes[17], afinal, o "direito não *mora* nas cortes superiores; no entanto, o direito também não pode prescindir delas" (SCHMITZ, 2015, p. 311).

Segundo Conrado Hübner Mendes (2008), no que respeita ao diálogo como fruto da separação dos poderes, não há a última palavra final e acabada, tanto no que se refere a uma supremacia judicial, quanto a uma supremacia legislativa, mas sim, o que deve existir é uma provisoriedade da última palavra ou "última palavra provisória" (p. 167), possibilitando o que denomina de "diálogos permanentes" e "rodadas procedimentais" (p. 168)[18]. Disso resultaria uma função

---

16. Art. 11. Constitui ato de improbidade administrativa que atenta contra os princípios da Administração Pública qualquer ação ou omissão que viole os deveres de honestidade, imparcialidade, legalidade, e lealdade às instituições, e notadamente: I - praticar ato visando fim proibido em lei ou regulamento ou diverso daquele previsto, na regra de competência; II - retardar ou deixar de praticar, indevidamente, ato de ofício; III - revelar fato ou circunstância de que tem ciência em razão das atribuições e que deva permanecer em segredo; IV - negar publicidade aos atos oficiais; V - frustrar a licitude de concurso público; VI - deixar de prestar contas quando esteja obrigado a fazê-lo; VII - revelar ou permitir que chegue ao conhecimento de terceiro, antes da respectiva divulgação oficial, teor de medida política ou econômica capaz de afetar o preço de mercadoria, bem ou serviço.

17. Kaline Ferreira Davi (2008, p. 104) assevera que "o diálogo entre a política e o direito ocorre na Constituição, na qual os fatores reais de poder – de nítido caráter político – transforma-se em norma cogente, a ser concretizada mediante atividade administrativa, que planeja, dirige, programa e traça as metas por meio de um conjunto de atos das mais variadas espécies, os quais, só ganham força e sentido por seu entrelaçamento lógico – procedimentalização".

18. Merece alusão a seguinte passagem do pensamento de Conrado Hübner Mendes (2008, p. 181): "Numa sequência de perguntas e respostas, talvez consiga sintetizar sem mais rodeios: A última palavra sobre direitos importa? Sim, mas menos do que se supunha. Importa para quê? Para firmar decisões com pretensão de maior durabilidade; para resolver, ainda que temporariamente, uma demanda por decisão coletiva que valha para todos. Qual, então, o critério de escolha da autoridade detentora dessa prerrogativa? A confiança da comunidade na instituição que tenha maior probabilidade de produzir melhor decisão. E se essa

cambiante, flutuante, e não estática da teoria da separação dos poderes, interativa com a opinião pública e com a repercussão das próprias decisões de cada poder, de onde se extrairia uma maior probabilidade de alcançar boas respostas, mesmo que provisórias, em um *legítimo* "jogo sem fim" (FERRAZ JÚNIOR, 1978, p. 169-181).

O ônus deliberativo no diálogo entre as instituições (deliberação interinstitucional) e a sua desincumbência daria, então, para Mendes, a legitimidade da tomada de uma determinada posição como uma melhor alternativa[19].

Essa ideia de diálogo institucional - teorias ou modelos dialógicos (Louis Fisher, Neal Devins, Christine Bateup, Alexander Bickel, Cass Sustein) -, referidos por Jorge Munhós de Souza (2013), tem para esse autor as seguintes características: "i) a recusa de uma visão juricêntrica e do monopólio judicial na interpretação da constituição, a qual é e deveria ser legitimamente exercida por outros poderes; ii) a recusa da existência de última palavra, pelo menos de que a corte a detenha por meio da revisão judicial; iii) a valorização do desacordo sobre questões substantivas e a afirmação do procedimento democrático como alternativa viável para dissolvê-los; iv) uma visão mais modesta sobre a possibilidade de se atingir respostas corretas por meio de juízos morais v) uma visão mais estendida do tempo da política" (p. 333).

Diante do destacado contexto dialógico, não pode a Administração Pública, sob pena de ofensa do princípio da igualdade, negar aplicação ao quanto decidido pelos tribunais em última instância. No Estado Constitucional atual, não se pode consentir com a emanação de duas interpretações, de dois entendimentos diversos acerca de uma dada norma jurídica para subsidiar as atividades públicas e privadas.

---

instituição for, comparativamente, menos democrática do que as alternativas? Mesmo que se aceite a hipótese da qualidade mais ou menos democrática de instituições isoladas, dentro da lógica da separação dos poderes, aquela que for 'mais democrática', caso discorde, sempre poderá responder. Se outra, de fato, for 'mais democrática', dificilmente poderá ser derrotada por muito tempo. A última palavra, portanto, é apenas parte da história, não toda ela".

19. Apesar de Conrado Hübner Mendes (2008, p. 97, nota de rodapé n. 213) concentrar seu texto, como por ele mesmo afirmado, numa versão incompleta da perspectiva dialógica da separação dos poderes, com foco na relação entre parlamentos e cortes, é certo que, para os fins do tema proposto neste trabalho, os fundamentos de sua tese são inteiramente aplicáveis também com a inclusão da Administração Pública no diálogo institucional.

Essa aplicabilidade, contudo, deve ser realizada unicamente após a sedimentação do entendimento pelos tribunais, mediante precedentes vinculantes, em que tenha ocorrido amplo debate pelas partes e, se possível, por terceiros, como a figura do *amicus curiae*, e a realização de audiências públicas (MEDEIROS, 2013, p. 536), dando-se um enfoque, mesmo que diminuto, de democraticidade ao precedente judicial[20].

O princípio democrático não é, pois, um limite absoluto à aplicação de precedentes vinculantes pela Administração Pública.

O simples e único argumento de que não se pode adotar a interpretação judicial reiterada em detrimento do que dispõe o sentido literal da lei, em razão de ofensa ao princípio democrático, no Brasil, não é de *todo* correto, já que o sistema jurídico brasileiro autoriza o controle difuso de constitucionalidade, vale dizer, qualquer juiz de primeira instância, sem que haja qualquer discussão prévia maior, até mesmo em sede de antecipação dos efeitos da tutela, pode afastar a constitucionalidade de uma lei editada democraticamente. Essa situação é mais grave do que se encampar a adoção de precedente vinculante, uma vez que essa vinculatividade do precedente apenas

---

20. Não se deve olvidar, sem embargo, a crítica doutrinária sobre a falta de representatividade na realização das audiências públicas: "Public hearings in the Brazilian judicial review do not have clear rules concerning participation – who can take part and what is expect from them. The definition of the real contributors is a decision made by the Justice-Rapporteur without justification, and there is no appeal against that choice. This is why, even if conversation is considered a kind of dialogue that may be useful to engage in constitutional meaning definition; the Brazilian experience with public hearings lack theorization. Restricting the speakers might be a practical requirement – but cannot be a decision driven by intimate beliefs that are not known or perceived by the public. This is a first flaw that should be faced in the Brazilian experience – and be prevented in future initiatives in other countries. Public hearings requires the development of kind of known selectivity that really provides the intended conversation – preventing a detour in the process that ends up limiting the discussion to only a privileged group or even to Public Administration itself. A second aspect that weakens the initiative is the absence of a parameter on how those informational inputs should be translated and taken into account in the final decision. That void might bring two undesirable consequences. First, if one is not sure whether his participation, opinion or information will be considered (even if it is to be discarded), this will probably lead to disinterest and disengagement, undermining from the beginning, the dialogical potential. Second, if there are no parameters to how that information is to be brought to the ruling, it is possible that they will not be considered at all – and then the hearing will have turned into a merely symbolical initiative; in fact, simply meaning a public display of a pretended openness to other perspectives (VALLE, 2014, p. 86).

se daria após reiteração da interpretação judicial a respeito de uma determinada lei – impõe-se a participação de vários autores e defesas em grande número de processos[21].

E, igualmente, pela ideia que se tenta construir neste estudo, mesmo havendo o precedente vinculante, para que não se diga que há ofensa à democracia (e haverá), deve ser, pelo ente público interessado, editada lei, democraticamente pelo poder legislativo, autorizando o uso pela administração do precedente judicial. Busca-se, dessa forma, a coesão interna entre Estado de direito e democracia, aludida por Jürgen Habermas (2002, p. 285-297).

Com efeito, Habermas (2002, p. 269-284), na descrição de três modelos normativos de democracia, aduz a propósito das concepções do processo democrático, que se ligariam à concepção liberal, à concepção republicana e a outra, fundada em Michelman, que "baseia-se nas condições de comunicação sob as quais o processo político supõe-se capaz de alcançar resultados racionais, justamente por cumprir-se, em todo seu alcance, de modo deliberativo" (2002, p. 277).

Descrevendo sobre a concepção republicana, diz Habermas que a força legitimadora e de vinculação do poder e do exercício da dominação política decorre do embate de opiniões na arena política e, assim, o "poder administrativo só pode ser aplicado com base em políticas e no limite das leis que nascem do processo democrático" (2002, p. 275-276).

Contudo, em uma terceira concepção fugidia da liberal e republicana, defende o autor, dentro de sua teoria do discurso, procedimentos e pressupostos de comunicação para formação democrática da opinião, que esses são "importantes escoadouros da racionalização discursiva das decisões de um governo e administração vinculados ao direito e à lei" (2002, p. 282).

Para a temática em análise, talvez se possa adotar, com alguma ressalva - porque relata Habermas sobre um procedimento de origem *informal* na formação da opinião (2002, p. 281), ao contrário do que se defende de um procedimento *formal* interativo entre o legal e o

---

21. Este é o caso do exercício da autonomia privada mutuamente com a autonomia pública, conforme descrição de Jürgen Habermas (2002, p. 293-294); no caso em debate, autonomias pública e privada exercidas por meio do processo judicial.

jurisdicional de formação do entendimento do direito aplicável pela administração -, a sua terceira concepção de democracia, a da teoria do discurso, em que o "poder administrativo modifica seu estado de mero agregado desde que seja retroalimentado por uma formação democrática da opinião da vontade" (p. 282), opiniões essas estampadas nos julgamentos dos precedentes e na autorização legislativa.

Em outra obra, Habermas (2003b) discorre sobre o paradigma procedimentalista do direito, que legitima a ordem jurídica e a decisão judicial ao incluir o discurso e a comunicação entre os interessados.

Dentre deste conceito procedimental habermasiano, inclui-se a encampação de precedentes judiciais no exercício das atividades administrativas mediante concessão legal e critérios avaliados no âmbito da administração[22].

É dizer, legitima-se a legalidade "na medida em que a ordem jurídica reagir à necessidade de fundamentação resultante da positivação do direito, a saber, na medida em que forem institucionalizados processos de decisão jurídica *permeáveis* a discursos morais" (HABERMAS, 2003b, p. 216), discursos morais esses trazidos aos autos pelas partes, ou melhor, pela sociedade, e utilizados nos fundamentos dos precedentes judiciais. Entretanto, não aplicáveis tais fundamentos (*ratio decidendi*) de pronto, diretamente como no caso das súmulas vinculantes e nas decisões em controle concentrados de constitucionalidade, pois, como mesmo adverte Habermas, o tribunal "não pode assumir o papel de um regente que entra no lugar de um sucessor menor de idade" (2003a, p. 347), e, por conseguinte, o "poder administrativo só pode ser empregado na base das políticas e nos limites das leis que resultam de processos democráticos" (2003a, p. 339).

Em realidade, o que se defende são critérios procedimentais para o processo de aplicação de precedentes judiciais pela Administração Pública. Critérios que imprescindem do respeito à Constituição, à

---

22. Expõe Jürgen Habermas (2003a, p. 294): "As regras do processo não regulam, pois os argumentos permitidos, nem o prosseguimento da argumentação; porém eles garantem espaços para discursos jurídicos que se transformam no objeto do processo, porém somente no resultado. O resultado pode ser submetido a um reexame pelo caminho das instâncias. A auto-reflexão institucionalizada do direito serve à proteção individual do direito sob o duplo ponto de vista da justiça no caso singular, bem como da uniformidade da aplicação do direito e do aperfeiçoamento do direito [...]".

legalidade, à democracia e à separação dos poderes, em razão de competências legislativas e materiais.

Esse estudo, além de se inserir, com maior ênfase, em um *procedimentalismo* (HABERMAS), se insere, igual e complementarmente, em um *substancialismo* (DWORKIN)[23]. Isso porque pretende dar concretude à igualdade e à segurança jurídica - concretizando direitos fundamentais, portanto -, entre jurisdicionados e administrados quando em idênticas situações jurídicas, encampando-se precedentes vinculantes no interno da Administração Pública, evitando-se, enfim, a judicialização de toda e qualquer controvérsia de direito público. Em outras palavras, dar integridade às decisões jurídicas (judiciais e administrativas) de acordo com procedimentos democraticamente estatuídos e guiados pela materialidade dos direitos fundamentais.

Esse imbricamentos procedimental e substancial leva em consideração, com efeito, a advertência de Lênio Streck (2017, p. 120), para quem "é difícil sustentar as teses processuais-procedimentais em países como o Brasil, em que parte considerável dos direitos fundamentais-sociais continua incumprida, passadas mais de duas décadas de promulgação da Constituição. Dito de outro modo: parece muito pouco - mormente se levarmos em conta a pretensão de se construir as bases de um Estado Social no Brasil - destinar ao Poder Judiciário tão somente a função de *zelar pelo respeito aos procedimentos democráticos para a formação da opinião e da vontade política, a partir da própria cidadania*, como quer, por exemplo, o paradigma procedimental" (grifos no original).

Ainda, em outra perspectiva e a propósito da democracia como eventual limite, os precedentes judiciais estabelecidos por uma jurisdição constitucional, tanto pelo Supremo Tribunal Federal, quanto pelo Superior Tribunal de Justiça, podem ser entendidos, nos termos da doutrina de Hans Kelsen (2000, p. 70 e 106), como o resultado que o sistema dá à minoria, ou seja, já que não se pôde ganhar com a

---

23. Francisco José Borges Motta (2017, p. 49, grifos no original) é oportuno: "Na verdade, parece-nos que, bem entendido, o chamado procedimentalismo de corte habermasiano não seja essencialmente conflitante com o substancialismo dworkiniano. É possível que essas visões possam ser interpretadas como complementares e que essa dualidade (substancialismo *versus* procedimentalismo) não tenha a dimensão de oposição que comumente se lhe atribui".

maioria, a liberdade exercida pelo amplo e irrestrito acesso à justiça, mormente a jurisdição constitucional, encaminha outros entendimentos que, após diversas discussões em múltiplos processos, podem dar voz à minoria que não teve suas opiniões ouvidas em âmbito parlamentar, podendo, então, participar também da sedimentação do entendimento jurídico da comunidade.

De forma parecida expressa-se Hermes Zaneti Júnior (2012, p. 108), ao aludir sobre tornar-se o Judiciário "um espaço privilegiado para o discurso democrático, um '*motor da democracia*' participativa", como também Luiz Werneck Vianna e Marcelo Burgos (2002, p. 337-482), aduzindo sobre uma soberania complexa em que se "prevê a participação, entre outras, da sociedade civil organizada e do Ministério Público no controle de constitucionalidade das leis" (p. 371) e se proporciona ao indivíduo, por um simples requerimento em uma ação civil pública, uma "forma de participação na vida pública" (VIANNA; BURGOS, 2002, p. 372).

Nada obstante, para não subverter ou distorcer a ordem até então estabelecida legitimamente pela maioria, curial que essa mesma maioria abra este espaço de participação da minoria na regulamentação normativa estatal[24], o que pode ser feito pela criação de norma autorizativa de aplicação de precedentes judiciais na Administração Pública. Como destaca Dworkin (1999, p. 111), "o direito ganha em poder quando se mostra sensível às fricções de suas fontes intelectuais".

A exigência de que exista precedente vinculante para respeito e acatamento pela Administração Pública, dentro de sua prerrogativa de competência e interesse, é afeta à certeza e segurança jurídica intrínseca à atuação estatal. Deveras, inúmeros casos existem que, conquanto haja formação de jurisprudência em um sentido, esta ainda não é reiterada em número suficiente ou mesmo é objeto de discordância pelo ente público (GIANESINI, 2003, p. 193).

Assim, enquanto não formada a força suficiente do precedente, no sentido de discussões e debates exaurientes para formação de

---

24. A dicotomia descrita em maioria/minoria deve ser entendida em termos relativos, sem se olvidar da complexidade e do pluralismo atualmente existente, como mesmo adverte Roberto Gargarella (2011, p. 196-205), no sentido de que nas sociedades modernas nega-se esta visão dicotômica, não existindo mais grupos internamente homogêneos.

uniformidade e certeza do entendimento jurisprudencial, temerário aos jurisdicionados e aos próprios aplicadores da legislação administrativa, o abandono do entendimento então legal para o ora judicial.

Essa noção de participação na concretização do *precedente forte* (VOLPE CAMARGO, 2012, p. 584) ou *precedente qualificado* (MONNERAT, 2016) dá o perfil democrático necessário para que a Administração Pública afaste ou dê aplicação à lei conforme o entendimento adotado judicialmente. A lei, então democraticamente editada pelo Poder Legislativo, agora, também democraticamente interpretada pelo Poder Judiciário, pode, pois, ser aplicada pelo Poder Executivo.

Note-se que o papel político da jurisdição brasileira, nos termos do princípio da inafastabilidade do controle judicial, é de defesa contra ameaça ou lesão a *direito*. Por *direito*, portanto, entende-se, é cediço e já destacado, não só a lei, mas também os princípios e regras existentes no ordenamento jurídico nacional, além de outros encampados pela República Federativa do Brasil, definidores dos direitos e garantias fundamentais (CF, art. 5º, §§ 2º e 3º).

Mencionada aplicabilidade principiológica dos direitos e garantias fundamentais decorre do que se acordou chamar de neoconstitucionalismo, uma doutrina que "é, também, senão sobretudo, uma política constitucional: que indica não como o direito é, mas, como o direito deveria ser" (POZZOLO, 2010, p. 78).

Diante do cenário exposto, o direito descrito sedimentadamente pela jurisdição, assentado em precedente obrigatório, deve ser considerado pela administração, que não pode, no contexto contemporâneo, ficar à mercê de legislações que não acompanham o desenvolvimento social e institucional. Com isso, tenta-se evitar o que Manuel Castells (2005, p. 96) denominou de "crise de governança", "relacionada a uma crise fundamental de legitimidade política, caracterizada pela distância cada vez maior entre os cidadãos e seus representantes".

Nesses termos, a necessidade de legislação específica para possibilitar a aplicação de precedentes pela Administração Pública, seguida de ampla publicização, evita também a crise da unidade do Estado descrita por Sabino Cassese (2010, p. 31-44), no sentido da fragmentação dos poderes públicos e dos ordenamentos estatais, em que há difusão de autoridades com reflexos na ação coordenada e de controle das atividades administrativas.

Em semelhante descrição, nada obstante voltado mais especificamente para o cenário econômico após a crise financeira de 2007-2008, José Eduardo Faria (2017, p. 28) assenta que "as crises não constituem apenas um desafio prático para gestores públicos, parlamentares, empresários, executivos de bancos, advogados corporativos, analistas financeiros, empresas de consultoria, acionistas, investidores e lideranças sindicais. As crises econômicas constituem também um desafio de caráter teórico [...]". No contexto exposto, parece adequado afirmar que a regulamentação de precedentes judiciais no Código de Processo Civil de 2015 é uma forma de tentar diminuir a *crise jurisdicional*, em razão da disfunção dos julgamentos e da atuação dos tribunais, objetivando uma igualização das decisões em situações que assim se imponha e de uma efetividade processual norteada pela aceleração dos julgamentos. Essa, de igual modo, é a pretensão dessa pesquisa, de tentar contribuir com a *crise na atuação administrativa*, construindo, para tanto, uma teoria em que se possa também transpor para a Administração Pública a eficientização almejada na jurisdição.

O papel da atividade jurisdicional não é mais, de maneira notória, de simples intérprete da lei, de resolução e efeitos de julgamento tão somente para as partes envolvidas no processo. As decisões judiciais, contemporaneamente, transcendem o caso julgado, refletindo nos demais julgamentos do próprio órgão prolator, como dos demais órgãos integrantes da jurisdição. Em vista dessa novel característica da jurisdição e do constitucionalismo contemporâneo, muito já discutido na doutrina (CADEMARTORI, 2009), o isolamento da Administração Pública em um mundo legislado não cumpre os demais princípios constitucionais a ela vinculantes, notadamente o da eficiência, da moralidade e da igualdade.

Trata-se, a rigor, da adoção do que Marcelo Neves (2013) denomina de "racionalidade transversal", que seria um *plus* ao acoplamento estrutural de Niklas Luhmann (2009), no sentido de que esse é bilateral e pode deixar os sistemas sem desenvolvimento e evolução, em virtude da "atomização" e da "expansão imperialista". Na racionalidade transversal, o entrelaçamento se dá em mais de dois sistemas, como "pontes de transição" e, sem essas, diz Neves (2013, p. 51), "mesmo que superadas as corrupções sistêmicas no plano estrutural, permaneceremos em um constitucionalismo autista, provinciano, autossuficiente (perigo de atomização), ou caminharemos para um constitucionalismo imperial como *ultima ratio* do social". Assim, devem-se "buscar formas transversais de articulação para a solução do problema, cada uma delas observando a outra, para compreender os seus próprios limites e possibilidades para solucioná-lo" (NEVES, 2014b, p. 227).

Uma solução que se reputa adequada e salvaguardora do exercício das atividades públicas e privadas, além de "legalizar" e "legitimar" a atuação estatal, como reiteradamente mencionado no decorrer do texto, é a edição de uma norma autorizativa regulamentadora para aplicação de precedentes vinculantes pela Administração Pública. Essa lei seria uma "ponte de transição" entre os sistemas judiciais e legislativos, havendo, com a adoção pela administração dos precedentes em razão dessa norma autorizativa, o exercício de uma racionalidade transversal (três sistemas entrelaçados – legislativo, judiciário e administrativo), pois, com base empírica do que está sendo julgado nos precedentes vinculantes, pode ou não, adotá-los.

Impõe-se, nesse contexto, "a chamada *re-entry* (reentrada), desde que a incorporação implique uma comutação discursiva de informações no sistema receptor" (NEVES, 2013, p. 46), devendo-se tentar inibir o lado negativo da racionalidade transversal, que seria a negação da alteridade e o não reconhecimento do outro, "tendo em vista que uma esfera da racionalidade perde a capacidade de aprendizado em relação a outra ou atua negativamente para o desenvolvimento dessa" (NEVES, 2013, p. 45). No caso em enfoque, a negação pela jurisdição da igual existência de interpretação jurídica por parte da Administração Pública e a ausência de criticidade e absorção dessa em relação ao que foi sedimentado em precedentes vinculantes.

Portanto, além de ser necessária a existência de "vínculos estruturais que possibilitem as interinfluências entre diversos âmbitos autônomos de comunicação" (NEVES, 2013, p. 35), se faz imprescindível que, muito embora ser possível a hegemonia de um campo - especificamente, para esse estudo, o jurisdicional -, isso não pode significar sua "expansão imperialista", de modo que pode "haver o primado, sem que se desconheça a importância da outra esfera comunicativa ou discursiva [especificamente, a administrativa], ou seja, sem que se despreze consequentemente o seu significado para a sociedade heterogênea" (NEVES, 2013, p. 47), sob pena de prejuízo à ponte de transição, vale dizer, sob pena da lei autorizativa ser dispensada ou inaplicada.

Em outras palavras, "a possiblidade de diálogo é apenas uma dimensão limitada do transconstitucionalismo entre ordens jurídicas. Talvez seja bem mais importante o aprendizado recíproco mediante o conflito, a contenda nas 'pontes de transição'. E tudo isso implica paradoxo decorrente da necessidade de surpreender-se permanentemente com o outro e sobre si mesmo" (NEVES, 2014b, p. 215)

Ainda, aduz Marcelo Neves (2013, p. 66-68) que a consistência jurídica e a adequação social do direito dependem do princípio da igualdade e se não se oferecer em todos os sistemas igualdade de oportunidades, o princípio da igualdade torna-se inócuo.

A adoção dos precedentes pela administração possibilita que entre os sistemas jurisdicional e legal, entre, portanto, o jurídico e o político *stricto sensu*, se efetive o princípio da igualdade, no sentido de dar aos que não buscaram amparo na jurisdição a mesma oportunidade daqueles que obtiveram em razão de terem sido agraciados com a interpretação do direito judicialmente.

Isso porque, com "o princípio constitucional da isonomia como expressão da racionalidade jurídica no plano da coerência interna e adequação externa do direito, passa-se da igualdade como forma lógica para a igualdade como norma" (NEVES, 2013, p. 69).

Assim, mesmo que o conceito de transconstitucionalismo exposto por Marcelo Neves (2013), no sentido de evidenciar os problemas de ordens jurídicas diversas e dar solução fundada no entrelaçamento estre elas, não se dirija especificamente a ordens locais de poderes/funções de Estado, calha também a sua utilização como fundamento, como argumento e base de sustentação racional e jurídico-política da possibilidade de adotar a Administração Pública os precedentes vinculantes. Colhe-se do autor (2013, p. 129): "O que caracteriza o transconstitucionalismo entre ordens jurídicas é, portanto, ser um constitucionalismo relativo a (soluções de) problemas jurídico--constitucionais que se apresentam simultaneamente a diversas ordens. Quando questões de direitos fundamentais ou de direitos humanos submetem-se ao tratamento jurídico concreto, perpassando ordens jurídicas diversas, a 'conversação' constitucional é indispensável.

Da mesma maneira, surgindo questões organizacionais básicas da limitação e controle de um poder que se entrecruza entre ordens jurídicas, afetando os direitos dos respectivos destinatários, impõe-se a construção de 'pontes de transição' entre as estruturas reflexivas das respectivas ordens".

Dentro ainda do escólio de Marcelo Neves (2006), mas voltado para a sua construção acerca do Estado Democrático de Direito, vislumbra-se que classifica como "procedimentos constitucionais" os procedimentos judicial, executivo, legislativo, eleitoral e democrático direto, para o fim de legitimar o Estado Democrático de Direito por meio deles mesmos e possibilitar a interação entre a esfera pública (mundo da vida) e Constituição (acoplamento estrutural entre direito e política.).

Nesse sentido, particularmente afeto ao tema deste estudo, pode-se conjecturar que, além de se entender a jurisdição, a legislação e a administração como subsistemas institucionais, em que há acoplamentos estruturais e transversais entre si, que referidos procedimentos decorrentes da democraticidade exercida (esfera pública - ciência, educação, família, arte, religião, economia), refletem o entendimento consensual do jurídico e, portanto, devem ser aplicados no mundo da vida. Aduz Neves (2006, p. 132) que, "da intermediação procedimental e pretensão de generalização desses valores, interesses e expectativas como normas vigentes ou decisões vinculantes, que emerge a *esfera púbica* pluralista".

Afirma, ademais, que "a Constituição do Estado Democrático de Direito não se apresenta como 'fundamento do consenso', mas sim como 'um fundamento consentido do dissenso'" (NEVES, 2006, p. 142-147). De modo que se pode inferir que a Constituição brasileira, ao dispor em seu texto sobre o princípio da legalidade e sobre o princípio da inafastabilidade do controle judicial, em que o Judiciário diz o direito, não podendo ser impedido disso, encampou esse "fundamento consentido do dissenso".

Isso porque, muito embora exista a legalidade, essa, havendo dissenso, não pode ser excluída da apreciação jurisdicional e, portanto, da conclusão/solução desse dissenso pelo órgão incumbido constitucionalmente de dar a palavra final do Direito, mesmo que seja provisória. Após a participação efetiva dos agentes envolvidos nos processos judiciais (contraditório pleno e democrático de todos quantos sejam influenciados pelo debate então travado) é que se legitima a Administração em adotar os precedentes vinculantes.

Não se desconhece, nada obstante, a descrição de Marcelo Neves (1994; 2006, p. 236-258) sobre a aplicação da teoria sistêmica e da autopoiese nos países periféricos, com alusão também ao Brasil, no sentido de que nesses países há uma alopoiese, ou seja, inexiste fechamento dos sistemas (jurídico, político, econômico, etc.) em virtude da *corrupção sistêmica* existente, em que há abertura e interferências demasiadas entre os sistemas, e os procedimentos constitucionais carecem de consenso a legitimar um Estado Democrático de Direito.

Entretanto, para a especificidade desta pesquisa de aplicação dos precedentes pela Administração Pública brasileira, entende-se que tal crítica neveniana não se aplica, porquanto o que há, contrariamente, é justamente a inclusão dos excluídos do debate político de formação de consenso e na elaboração das leis, pelo acesso irrestrito à justiça, possibilitando a formação de entendimento uniforme que, transformando-se em precedente vinculante e mediante autorização legislativa (ponte de transição), concretiza a participação democrática e legitima a norma jurídica judicial perante a Administração Pública, pois fruto do consenso real e não apenas simbólico.

3.2.3 Premissas de Aplicação de Precedentes pela Administração Pública

De tudo quanto foi até o presente momento exposto constata-se que não há uniformidade de tratamento no que se relaciona aos mecanismos ou instrumentos que devem ser utilizados para legitimar a aplicação de precedentes judiciais na Administração Pública.

Há disciplinamento da matéria tanto em decreto regulamentar, em portaria interministerial, em lei ordinária, em lei complementar como em ato administrativo no âmbito de órgão de representação jurídica de unidade federativa.

Entende-se que é necessária lei disciplinadora para aplicação dos precedentes vinculantes na Administração Pública, basicamente por dois fundamentos principais.

O primeiro, relativo ao poder legislativo, em que não haveria ofensa ao princípio da democracia, da separação de poderes e da legalidade.

O segundo, relativo ao poder executivo, em que, além de cumprir a legalidade nos termos autorizados pela lei disciplinadora da aplicação dos precedentes vinculantes, não haveria discricionariedade *elástica* que poderia descambar para atos não condizentes com o interesse público e impessoais, ou direcionados a casos concretos e específicos, mas sim vinculação *relativa*, pois a administração estaria vinculada, para adotar o precedente, ao que foi estabelecido em lei, de forma geral e abstrata, e dentro do campo objetivamente delimitado da interpretação, seja legal ou judicial, da norma a ser posta em prática em consonância com o princípio da eficiência, aqui também entendida a diminuição da litigiosidade. Reflete-se, aqui, o diálogo institucional entre os poderes/funções de Estado[25].

Incluído, igualmente, no segundo fundamento, a lei autorizativa legitima a atuação da Administração e de seus servidores.

As premissas então ora eleitas decorrem de uma busca de solução de uma problematização sintetizada por Rodolfo de Camargo Mancuso (2014) que, conquanto um pouco extensa, traz clareamente sobre a temática proposta neste estudo: "O problema abre uma interface com a questão da *legitimidade institucional*: leis são discutidas, votadas e aprovadas no Parlamento, cujos integrantes desfrutam de mandato

---

25. Pertinente, novamente, a referência a Jorge Munhós de Souza (2013, p. 357): "A segunda e última observação **é que a** teoria do diálogo não é contra o controle judicial nem ignora a importante função que o Judiciário teve (e ainda terá) na construção de um Brasil melhor e mais justo. A teoria do diálogo é contra a supremacia judicial, concebida como prevalência absoluta e irrestrita das decisões judiciais, principalmente do STF, em matéria constitucional, sobre os demais atores responsáveis pela disputada interpretação das cláusulas abertas da Constituição. A teoria do diálogo é contra o sufocamento dos demais espaços de tomada de decisões coletivas da comunidade política e contra posturas que enxergam no Judiciário o guardião único e maior das promessas não cumpridas da Constituição. A teoria do diálogo é contra o amesquinhamento da dignidade política e dos representantes populares e contra uma postura ingênua que maximiza defeitos dos Parlamentos e da Administração em detrimento da maximização de virtudes dos julgadores. A teoria do diálogo é contra o controle judicial 'na base do porrete', que nega limitações cognitivas e possibilidades de efeitos sistêmicos adversos decorrentes de suas decisões e acredita que, muitas vezes, um controle judicial mais fraco, mais indutivo e menos coercitivo, poderá contribuir para melhores respostas, poderá contribuir para a construção de uma sociedade mais livre e, consequentemente, mais responsável pelas suas escolhas" (grifos no original).

popular que os habilita a realizar escolhas primárias e opções políticas em nome da coletividade, e é isso que justifica a aferição do acerto ou desacerto de uma dada conduta comissiva ou omissiva a partir de sua conformidade ou não ao texto de regência; ao passo que o direito sumular radica no ambiente dos Tribunais, reportando-se, não a uma valoração de 'certo ou errado' objeto de debates no Parlamento, e sim à existência de um reiterado entendimento sobre uma dada *quaestio iuris* (jurisprudência dominante ou pacífica), certo ainda que os magistrados se beneficiam de uma legitimação de caráter *técnico* (aprovação por concurso ou ingresso pelo *quinto constitucional*), e não de uma legitimação primária, decorrente do voto direito da população, como se passa com os congressistas. Ademais, se é verdade que a lei se presume conhecida (ou, se se quiser, sua ignorância não escusa), já o mesmo não se passa com o direito sumular, que é gestado no ambiente dos Tribunais e precipuamente dirigido aos operadores do Direito, donde sua divulgação ser bem mais restrita, praticamente confinada ao ambiente jurídico. Esse *déficit de comunicação social* em detrimento do direito sumular tem que ser levado em conta, quando se pretenda que ele passa a parametrizar condutas e ocorrências emergentes em sociedade, e daí, por derivação, possa operar como elemento autônomo para aferição meritória das lides judicializadas" (grifos no original).

Em razão de existir autonomias administrativas das unidades federativas, nos termos do art. 25 e 29 da Constituição Federal, entende-se que a forma pela qual os precedentes judiciais podem ser aplicados nas atividades da administração deve ser realizada em consonância com algumas premissas que se passa a expor. Cuida-se de fixar instrumentos e procedimentos para legitimar, constitucional e socialmente, a encampação de precedentes judiciais nas atividades executivas. Gustavo Zagrebelsky (2009, p. 123) enuncia, a par da racionalidade ou *prudência* no tratamento do direito, que "hay que poner en marcha procedimientos leales, transparentes y responsables que permitam confrontar los principios en juego y que hay que selecionar uma 'classe jurídica' (en los órganos legislativos, judiciales y forenses, administrativos, etc.) capaz de representar principios y no sólo desnudos intereses o meras técnicas. Éstas son las condiciones para el triunfo de la prudencia en el derecho".

A competência constitucional de interpretação das normas constitucionais e infraconstitucionais pelo Supremo Tribunal Federal e Superior Tribunal de Justiça deve ser lida em consonância com as demais normas constitucionais, notadamente as que afetam competências materiais e legislativas aos entes federativos da República.

Conquanto se possa conjecturar que é da própria Constituição Federal que se extrai a obrigatoriedade de se seguir os precedentes das Cortes Supremas (MITIDIERO, 2014, p. 96-130; MARINONI, 2014a, p. 113-118, 2014b, p. 93), é certo que o que texto constitucional diz é que a competência do Supremo Tribunal Federal é de guarda da Constituição Federal, processando e julgando *demandas judiciais* (ações, recursos, habeas corpus, reclamações, extradições) que visam dar concretude aos interesses e direitos que se entendem devam ser tutelados.

O Superior Tribunal de Justiça, da mesma forma, ao ter como incumbência constitucional o julgamento de causas que contrariem legislação infraconstitucional federal, tem como premissa o assentamento da interpretação para a *jurisdição*.

O Código de Processo Civil de 2015, por sua vez, dentro do âmbito de competência de regulamentação do processo – instrumento de exercício da atividade jurisdicional[26] –, regulamentou e estabeleceu parâmetros, portanto, de aplicação daquelas decisões judiciais, norteando-se pela eficiência desse serviço público no sentido de dar mais segurança jurídica aos jurisdicionados, quando impõe a estabilidade, integridade e coerência às decisões judiciais.

Quando o constituinte quis dar transcendência às decisões do Supremo Tribunal Federal assim o fez expressamente na regulamentação do controle concentrado de constitucionalidade e na súmula vinculante, porquanto, "fato é que, de ordinário, o direito pretoriano

---

26. A propósito do processo como instrumento Carlos Alberto Alvaro de Oliveira (2012, p. 311) adiciona: "O processo não é *meramente* instrumental, pois revela um valor próprio, ao estabelecer além das formas, inclusive as formas de tutela, com que se pode tornar efetivo o direito material, e ainda *a eficácia e os efeitos próprios da atividade jurisdicional*. A regulação processual constitui, portanto, um elemento essencial para que o Poder Judiciário possa cumprir sua função na conservação e promoção de uma ordem estatal específica e na garantia da segurança e, além disso, para a efetivação dos direitos fundamentais, com toda a sua carga principiológica, a envolver grande dinamicidade" (grifos no original).

tem seu precípuo campo de aplicação ao interno dos processos judiciais" (MANCUSO, 2014, p. 204) e tais inovações tocam "no *registro jurídico-político* do país" (MANCUSO, 2014, p. 231). Por conseguinte, a exceção não pode virar regra, pois as normas excepcionais são interpretadas restritivamente.

Afinal, daquela indagação de Ingeborg Maus (2000, p. 187), como já ressaltado, de que não seria a justiça, além de substituta do imperador também o próprio monarca, não se extrai do ordenamento jurídico brasileiro uma resposta positiva, mas, como visto, a resposta é negativa porque *existem parâmetros de divisão de competências constitucionais entre os entes federativos e entre os poderes estatais.*

É claro que, no campo do direito privado, a influência ou transcendência da interpretação das Cortes Supremas, nos dias atuais, é fato incontroverso, notadamente na tomada de decisões que necessitam da verificação de qual o direito adequado a ser aplicado, oportunidade em que é imprescindível o conhecimento da posição dos tribunais (CABRAL, 2013; BASTOS, 2014)[27]; contudo, para aplicação concreta em uma função estatal, como a executiva, delimitada e restrita em sua atividade por normas constitucionais e por uma legalidade muitas vezes restrita, essa transcendência exige que também exista uma regulamentação a legitimá-la.

Como adverte Rodolfo de Camargo Mancuso (2014, p. 144), deve-se considerar "ainda que o marco regulatório dos direitos e obrigações em nosso país segue sendo a *norma legal* (CF, art. 5º, II)"[28].

---

27. Afirma, destarte, Antonio do Passo Cabral (2013, p. 15-17): "Ainda que se adote a teoria dualista do ordenamento, com a consequente natureza declaratória da decisão judicial, passamos a admitir que a jurisprudência consolidada condiciona comportamentos, gerando padrões de conduta estáveis. Com efeito, em se tornando cristalizado, estável, o entendimento sólido dos tribunais a respeito de um tema é um relevante dado do tráfego jurídico, e utilizado frequentemente para a tomada de conduta individual. [...] É decerto inegável que as pessoas, ao planejarem suas vidas e seus negócios, e também os profissionais do direito (advogados, consultores etc.), estes quando aconselham seus clientes, são todos guiados por estas diretrizes da jurisprudência constante".

28. Esclarece também Mancuso (2014, p. 203): "Afinal, os *insumos monogenéticos* (fatos, valores, necessidades, interesses emergentes na sociedade), como se infere daquela etiologia, não estão à base da jurisprudência, e sim da lei, a qual, uma vez interpretada em modo consonante e reiterado é que dará origem à *jurisprudência*, a qual opera sob uma dinâmica *indutiva*, partindo do particular para o geral. Em suma, a jurisprudência não é causa, e,

Sem destacada formalidade, pressuposta e legitimante da conduta estatal, a aplicabilidade direta dos precedentes vinculantes fica restrita às súmulas vinculantes e as decisões em controle abstrato de constitucionalidade, à exceção da arguição de preceito fundamental.

Isso, igualmente porque, a competência da União para legislar privativamente sobre direito processual (CF, art. 22, I) não pode se sobrepor às demais normas constitucionais delimitadoras de competências legislativas e materiais de todos os entes públicos da Federação.

A indagação de que, se poderia a lei que dispõe sobre processo estatuir e disciplinar matéria estranha a tal disciplina, como, por exemplo, a forma de atuação da Administração Pública, deve ser unicamente negativa. Consoante ressaltado, apesar das atividades administrativas estarem vinculadas a uma juridicidade, referida vinculação não se retira da lei processual, mas sim da Constituição Federal e demais normas infraconstitucionais editadas *dentro de esfera de competências*, legislativas e materiais, delimitadas pelo texto constitucional.

Em virtude desses fundamentos é que também se diz que os precedentes elencados no art. 927 do Código de Processo Civil, à exceção dos que têm assento constitucional, apenas se aplicam à Administração Pública indiretamente, mediante lei autorizativa.

Em consonância com o que Philippe Nonet e Philip Selzinick (2010) assentam sobre o direito responsivo, que "pressupõe que o propósito pode vir a ser válido o suficiente para assegurar uma produção adaptativa de normas" (p. 126), os precedentes judiciais vinculantes indiretamente aplicáveis à Administração Pública, assim, necessitam de um propósito, de uma norma adaptativa para serem efetivamente observados na atividade administrativa, norma essa instrumental que torna a Administração Pública como instituição jurídica capaz "de se autotransformar para aumentar sua eficácia operacional" (EISENBERG, 2002, p. 54).

3.2.3.1 Interesse da Administração Pública

A primeira premissa para aplicação de precedentes vinculantes pela Administração Pública é o interesse da entidade pública que

---

sim, *efeito* da reiterada exegese sobre um dado texto legal, vindo depois aplicada a uma da *fattispecie* judicializada".

também interpreta o ordenamento e "se é verdade que a decisão judicial é final por vincular as partes do processo, o mesmo não se pode dizer em relação à capacidade para dar a última palavra em assuntos constitucionais considerados em uma acepção mais ampla" (SOUZA, 2013, p. 334).

A Administração Pública também tem direito de acesso à justiça e, com isso, o direito de interpretar as leis e insurgir-se contra a decisão de precedente obrigatório[29]. Essa premissa, ademais, assenta-se na negativa da supremacia judicial *absoluta*, no sentido de ter o Poder Judiciário a última palavra; afinal, apesar de existir a atual regulamentação de vinculação dos precedentes judiciais, notadamente como técnica de julgamento, ela não é infalível, final ou derradeira para a Administração Pública.

Nada obstante se ter como objeto a eficientização do Poder Judiciário na regulamentação e aplicação de precedentes judiciais vinculantes, "a ênfase exclusiva na eficiência tem levado a situações contraditórias, havendo o risco de que o próprio Judiciário promova a melhoria da eficiência de um de seus órgãos, sacrificando a independência dos outros" (DALLARI, 2007, p. 63).

Situação retratada por Rita Gianesini (2013, p. 193) ilustra este ponto da questão[30], que, a rigor, demonstra a falta de coerência e integridade doravante exigida pelo art. 926 do Código de Processo Civil.

---

29. Essa referência ao direito de acesso à justiça da Fazenda Pública deve-se a Francisco José de Oliveira Neto, professor da Universidade Federal de Santa Catarina e desembargador do Tribunal de Justiça do Estado de Santa Catarina, na arguição da qualificação do projeto de pesquisa da dissertação que originou este trabalho, ocorrida em 5 de maio de 2015.

30. Importante a transcrição da mencionada situação: "O Professor Shimura acentuou que alguns recursos que a Fazenda interpõe são procrastinatórios. Em outros termos, que a Fazenda recorre por recorrer. Mesmo contra jurisprudência dominante ou contra súmulas de Tribunais, a Fazenda insiste em recorrer. Sempre gosto de acentuar a este respeito uma decisão razoavelmente recente do Superior Tribunal de Justiça, relativa a índice de correção monetária de janeiro de 1990. Vários recursos chegaram ao Superior Tribunal de Justiça explicando que o índice de 70,28% era maior do que a inflação efetivamente ocorrida no período de um mês, porque o IBGE, ao medir aquele índice, valeu-se não de 30, mas de 51 dias e assim por diante. Durante vários anos o Superior Tribunal de Justiça entendeu que o índice de 70,28% era o correto. De repente, não mais que de repente, o Superior Tribunal de Justiça passou a entender que o índice correto era de 41%. E digo mais: a Prefeitura de São Paulo já estava dispensada de recorrer da aplicação dos 70% diante das múltiplas decisões do Superior Tribunal de Justiça neste sentido. Neste quadro, qual a margem de segurança que existe para não recorrer? Quando falamos do Poder Público, estamos falando de dinheiro

Exemplo igualmente recente da falta de estabilidade, integridade e coerência, em uma palavra, consistência (DIDIER JÚNIOR, 2015b, p. 388-389), merece menção, relativo ao entendimento vacilante do Superior Tribunal de Justiça sobre a tributação pelo Imposto sobre Produtos Industrializados (IPI) de mercadorias importadas no desembaraço aduaneiro, como também na revenda do importador para o adquirente[31].

No julgamento dos Embargos de Divergência n. 1.398.721/SC, ocorrido em 11 de junho de 2014, entendeu o Superior Tribunal de Justiça pela não incidência do IPI na revenda de produtos importados, ou seja, assentou-se que os incisos I e II do art. 46 do Código Tributário Nacional eram excludentes, caso contrário, haveria bitributação.

Em 14 de outubro de 2015, entretanto, passados dezesseis meses apenas, modificou-se o entendimento delimitado naquela solução de divergência e, em julgamento dos Embargos de Divergência no Recurso Especial n. 1.403.532/SC, julgado na sistemática dos recursos repetitivos (Tema 912/STJ), sedimentou-se que é cabível a tributação por IPI nas duas situações elencadas no art. 46, incisos I e II, afirmando, portanto, inexistir bitributação[32].

---

público. E o que aconteceu com as decisões transitadas em julgado que condenaram a Fazenda a atualizar o débito valendo-se dos 70%? Vejam: o novo entendimento do Superior Tribunal de Justiça reduziu o índice de correção monetária do período praticamente pela metade. O primeiro caso em que o Superior Tribunal de Justiça decidiu pela redução do índice alegava os mesmos argumentos utilizados, de há muito, pela Fazenda. O dinheiro é público – é dinheiro nosso como cidadão – e, neste contexto, entendo que os recursos devem ser interpostos".

31. Deve-se este exemplo à aluna de graduação Gabriela Vieira Vanderlinde (2015), que, em monografia de final do curso de Direito, da Associação Catarinense de Ensino de Joinville, apresentou pesquisa com o tema "O IPI na revenda de produtos importados".

32. Colhe-se de notícia veiculada eletronicamente pelo jornal Valor Econômico: "A Fazenda Nacional venceu uma importante disputa no Superior Tribunal de Justiça (STJ). A 1ª Seção, por meio de recurso repetitivo, considerou legítima a cobrança do Imposto sobre Produtos Industrializados (IPI) na revenda de mercadorias importadas - que não passaram por processo de industrialização no Brasil. Com a decisão, a 1ª Seção alterou seu entendimento. A questão havia sido julgada em junho do ano passado. Na época, os ministros analisaram simultaneamente cinco casos e os contribuintes saíram vitoriosos por cinco votos a três. Porém, com mudança na composição do colegiado, decidiu-se analisar novo recurso. O impacto em caso de derrota da União seria de R$ 1 bilhão por ano, segundo cálculo apresentado pela Federação das Indústrias do Estado de São Paulo (Fiesp) – *amicus curiae* no processo -, que acatou a tese da Fazenda Nacional para defender a indústria nacional". Disponível em http://www.valor.com.br/legislacao/4270272/stj-mantem-cobranca-de-ipi-

Curioso, sobre essa matéria, que o Supremo Tribunal Federal, em 01.07.2016, nove meses depois, reconheceu sua repercussão geral no Recurso Extraordinário n. 946.648, de relatoria do Min. Marco Aurélio, para definir, no Tema 906, sobre a "Violação ao princípio da isonomia (art. 150, II, da Constituição Federal) ante a incidência de IPI no momento do desembaraço aduaneiro de produto industrializado, assim como na sua saída do estabelecimento importador para comercialização no mercado interno"[33], o que ensejou a suspensão da tramitação do Recurso Especial n. 1.403.532/SC, até essa definição. Ou seja, ainda não restou concluída, pela jurisdição dos Tribunais Superiores, qual(is) a(s) hipótese(s) de incidência do IPI na situação retratada. Destacada, e não incomum controvérsia entre o Supremo Tribunal Federal e o Superior Tribunal de Justiça, na definição de temas jurídicos de recursos repetitivos que contém matérias constitucional e infraconstitucional, apenas corrobora a insegurança jurídica nacional a balizar o assentamento da premissa ora em destaque, de aplicação de precedentes judiciais vinculantes na Administração Pública.

Outro exemplo, colacionado por Juraci Mourão Lopes Filho (2016, p. 212-218), também na seara do direito tributário, ilustra a destacada falta de coerência e integridade dos Tribunais Superiores. Trata-se da tributação pelo ICMS de demanda de potência energética efetivamente utilizada, em que, inclusive, foi editado, em 23.09.2009, a súmula 391 pelo Superior Tribunal de Justiça[34], precedente vinculante, portanto, conforme art. 927, do Código de Processo Civil de 2015. Os fundamentos determinantes de tal solução jurisdicional, em relação à posição jurídico-tributária do contribuinte de fato, para o caso da tributação pelo ICMS, foram díspares no julgamento do Recurso

---

-sobre-revenda-de-importado. Acesso em 22.11.2015. A tese jurídica do referido Tema 912/STJ ficou assim redigida: "Os produtos importados estão sujeitos a uma nova incidência do IPI quando de sua saída do estabelecimento importador na operação de revenda, mesmo que não tenham sofrido industrialização no Brasil".

33. Disponível em: http://www.stf.jus.br/portal/jurisprudenciaRepercussao/listarProcesso.as p?PesquisaEm=tema&PesquisaEm=controversia&PesquisaEm=ambos&situacaoRG=T ODAS&situacaoAtual=S&txtTituloTema=&numeroTemaInicial=906+++++++&numer oTemaFinal=906+++++++&acao=pesquisarProcesso&dataInicialJulgPV=&dataFinalJul gPV=&classeProcesso=&numeroProcesso=&ministro=&txtRamoDireito=&ordenacao= asc&botao=. Acesso em 09.07.2019.

34. "O ICMS incide sobre o valor da tarifa de energia elétrica correspondente à demanda de potência efetivamente utilizada".

Especial Repetitivo n. 903.394-AL (Tema 173), de relatoria do Min. Luis Fux, julgado em março de 2010, em relação ao imposto sobre produtos industrializados (IPI).

Nos julgados que deram origem à súmula n. 391/STJ[35] se admitiu que os contribuintes de fato do ICMS possuíam legitimidade para ajuizar ações judiciais postulando pela repetição do indébito; de modo contrário, quanto ao IPI - imposto igualmente não-cumulativo, plurifásico e que possibilita a transferência do encargo financeiro -, no recurso acima referenciado, se entendeu, o mesmo tribunal, que o contribuinte de fato não teria legitimidade[36]. Em tal cenário, concorda-se com Lopes Filho (2016, p. 216), ao aludir que a "mudança foi incoerente e surpreendeu vários contribuintes de fato que ajuizaram a ação em atenção ao que o próprio Superior Tribunal de Justiça vinha decidindo. Também ofendeu a integridade, porque não invocou qualquer elemento principiológico, constitucional ou sistêmico que, confrontado expressamente com a jurisprudência dominante, prevalecesse, mediante adequada exposição dos motivos".

Nessa dimensão, não se pode perder de vistas que inúmeras decisões judiciais decorrem de um ativismo e de uma discriciona-

---

35. EDcl no REsp 960.476/SC, Rel. Ministro TEORI ALBINO ZAVASCKI, PRIMEIRA SEÇÃO, julgado em 24/06/2009, DJe 03/08/2009; AgRg no REsp 797.826/MT, Rel. Ministro LUIZ FUX, PRIMEIRA TURMA, julgado em 03/05/2007, DJ 21/06/2007; REsp 579.416/ES, Rel. Ministro TEORI ALBINO ZAVASCKI, PRIMEIRA TURMA, julgado em 01/03/2007, DJ 29/03/2007; AgRg no REsp 855.929/SC, Rel. Ministro FRANCISCO FALCÃO, PRIMEIRA TURMA, julgado em 19/09/2006, DJ 16/10/2006; AgRg no Ag 707.491/SC, Rel. Ministro CASTRO MEIRA, SEGUNDA TURMA, julgado em 17/11/2005, DJ 28/11/2005; dentre outros.

36. Extrai-se parte da emenda, para contextualização: "PROCESSO CIVIL. RECURSO ESPECIAL REPRESENTATIVO DE CONTROVÉRSIA. ARTIGO 543-C, DO CPC. TRIBUTÁRIO. IPI. RESTITUIÇÃO DE INDÉBITO. DISTRIBUIDORAS DE BEBIDAS. CONTRIBUINTES DE FATO. ILEGITIMIDADE ATIVA AD CAUSAM. SUJEIÇÃO PASSIVA APENAS DOS FABRICANTES (CONTRIBUINTES DE DIREITO). RELEVÂNCIA DA REPERCUSSÃO ECONÔMICA DO TRIBUTO APENAS PARA FINS DE CONDICIONAMENTO DO EXERCÍCIO DO DIREITO SUBJETIVO DO CONTRIBUINTE DE JURE À RESTITUIÇÃO (ARTIGO 166, DO CTN). LITISPENDÊNCIA. PREQUESTIONAMENTO. AUSÊNCIA. SÚMULAS 282 E 356/STF. REEXAME DE MATÉRIA FÁTICO-PROBATÓRIA. SÚMULA 7/STJ. APLICAÇÃO. 1. O "contribuinte de fato" (in casu, distribuidora de bebida) não detém legitimidade ativa ad causam para pleitear a restituição do indébito relativo ao IPI incidente sobre os descontos incondicionais, recolhido pelo "contribuinte de direito" (fabricante de bebida), por não integrar a relação jurídica tributária pertinente" (REsp 903.394/AL, Rel. Ministro LUIZ FUX, PRIMEIRA SEÇÃO, julgado em 24/03/2010, DJe 26/04/2010).

riedade inadequada para os fins de sedimentação de teses jurídicas vinculatórias.

Na esteira da tese de Georges Abboud (2014), que defende a sindicabilidade irrestrita dos atos administrativos que versem sobre questões jurídicas, de "nada adianta não tolerarmos a discricionariedade no campo administrativo e sermos conviventes com sua presença na atividade do Judiciário" (p. 233).

Já que a Administração Pública é vinculada à lei, exercendo as suas funções nela baseadas e sendo o entendimento que é dado adequado e eficiente para a desincumbência de suas atividades, há de existir o seu interesse na aplicação de precedente vinculante, justamente em deferência à legalidade e busca de cumprimento dos princípios constitucionais administrativos que também e, primeiramente, lhe vinculam, impessoalidade, moralidade e eficiência.

Referido entendimento dialógico entre as posições de cada poder/função do estado democrático de direito, dentro da esfera de competência de cada um, fortalece e auxilia na construção do consenso. Esclarecedora, a propósito da teoria dos diálogos, a posição de Jorge Munhós de Souza (2013, p. 340-341): "Enxergar a decisão judicial como final significa negligenciar o rico processo interativo que se inicia após aquela manifestação, envolvendo o Presidente, o Congresso, as agências executivas, os estados, as associações profissionais e o público em geral. Nesse contexto surge uma série de possibilidades de reações desses agentes envolvidos várias delas no intuito de conter a manifestação dos tribunais. O Congresso poderá aprovar novas leis ou até mesmo emendar a constituição. O Governo poderá se recusar a implementar as decisões, ou implementá-las de forma distorcida. Pode haver alteração do número de integrantes da Corte para fins de alinhar a jurisprudência aos anseios dos ramos majoritários. A sociedade civil poderá se mobilizar e organizar protestos. Poderão surgir entendimentos divergentes e insubordinação nas instâncias inferiores ou até mesmo desobediência civil. Essas técnicas de contenção das cortes (*court curbing*) não seriam um vício do sistema, mas uma parcela virtuosa do desenho constitucional".

Essa premissa do interesse administrativo, todavia, não pode servir de empecilho *absoluto* à aplicação dos precedentes no setor público.

Se houver lei disciplinadora dessa possibilidade, ela deve estabelecer balizas e parâmetros *objetivos* para que também não haja uma palavra final por parte da Administração Pública, que poderia escolher, por vontade própria e sem nenhum critério objetivo, se adotaria ou não os precedentes como fundamento de sua atividade[37]. Isso, aliás, é o que determina o art. 30 da LINDB.

Logo, o interesse da Administração Pública na aplicação de precedentes judiciais também deve ser pautado de forma objetivamente aferível diante de determinada matéria jurídica, com eleição de parâmetros de litigiosidade, de custos administrativos e de otimização do serviço público direcionado à coletividade.

Inexistindo agregação de valor[38] ao administrado como para a administração, no sentido de se ter os valores administrativos como "propósitos finais da *gestão da Administração Pública*, que se *tornam patentes* em razão do *fim* público *comum*" (DROMI, 2007, p. 164; grifo no original), inexiste, por conseguinte, razão para encampar precedente vinculante que não os diretamente vinculantes.

---

37. Oportuno é o que afirmam Philippe Nonet e Philip Selzinick (2010, p. 125-126) sobre o direito responsivo: "Uma instituição responsiva conserva a capacidade de compreender o que é essencial à sua integridade e ao mesmo tempo leva em consideração as novas forças do ambiente social. Para isso, ela se baseia nas formas pelas quais a integridade e a abertura se sustentam mutuamente, mesmo quando conflitantes. *Percebe as pressões sociais como fontes de conhecimento e de oportunidade de autocorreção*. Para assumir esta postura, a instituição necessita contar com a diretriz de uma finalidade. Os propósitos determinam padrões para a crítica da prática estabelecida, e com isso indicam direções para a mudança. Ao mesmo tempo, se considerados positivamente, os fins permitem controlar a discricionariedade administrativa e diminuir o risco de capitulação das instituições".

38. Roberto Dromi (2007, p. 161/162), ao tratar do tema do sistema jurídico e dos valores administrativos, pondera: "De fato, os valores não regem apenas a *ordem do conhecimento*, mas também *a ordem do obrar humano*. Aqui cobra espaço filosófico da *axiologia*, como tarefa reflexiva de estimação e avaliação, como uma *espécie epistemológica* de interpretação *hierárquica* das condutas, em sua correspondência com os valores" (grifos no original). E, de modo específico em relação aos valores administrativos: "Os valores do Direito Administrativo resultam assim num conjunto de estimações do conjunto social, objetivadas no plexo jurídico administrativo como propósitos ou fins de alcançar o desenvolvimento do obrar público, como realização final do Estado e do Direito no plano de sua execução" (p. 163-164).

3.2.3.2 Instrumento legal de aplicação de precedentes judiciais na Administração Pública

A segunda premissa, que trata do instrumento legal que autoriza a aplicação de precedentes pela Administração Pública, é, talvez, uma das mais problemáticas para assentar essa possiblidade.

Com efeito, o ponto central da referida premissa é que o atuar da Administração Pública somente pode ser oriundo do Poder Legislativo, em cumprimento, mais uma vez, ao princípio da legalidade, princípio da democracia, da separação dos poderes e da indisponibilidade do interesse público. Ricardo Vieira de Carvalho Fernandes (2010, p. 157-158) auxilia nos seus fundamentos: "O *princípio da legalidade* registra, por sua vez, que a vontade do Estado é expressa por meio da lei. A lei pode, sim, dispor de bens e interesses públicos, vez que é instrumento da vontade popular. Com isso, unindo ambos os princípios chega-se à conclusão de que se admite exceção à indisponibilidade de bens e interesses públicos, desde que expressa em lei".

A grande questão a ser dirimida na premissa em foco é a natureza da lei ora denominada de autorizativa de aplicação de precedentes na Administração Pública.

Faz-se necessário que seja uma norma constitucional, daí exsurgindo a imposição dessa autorização se dar por emenda constitucional? Ou, de modo mais simplificado, pode uma lei dotar os servidores públicos de competência para aplicação de precedentes judiciais em detrimento de outra lei? E, qual espécie de lei, ordinária, complementar ou delegada? Ainda, de forma mais singela, poderia um simples decreto, portaria ou instrução normativa administrativos impingir competência ao administrador para encampar no seu mister precedentes judiciais, afastando uma lei que disciplina sua atividade?

Inicialmente, deve ser afastada, de pronto, a possibilidade de adoção de precedentes por meio de atos decorrentes diretamente do próprio poder executivo, principalmente por ofensa ao princípio da legalidade e da separação dos poderes; haveria, aqui, afastamento da lei por ato administrativo, além da não participação do legislador, é dizer, participação popular, no estabelecimento de parâmetros de atuação do administrador, não sendo demais destacar que o Brasil é uma república, não uma monarquia.

A segunda possibilidade de norma possível seria uma lei, ordinária ou complementar.

Dentro dessa possibilidade a lei, dita autorizativa, não poderia ter uma forma de aprovação mais facilitada que a lei objeto do precedente. Por isso que deveria ser uma lei complementar; tendo quórum e disciplina mais qualificados para aprovação, evitar-se-ia a contradição de se autorizar por lei ordinária a Administração Pública de adotar medidas nos moldes de precedentes que são de competência de disciplinamento por lei complementar, como em matéria tributária[39], desde que não exigida, é claro, lei específica, conforme se exige, por exemplo, para a concessão de parcelamento do crédito tributário, nos termos do art. 155-A do Código Tributário Nacional[40], a concessão de subsídio, isenção, anistia ou remissão de tributos, de acordo com o

---

39. O art. 146 da Constituição Federal, por exemplo, é assim redigido: "Art. 146. Cabe à lei complementar: I - dispor sobre conflitos de competência, em matéria tributária, entre a União, os Estados, o Distrito Federal e os Municípios; II - regular as limitações constitucionais ao poder de tributar; III - estabelecer normas gerais em matéria de legislação tributária, especialmente sobre: a) definição de tributos e de suas espécies, bem como, em relação aos impostos discriminados nesta Constituição, a dos respectivos fatos geradores, bases de cálculo e contribuintes; b) obrigação, lançamento, crédito, prescrição e decadência tributários; c) adequado tratamento tributário ao ato cooperativo praticado pelas sociedades cooperativas. d) definição de tratamento diferenciado e favorecido para as microempresas e para as empresas de pequeno porte, inclusive regimes especiais ou simplificados no caso do imposto previsto no art. 155, II, das contribuições previstas no art. 195, I e §§ 12 e 13, e da contribuição a que se refere o art. 239. Parágrafo único. A lei complementar de que trata o inciso III, d, também poderá instituir um regime único de arrecadação dos impostos e contribuições da União, dos Estados, do Distrito Federal e dos Municípios, observado que: I - será opcional para o contribuinte; II - poderão ser estabelecidas condições de enquadramento diferenciadas por Estado; III - o recolhimento será unificado e centralizado e a distribuição da parcela de recursos pertencentes aos respectivos entes federados será imediata, vedada qualquer retenção ou condicionamento; IV - a arrecadação, a fiscalização e a cobrança poderão ser compartilhadas pelos entes federados, adotado cadastro nacional único de contribuintes."

40. "O parcelamento será concedido na forma e condição estabelecidas em lei específica. § 1º Salvo disposição de lei em contrário, o parcelamento do crédito tributário não exclui a incidência de juros e multas. § 2º Aplicam-se, subsidiariamente, ao parcelamento as disposições desta Lei, relativas à moratória. § 3º Lei específica disporá sobre as condições de parcelamento dos créditos tributários do devedor em recuperação judicial. § 4º A inexistência da lei específica a que se refere o § 3º deste artigo importa na aplicação das leis gerais de parcelamento do ente da Federação ao devedor em recuperação judicial, não podendo, neste caso, ser o prazo de parcelamento inferior ao concedido pela lei federal específica".

art. 150, § 6º, da Constituição Federal[41], como também para a fixação e alteração da remuneração de servidores públicos, conforme art. 37, X, da Constituição Federal[42].

É dizer, evita-se que norma, que tem como pressuposto do processo legislativo a sua aprovação por maioria simples, possibilite o afastamento de outra que tem a maioria absoluta como exigência do processo legislativo para aprovação.

Conjecturou-se, também, dessa lei autorizativa de aplicação de precedentes vinculantes pela Administração Pública ser lei delegada, disposta como instrumento do processo legislativo no art. 59, IV, da Constituição Federal.

A lei delegada, entretanto, não se mostraria adequada aos propósitos que se visa dar à autorização legal de aplicação de precedentes judiciais pela Administração Pública. Isso porque a lei delegada é utilizada para casos específicos, singularidades determinadas e especiais e, a lei autorizativa que se reputa melhor, deve ser abstrata, mas com parâmetros objetivos, para abarcar, possibilitar e autorizar de antemão toda a complexidade existente nas controvérsias a serem dirimidas e assentadas pelos precedentes vinculantes.

Não pode ser objeto de lei delegada, por imperativo do art. 68, § 1º, da Constituição Federal, certas matérias, como as reservadas à lei complementar, que retiram ou restringem o dinamismo e a concretização do entendimento jurídico almejado pela dita lei autorizativa.

Pressupõe a lei delegada regulamentação de matérias pelo Poder Executivo, entretanto, no caso dos precedentes vinculantes, esta regulamentação, ou melhor, o disciplinamento da forma de entendimento e aplicação da norma jurídica já é existente no domínio da jurisdição, sendo apenas transportado para a Administração Pública.

---

41. "Qualquer subsídio ou isenção, redução de base de cálculo, concessão de crédito presumido, anistia ou remissão, relativos a impostos, taxas ou contribuições, só poderá ser concedido mediante lei específica, federal, estadual ou municipal, que regule exclusivamente as matérias acima enumeradas ou o correspondente tributo ou contribuição, sem prejuízo do disposto no art. 155, § 2.º, XII, g".

42. "a remuneração dos servidores públicos e o subsídio de que trata o § 4º do art. 39 somente poderão ser fixados ou alterados por lei específica, observada a iniciativa privativa em cada caso, assegurada revisão geral anual, sempre na mesma data e sem distinção de índices;"

Por fim, uma vantagem que se poderia extrair da lei delegada é a contida no art. 49, V, da Constituição Federal, que dispõe competir exclusivamente ao Congresso Nacional "sustar os atos normativos do Poder Executivo que exorbitem do poder regulamentar ou dos limites de delegação legislativa". Esse poder de sustar pode também ser exercido pelo Legislativo se o Poder Executivo, na aplicação de precedentes vinculantes pela lei autorizativa, que não a delegada, se afastar do que aquele poder entende que deva ser o direito aplicável, bastando para tanto que edite lei que discipline a matéria versada no precedente vinculante nos termos por ele – o Poder Legislativo – almejado. A rigor, o procedimento acaba sendo o mesmo, daí por que a vantagem então descrita em relação à lei delegada também se estende, como não poderia ser diferente em razão da soberania do Poder Legislativo, à lei autorizativa.

Diante, portanto, dessas características da lei delegada é que se a descartou como "ponte de transição" entre os sistemas judicial e administrativo.

À lei complementar, entretanto, também poderia se conjecturar que não poderia regulamentar a adoção de precedentes pela Administração Pública porque se trata de delimitação de competência de um poder estatal, matéria afeta apenas à Constituição Federal. Já que o disciplinamento da estrutura do Estado e de seus poderes/funções tem natureza de direito constitucional, a afetação de atos normativos de um poder/função para o outro deveria realizar-se por norma constitucional. A regulamentação de súmula vinculante no Brasil apenas corroboraria essa assertiva.

Por conseguinte, restaria unicamente a possiblidade de aplicação de precedentes judiciais pela Administração Pública por meio de emenda constitucional. Essa seria uma regulamentação que estancaria qualquer restrição, seja de legalidade, de separação de poderes ou de democracia.

Não obstante, parece mesmo poder, por lei complementar, autorizar-se a Administração Pública a aplicar precedentes judiciais.

Isso porque a Constituição Federal já autoriza, quando diz expressamente sobre o princípio da legalidade, que referida legalidade, *dentro da esfera competencional de cada ente federativo*, deve ser exercida em conjunto com os demais princípios constitucionais expressos e implícitos, objetivando a construção de uma sociedade livre, justa e solidária, de redução das desigualdades sociais e regionais e de promoção do bem de todos. Essa construção perpassa por uma integridade do entendimento do Direito no território brasileiro.

Assim, havendo a legalidade, no caso lei complementar, não se estaria ofendendo a Constituição Federal porque é dela mesma que se extrai a competência e legitimação para que lei possa possibilitar a adoção dos precedentes judiciais pela Administração Pública.

Aqui se vê presente a teoria do ordenamento jurídico de Norberto Bobbio (2007), de onde se retira que é o ordenamento jurídico que regula a própria produção de normas. Existindo imposição de legalidade para a atividade administrativa, tendo lei complementar disposta sobre essa atividade, ao autorizar a aplicação do direito em consonância com precedente vinculante[43], mostra-se evidente o respeito àquela legalidade constitucional, pressuposta da encampação de precedentes pela Administração Pública, desde que exercida, adverte-se, dentro do campo de competência normativa elencada na Constituição Federal.

Ora, se um ordenamento jurídico é um conjunto de normas, existem normas inferiores que derivam das superiores, com o que possui o ordenamento uma estrutura hierárquica. Nesse sentido, Bobbio (2007, p. 199) adota, como por ele mesmo afirmado, a teoria da construção gradual do ordenamento jurídico de Hans Kelsen[44].

Nessa direção, a atividade administrativa somente pode se extrair da lei, que, por sua vez, se extrai do princípio constitucional

---

43. Na perspectiva da teoria de Bobbio (2007, p. 186), a lei autorizativa seria classificada como norma de estrutura ou de competência, que são "aquelas normas que não prescrevem a conduta que se deve ter ou não mas prescrevem as condições e os procedimentos por meio dos quais são emanadas normas de conduta válidas".
44. Colhe-se de Kelsen (2009, p. 247): "A ordem jurídica não é um sistema de normas jurídicas ordenadas no mesmo plano, situadas umas ao lado das outra, mas é uma construção escalonada de diferentes camadas ou níveis de normas jurídicas. A sua unidade é produto da conexão de dependência que resulta do fato de a validade de uma norma, que foi produzida de acordo com outra norma, se apoiar sobre essa outra norma, cuja produção, por sua vez, é determinada por outra; e assim por diante, até abicar finalmente na norma fundamental – pressuposta. A norma fundamental – hipotética, nestes termos – é, portanto, o fundamento de validade último que constitui a unidade desta interconexão criadora".

da legalidade; assim, a lei autorizativa retira sua validade da norma superior constitucional que impõe a legalidade à administração. Por aludido enfoque que não se admite que se retire validade do atuar administrativo com fundamento *direto* na jurisdição, a não ser nos casos expressamente ressalvados pela norma de validade superior. Tal é o caso da inadmissão do efeito vinculante à administração da decisão em arguição de preceito fundamental.

Poder-se-ia, nesta análise, objetar que, tendo o Código de Processo Civil de 2015 regulamentado os precedentes vinculantes, então igualmente estaria respeitado o princípio da legalidade e daí decorreria a aplicação direta dos precedentes do art. 927 na atividade administrativa.

Todavia, ao menos duas restrições mostram-se presentes nessa objeção.

A primeira é relativa a que os precedentes vinculantes estatuídos no Código de Processo Civil de 2015 são direcionados apenas para a jurisdição. A redação do *caput* do art. 927 não deixa dúvidas ao endereçar a observância dos precedentes "aos juízes e tribunais".

A segunda restrição é concernente às competências constitucionais legislativas elencadas nos artigos 22, 24, 25, 29 e 30, da Constituição Federal, entrelaçadas com o princípio federativo.

Deveras, se o texto constitucional delimita, dentro de um federalismo indissolúvel, quais as matérias cada ente federativo deve legislar, é adequado concluir que as condutas estatais estão diretamente relacionadas ao que cada competência legislativa dispõe. Não se retira do texto constitucional que as condutas dos entes públicos podem ser afetadas diretamente pela jurisdição ou pela lei de processo; as exceções estão expressamente contidas na Constituição (súmulas vinculantes e decisões em ação direta de inconstitucionalidade e declaratória de constitucionalidade) e, por isso, classificam-se esses precedentes como diretamente vinculantes.

O que retrata aqueles dispositivos constitucionais de competências legislativas é que as matérias neles disciplinadas decorrem de lei. Assim o é, por exemplo, a competência privativa da União para legislar sobre direito civil, comercial, penal, processual, eleitoral, agrário, marítimo, aeronáutico, espacial e do trabalho (CF, art. 22, I), como para os Estados legislarem concorrentemente com a União sobre direito tributário, financeiro, penitenciário, econômico e urbanístico (CF, art. 24, I), além de se organizarem e se regerem pelas Constituições e leis que adotarem (CF, art. 25), e os Municípios legislarem sobre assuntos de interesse local (CF, art. 30, I) e regerem-se por suas leis orgânicas (CF, art. 29).

A competência privativa da União de legislar sobre processo não tem o condão de afastar ou usurpar toda essa expressa regulamentação de competências legislativas decorrentes da Constituição Federal. Nem tampouco se visualiza, dentro do próprio texto constitucional, a construção de norma constitucional que dote de competência a lei de processo para dispor sobre matérias de competências de cada unidade federativa da República brasileira.

As competências dos tribunais superiores, portanto, em que pese dizerem respeito à interpretação a ser dada ao direito no território brasileiro, afetam-se à jurisdição e, quanto à administração, aplicam-se diretamente por imposição constitucional ou, indiretamente, se assim lei complementar dispuser.

A lei complementar autorizativa serviria ainda como um consenso entre os sistemas legislativo, administrativo e judiciário, principalmente pela exegese que hoje é clara no sentido de que a Administração Pública deve se abrir à interpretação judicial cristalizada em precedentes.

Conforme Tércio Sampaio Ferraz Júnior (1994a, p. 182-185), apesar de a validade da norma ser relacional ("relação de imunização"), ou seja, extraída de um contexto de normas denominado ordenamento, essa relação não é formal ou estática, como defende Kelsen, mas sim pragmática, no sentido de que envolve "os usuários, suas possíveis reações e contra-reações". Afinal, "se a possibilidade do diálogo é eliminada pela desconfirmação do ouvinte como partícipe ativo da comunicação, o discurso normativo se torna irracional e, em consequência, ilegítimo" (FERRAZ JÚNIOR, 1978, p. 181). Vale dizer, as "ordens envolvidas na solução do problema constitucional específico, no plano de sua própria autofundamentação, reconstroem continuamente sua identidade mediante o entrelaçamento transconstitucional com a(s) outra(s): a identidade é rearticulada a partir da alteridade" (NEVES, 2014b, p. 208).

A lei autorizativa refletiria, além de um instrumento para o diálogo do discurso normativo, uma consensualidade contemporaneamente existente no âmbito administrativo. Loubet (2009, p. 86-87) ressalta que "os instrumentos que caracterizam a Administração Consensual estão revestidos de validade jurídica, eis que não agridem a Carta Fundamental, sobretudo ao se levar em conta que as inspirações que coordenam esse movimento são legítimas, ao conjugá-las com o espírito do Texto Constitucional. É que o direito não é um apanhado de prescrições escritas, entabuladas em um Código. Muito mais do que isso, o direito é experiência viva, dinâmica, sensível, que visa, ainda que idealmente, a estar ajustado à realidade que busca disciplinar. Assim, não pode ser considerada apenas a letra da lei para solucionarem-se questões concretas e intrincadas, até porque, das diversas formas de interpretação, a gramatical é a que menos proporciona elementos ao operador do direito, havendo mesmo aqueles que não a qualificam como um método, mas um pressuposto interpretativo".

Apesar de se entender possível e muitas vezes necessária a aplicação de precedentes judiciais pela Administração Pública, notadamente para sedimentar também em âmbito administrativo a interpretação jurídica dada pelos tribunais e a integridade do sistema jurídico nacional, pacificando relações administrativas variadas, evitando desgastes desnecessários de tempo, dinheiro e angústias sociais, o aspecto formal[45] ora em foco, da exigência de uma lei autorizativa, de uma ponte de transição entre a administração e a jurisdição, dentro

---

45. A propósito dos limites de conteúdo e de forma que o poder superior pode impor ao inferior, Norberto Bobbio (2007, p. 204) é oportuno: "Por isso fala-se de limites *materiais* e de limites *formais*. O primeiro tipo de limites refere-se ao conteúdo da norma que o poder inferior é autorizado a emanar; o segundo tipo refere-se à forma, ou seja, o modo ou o processo com que a norma do poder inferior deve ser emanada. Se nos colocarmos do ponto de vista do poder inferior, observaremos que este recebe um poder que é limitado ou em relação *àquilo* que pode comandar ou proibir, ou em relação a *como* pode comandar ou proibir. Os dois limites podem ser imposto contemporaneamente; mas em alguns casos um pode existir sem o outro. A compreensão desses limites é importante, pois eles circunscrevem o âmbito em que a norma inferior é legitimamente emanada: uma norma inferior que exceda os limites materiais, ou seja, que regule uma matéria diferente das que lhe forem atribuídas, ou regule de maneira diferente da que lhe foi prescrita, ou exceda os limites formais, ou seja, não siga o processo estabelecido, é passível de ser declarada ilegítima e de ser expulsa do sistema".

do disciplinamento e regime jurídico-político-constitucional brasileiro, se mostra obrigatório.

Esta lei autorizativa é o primeiro instrumento legal que legitimaria a aplicação de precedentes na administração. Trata-se de norma geral e abstrata, possibilitadora de encampação pela administração do que a jurisdição sedimentou. Necessário se faz, portanto, para o fim de dar a última concretude aos precedentes, a edição de segundo instrumento legal, decorrente da primeira premissa eleita de interesse da Administração Pública. Tal instrumento deve ser objetivamente delimitado por aquela lei autorizativa genérica e, enfim, concretizante da norma jurisdicional.

Assim se vê a aplicação do novo art. 30 da LINDB, ao estatuir que as "autoridades públicas devem atuar para aumentar a segurança jurídica na aplicação das normas, inclusive por meio de regulamentos, súmulas administrativas e respostas a consultas", e que tais instrumentos "terão caráter vinculante em relação ao órgão ou entidade a que se destinam, até ulterior revisão".

3.2.3.3 Natureza do precedente. Precedentes diretamente vinculantes e precedentes indiretamente vinculantes

A terceira premissa refere-se à natureza do precedente, devendo ser encampados apenas os precedentes vinculantes assim considerados os contidos no art. 927 do Código de Processo Civil de 2015, quais sejam, as decisões do Supremo Tribunal Federal em controle concentrado de constitucionalidade, os enunciados de súmula vinculante, os acórdãos em incidente de assunção de competência ou de resolução de demandas repetitivas e em julgamento de recursos extraordinário e especial repetitivos, os enunciados das súmulas do Supremo Tribunal Federal em matéria constitucional e do Superior Tribunal de Justiça em matéria infraconstitucional e a orientação do plenário ou do órgão especial aos quais estiverem vinculados.

Apenas esses precedentes, sem inclusão de *ratio decidendi* de julgamentos outros, porquanto, foram os que o poder competente – o legislativo -, dentro de sua competência constitucional elegeu e disciplinou para a jurisdição. Como decorrência dessa legalidade, não se adere à aplicação de todo e qualquer precedente que não os formalizados pela lei como vinculantes. A tradição do *civil law*, e não da *common law*, ressoa ainda no ordenamento jurídico brasileiro, ao menos para Administração Pública em que a fonte primária ainda permanece sendo a lei ou o que ela própria delimitar.

Questão pertinente, nesse particular, é que a *ratio decidendi* ou os fundamentos determinantes muitas vezes não se mostram de fácil identificação no julgamento pelas Cortes Superiores, mormente a constitucional, em virtude do procedimento do próprio julgamento colegiado em que cada um dos Ministros apresenta seus votos com argumentos variados, e a conclusão não reflete um conjunto de fundamentos consensuais, mas sim decorre da contagem de votos para chegar-se ao resultado, da maioria que acompanhou o relator ou o voto divergente vencedor[46], o que impõe um maior cuidado na aplicação de precedentes.

Diretamente vinculantes e, portanto, já passados pelos filtros dos limites impostos à aplicação de precedentes pela Administração Pública, são as súmulas vinculantes e as decisões em controle concentrado de constitucionalidade, à exceção da arguição de descumprimento de preceito fundamental. A razão, reitera-se, é que a norma constitucional, como fundante do ordenamento jurídico e da estrutura estatal, assim delimitou a sua aplicação.

---

46. Marcelo Neves (2014a, p. 199) melhor sintetiza: "Não se sedimenta uma jurisprudência que construa precedentes orientadores de futuros julgamentos. Relacionado a esse problema, ocorre, não raramente, uma deficiente clareza no verdadeiro fundamento da decisão. É verdade que essa questão relaciona-se com a própria organização institucional do procedimento de tomada de decisão no STF. Cada Ministro apresenta votos (geralmente longuíssimos) em separado, aduzindo argumentos e razões os mais diversos. Não é comum que cheguem aos mesmos resultados com argumentos os mais diferentes. O acórdão final torna-se, em casos relevantes, inconsistente: o fato de a maioria ou a unanimidade decidir no sentido da parte dispositiva do acórdão nada diz sobre os seus fundamentos, pois cada um aduz argumentos que, em alguns casos, são incompatíveis. Como se orientar em futuros casos com base em um acórdão confuso e, eventualmente, contraditório em seus fundamentos? Mas a questão não se refere apenas a essa forma de tomada de voto e de lavramento do acórdão (que fica praticamente a cargo do relator ou, quando este é vencido, do revisor). Há também pouca clareza e consistência na posição da Corte como um todo e de alguns juízes em especial, com variações caso a caso". Esse problema, conforme noticia Thomas da Rosa de Bustamante (2012, p. 47), parece não ser exclusivo da jurisdição brasileira, verificando-se também em todas as jurisdições britânicas, "o que pode causar sérias controvérsias no momento de se interpretar a decisão para fins de determinar seu valor como precedente, ou seja, sua *ratio decidendi*".

Os demais precedentes vinculantes, a rigor, são os que dependem, então, da lei autorizativa; são, destarte, *indiretamente vinculantes* à administração.

Poderia se objetar igualmente que, na medida em que se defende que é a lei que deve dar autorização para a Administração Pública aplicar os precedentes em suas atividades, referida lei poderia eleger quaisquer decisões judiciais de modo diverso daquelas dispostas no art. 927 do Código de Processo Civil de 2015.

Essa possibilidade, muito embora se afigure possível de um ponto de vista estritamente formal, é inadequada de um ponto de vista material e tendo como pressuposto teórico a teoria dos sistemas, pois que o entrelaçamento entre a jurisdição e a administração, vale dizer, a "ponte de transição" entre o sistema jurisdicional e o sistema administrativo deve partir de um ponto seguro de cada lado.

Pela jurisdição, a escolha do legislador no art. 927 do Código de Processo Civil de precedentes que refletem, ou ao menos intentam refletir, a interpretação uniforme e sedimentada do direito, deve ser tomada como este ponto seguro, pois já houve a escolha por esse sistema do que deve ser entendido como precedente vinculante no Brasil, ao menos na atual quadra de desenvolvimento da matéria.

Do lado da administração, a impessoalidade decorrente do atuar administrativo recebe os precedentes de antemão já conhecidos, vedando que o administrador escolha, sem critérios razoáveis, qual norma oriunda da jurisdição poderia lhe ser vinculante de forma conveniente. Uma legislação demasiada elástica poderia contemporizar com atos administrativos não condizentes com a moralidade administrativa.

3.2.3.4 *Publicidade do novo entendimento administrativo*

A premissa quarta é concernente à publicidade que deve ser dada ao novo entendimento da norma baseada em precedente vinculante.

As atividades do setor privado e público são delimitadas por um plexo de determinações legais, decorrentes, no mais das vezes, pela interpretação dada a elas pela administração. Eventual modificação de entendimento necessita de anterior cientificação que possibilite a adequação das atividades, públicas e privadas, ao que, dali em diante, será efetivado.

Destacada premissa liga-se aos princípios da segurança jurídica e ao princípio de proteção da confiança, no sentido de que as pessoas podem realizar atos baseados em normas jurídicas que lhe respaldam por terem elas efeitos previsíveis e estáveis. Nos termos expostos por Canotilho (1993, p. 380), da estabilidade ou eficácia *ex ante* do princípio da segurança jurídica resulta que "uma vez adoptadas, na forma e procedimento legalmente exigidos, as decisões estaduais não devem poder ser arbitrariamente modificadas, sendo apenas razoável alteração das mesmas quando ocorram pressupostos materiais particularmente relevantes".

Quanto à previsibilidade ou eficácia *ex ante* do princípio da segurança, o autor português assenta que "fundamentalmente, se reconduz à exigência de certeza e calculabilidade, por parte dos cidadãos, em relação aos efeitos jurídicos dos actos normativos".

Consectário dessa proteção da confiança revela-se a irretroatividade do entendimento administrativo na encampação de precedente vinculante. Se os administrados pautaram suas condutas dentro do que a administração demonstrava ser a norma jurídica aplicável diante de um determinado texto jurídico, não podem ter suas relações e atos jurídicos prejudicados pela mudança na aplicação da lei. É dizer, a adoção de precedentes judiciais pela Administração Pública deve ter, na maioria dos casos, efeitos prospectivos.

Nas situações em que a nova postura administrativa seja mais benéfica ao administrado, os atos já realizados – tanto do ente público quanto dos particulares - que possam ser reiterados, desde que não exauridos, devem ser possíveis de convalidação. Situações, porém, já finalizadas pelo transcurso do tempo ou pelo exercício completo de seus requisitos, impõem a restrição de não retroatividade, pois aqui estará presente a consolidação de atos com o que a segurança jurídica assim impõe a sua manutenção.

Dentro desse contexto, a publicidade a ser dada pela administração de que passará a adotar, com base nos elementos objetivos da lei autorizativa, o entendimento consolidado em precedente judicial vinculante, pode também regular disposições transitórias para que a comunidade jurídica se amolde à nova realidade normativa, ou seja, "entre a permanência indefinida da disciplina jurídica existente e a aplicação incondicionada da nova normação, existem soluções de compromisso plasmadas em *normas ou disposições transitórias*" (CANOTILHO, 1993, p. 379).

A Administração Pública na aplicação de precedentes judiciais deve ter consciência de que os seus próprios precedentes administrativos influenciam as atividades públicas e privadas. Na leitura de Georges Abboud (2014, p. 335), os órgãos públicos e agências reguladoras "contém um histórico-decisório institucional, cuja alteração de entendimento que impunha novas obrigações ou ônus ao administrado, não podem retroagir para prejudicar o particular que orientou sua conduta/atividade, tendo por base premissas fixadas pelo ato administrativo anterior".

Assim, a Administração Pública deve ter o cuidado, por um dever de segurança jurídica e de proteção da confiança, de possibilitar transitoriamente[47] que os administrados se adaptem paulatinamente em suas atividades ao que doravante será a normatividade aplicada. Nesse sentido é a nova disposição do art. 23 da LINDB, ao estatuir: "A decisão administrativa, controladora ou judicial que estabelecer interpretação ou orientação nova sobre norma de conteúdo indeterminado, impondo novo dever ou novo condicionamento de direito, deverá prever regime de transição quando indispensável para que o novo dever ou condicionamento de direito seja cumprido de modo proporcional, equânime e eficiente e sem prejuízo aos interesses gerais".

Adjacente à publicidade que se entende impositiva, apresenta-se a boa-fé objetiva a pautar as condutas estatais. Sendo ligada à conduta externa, a boa-fé objetiva tem o desiderato de obrigar que os atos públicos se externalizem em consonância com o que se espera de uma Administração Pública vinculada à moralidade.

Deveras, "a boa-fé objetiva impede que as expectativas e as conquistas dos administrados sejam desfeitas pela superveniência de nova interpretação dos órgãos administrativos, que modifique o que

---

47. Os instrumentos para esse direito transitório também são referidos por Canotilho (1993, p. 379-380): "confirmação do direito em vigor para os casos cujos pressupostos se gerarem e desenvolverem à sombra da lei antiga: entrada gradual em vigor da lei nova; dilatação da *vacatio legis*; disciplina específica para situações, posições ou relações jurídicas imbricadas com as 'leis velhas' e as 'leis novas'".

anteriormente prevalecia" (ABBOUD, 2014, p. 338). De modo que se faz necessária a análise criteriosa da mudança de posicionamento da Administração Pública, que deve levar em consideração os efeitos advindos e possibilitar, por um dever moral decorrente da legítima confiança das pessoas, que as situações e relações jurídicas transitórias recebam um tratamento adequado, que não prejudique os seus direitos ou as legítimas expectativas eventualmente existentes.

Note-se que a publicidade se daria em dois níveis: o primeiro, com a lei autorizativa, de *caráter genérico e abstrato*, mas dotada de parâmetros objetivos; o segundo, de *caráter específico e concreto*, com a adoção de determinado precedente vinculante como balizador, doravante, da atividade administrativa.

A publicidade como premissa, então, tem este importante papel de, conquanto modifique o sentido do texto legal que até aquele momento era dado, mantém a estabilidade e a previsibilidade do ordenamento jurídico.

3.3 REDUÇÃO DA LITIGIOSIDADE

A adoção dos precedentes vinculantes pela Administração Pública, acredita-se, fará, reflexamente, com que a litigiosidade, hoje frenética, seja oxalá reduzida. José Augusto Delgado (1997, p. 7-8) afirma que a adoção de um sistema vinculante das decisões judiciais "no âmbito do Poder Judiciário e da Administração, acarretará a diminuição dos litígios que envolvem o Poder Público, consagrando, repito, o direito integral do cidadão e aliviando a máquina do Poder Judiciário".

Segundo Delgado (1997, p. 6) "*a não-adoção do Sistema Vinculante, no Brasil, prejudica unicamente - já disse - o cidadão, e favorece unicamente o Estado, provocando intenso desvio do princípio democrático*" (grifos no original).

Desde muito tempo, os entes públicos da administração direta (União, Estados, Municípios) e administração indireta (autarquias e fundações públicas) são os maiores litigantes na justiça.

O Conselho Nacional de Justiça, em documento intitulado os "100 maiores litigantes"[48], na consolidação dos dados das Justiças

---

48. Disponível em http://www.cnj.jus.br/images/pesquisas-judiciarias/Publicacoes/100_maiores_litigantes.pdf. Acesso em 14.08.2015

Estadual, Federal e do Trabalho no 1º Grau, demonstrou que "os bancos e os setores públicos municipal, federal e estadual representam aproximadamente 31% do total de processos ingressados entre 1º de janeiro e 31 de outubro de 2011".

Em outra publicação do Conselho Nacional de Justiça decorrente de pesquisas empíricas, denominado "Demandas repetitivas e a morosidade na justiça cível brasileira"[49], extrai-se que o "setor público, ao criar ou violar direitos já existentes, contribui freqüentemente para a geração de 'zonas cinzentas' de regulamentação, que favorecem o surgimento de demandas judiciais" (grifos no original). Cita-se um estudo de caso sobre a desaposentação que calha transcrever:

> O caso da desaposentação: O primeiro estudo de caso da pesquisa foi o tema da Desaposentação. Trata-se de tese jurídica sobre a possibilidade de o segurado do INSS, que permaneceu a exercer atividade remunerada, renunciar ao benefício atual para requerer nova aposentadoria, mais vantajosa. A partir da zona cinzenta de regulamentação sobre possibilidade de readequação do valor do benefício para a figura do "segurado contribuinte", a desaposentação passou a ser uma tese popularizada por meio de advogados, mídia e doutrinadores de direito previdenciário.
>
> Inicialmente negada na esfera administrativa, a desaposentação passou a ser freqüente no Judiciário após o ano 2000 e se popularizou particularmente no TRF da 3ª Região (em fins de 2008, já representava 50% dos processos judiciais em tramitação em algumas varas federais de São Paulo). No caso específico da desaposentação, observa-se que a política de ampliação do acesso à justiça (criação dos juizados especiais e da gratuidade processual) contribuiu para aumentar a litigiosidade. Ao contrário do que se imaginava, a criação do JEF não desafogou as varas federais e previdenciárias existentes, tendo na realidade incentivado o ingresso de demandas repetitivas e a atuação da advocacia de massa. A profusão de regras, falta de clareza e instabilidade normativa na área do Direito Previdenciário potencializam o surgimento de litígios entre segurados e INSS que posteriormente são levados para a esfera judicial. Instabilidade do entendimento jurisprudencial

---

49. Disponível em: http://www.cnj.jus.br/images/pesquisas-judiciarias/Publicacoes/pesq_sintese_morosidade_dpj.pdf. Acesso em 14.08.2015.

dos tribunais superiores a respeito de questões previdenciárias também é um componente da grande quantidade de processos previdenciários na justiça federal (grifo do autor).

Milhares de ações são propostas, relativas a diversos setores, notadamente administrativo (sobre direitos de servidores públicos), previdenciário e tributário[50], que poderiam ser estancadas se houvesse uma abertura legislativa que possibilitasse à Administração Pública agir em consonância com o que se reputou, em precedente vinculante, ser o entendimento jurídico adequado naquele momento histórico, de modo que o número de processos diminuiria, ao menos em parte.

A diminuição de processos no ambiente forense também tem o efeito mediato de otimizar o tempo e o custo da máquina pública jurisdicional[51] e, consectariamente, da máquina administrativa[52], em sendo adotados em seu âmbito precedentes vinculantes, consoante as possibilidade e premissas elencadas nesse estudo. Destarte, se, para dar efetividade ao processo, realizando a prestação jurisdicional almejada, a logística de pessoal e de estrutura do Poder Judiciário é planejada e executada *em conformidade com a demanda existente*, no mais das vezes sendo necessárias dotações orçamentárias elevadas, abertura sistemática de concursos públicos para magistrados e serventuários da justiça, e instalação de unidades jurisdicionais diversas, é de conclusão singela que a redução da massa de processos traz a reboque, proporcionalmente, a redução dos custos e do tempo do processo.

---

50. Em média, conforme consta no Relatório "Justiça em Números 2017", "a cada grupo de 100.000 habitantes, 12.519 ingressaram com uma ação judicial no ano de 2017". Disponível em: http://www.cnj.jus.br/files/conteudo/arquivo/2018/09/8d9faee7812d35a58cee3d92d2df2f25.pdf. Acesso em 14 jul. 2019.
51. No relatório "Justiça em Números 2017", do Conselho Nacional de Justiça, lê-se que a maior parte de gasto do Poder Judiciário é com recursos humanos (90% da despesa total), e compreendem "além da remuneração com magistrados, servidores, inativos, terceirizados e estagiários, todos os demais auxílios e assistências devidos, tais como auxílio-alimentação, diárias, passagens, entre outros" (Disponível em: http://www.cnj.jus.br/files/conteudo/arquivo/2018/09/8d9faee7812d35a58cee3d92d2df2f25.pdf. Acesso em 14 jul. 2019).
52. "Primeiramente, é sempre oportuno recordar que quando o Poder Público está em juízo há sempre uma dupla oneração: de um lado, pela movimentação da máquina judiciária e de outro, pela movimentação da máquina administrativa e institucional necessária para promover a defesa judicial dos interesses estatais" (NOLASCO; SANTOS, 2016, p. 661).

Ou seja, o tamanho da estrutura jurisdicional e custos operacionais tem relação direta com o número de processos existentes, com a demanda da população por esse serviço público. As informações do Conselho Nacional de Justiça[53], colhidas do relatório "Justiça em Números 2018", ano base 2017, subsidiam-nos:

> No ano de 2017, as despesas totais do Poder Judiciário somaram R$ 90,8 bilhões, o que representou um crescimento de 4,4% em relação ao último ano, e uma média de 4,1% ao ano desde 2011. O aumento em 2017 foi ocasionado, especialmente, em razão da variação na rubrica das despesas com recursos humanos (4,8%). As despesas de custeio cresceram 16,2% e as outras despesas correntes tiveram redução de 3,9%. Ressalte-se que nos últimos 6 anos (2011-2017), o volume processual também cresceu em proporção próxima às despesas, com elevação média de 3,4% ao ano na quantidade de processos baixados e de 4% no volume do acervo, acompanhando a variação nas despesas. As despesas totais do Poder Judiciário correspondem a 1,4% do Produto Interno Bruto (PIB) nacional, ou a 2,6% dos gastos totais da União, dos estados, do Distrito Federal e dos municípios. Em 2017, o custo pelo serviço de Justiça foi de R$ 437,47 por habitante, R$ 15,2 a mais do que no último ano [...].

Jessé Torres Pereira Júnior, em prefácio ao livro de Diogo de Figueiredo Moreira Neto (2014, p. 27), elenca seis ordens de gastos que os custos das demandas judiciais geram para os cofres públicos e concessionárias de serviços públicos: "(i) do orçamento do Ministério Público – outra instituição que exerce as funções neutrais -, que, em muitos casos, é o autor de ações coletivas e deve mobilizar seus próprios meios para reunir provas (inquérito civil) e propor as demandas; (ii) do orçamento da Defensoria Pública, que, em muitos outros casos, patrocina gratuitamente, como de sua missão constitucional, o exercício do direito acionário por hipossuficientes; (iii) do orçamento do Poder Judiciário, que custeia a tramitação de 70% desses processos sob o regime da gratuidade de justiça; (iv) do valor das obras ou dos serviços que terão de ser realizados no cumprimento das obrigações impostas pela condenação judicial; (v) do valor das verbas compensatórias de danos morais, quando estes se configuram; (vi) do valor de

---

53. Disponível em: http://www.cnj.jus.br/files/conteudo/arquivo/2018/09/8d9faee7812d35a5 8cee3d92d2df2f25.pdf. Acesso em 14 jul. 2019.

honorários advocatícios devidos aos patronos dos vencedores, salvo se estes forem assistidos pela Defensoria Pública e o réu for o próprio Estado, ou for o Ministério Público o autor da ação".

E, em continuação, traz Jessé Torres Pereira Júnior valores que efetivamente impõem uma reflexão mais acurada da temática ora proposta: "Se assim é em face do movimento judiciário de apenas um Estado da federação [o autor se refere ao Estado do Rio de Janeiro, em que é desembargador estadual], que geraria um custo administrativo anual de, no mínimo, R$ 5.392.500.000,00, não soa disparatado, monetariamente corrigidos os valores e a despeito da incipiência do calculador, deduzir que o somatório do movimento judiciário de todos os mais de sessenta tribunais do país, provocados por demandas dirigidas ao Estado ou às concessionárias e permissionárias de serviços públicos, estaria a produzir custo administrativo, a que se deve acrescer o valor das multas impostas por agências reguladoras e decisões dos tribunais de contas, não inferior a 5% (120 bilhões de reais) do PIB anual brasileiro, que é de 2,4 trilhões (*O GLOBO*, Rio de Janeiro, 26 mar. 2013. Caderno Economia, p. 35). Tal seria o índice do que se poderia denominar de 'taxa de disfuncionalidade' da administração pública brasileira, que representa o que se poderia deixar de gastar – e, portanto, aplicar na efetivação das políticas públicas constitucionais, sem o ônus das condenações judiciais – em decorrência de seu não funcionamento, funcionamento tardio ou ineficiente".

Portanto, nos termos expostos por Juarez Freitas (1998, p. 122), ao defender o respeito aos precedentes judiciais iterativos pela Administração Pública, "no plano das ponderações de ordem sociológica, força reconhecer que o simples e firme acatamento das decisões judiciais pela Administração Pública, por si só, já desafogaria, sem celeumas, os nossos Tribunais".

Mas não só o *aspecto quantitativo* é relevante, no sentido de diminuição do número de processos e do dinheiro público aplicado. Merece referência o *aspecto qualitativo* (ético) do bem-estar das pessoas e da sociedade, no sentido de obter a paz de seu conflito sem que seja necessário socorrer-se à jurisdição, já que haverá o reconhecimento na seara administrativa de seu direito, uma vez que igual ao direito estampado em precedente vinculante[54].

---

54. José Maria Rosa Tesheiner (2002, p. 170), a propósito da relação da coisa julgada e a isonomia, exemplifica situação corriqueira que calha a presente temática: "Em inúmeros casos,

O litigar em juízo denota a busca de uma solução não engendrada extrajudicialmente; denota que problemas e insatisfações permanecem com as pessoas, avolumando-se com o passar do tempo, afinal, a atuação jurisdicional é atrelada à lesão ou ameaça a direito.

Se inexistir lesão ou se for sanada sem intervenção judicial, além da diminuição do número de processos, da litigiosidade, também, e pode-se dizer, principalmente, haverá concretização da paz no ambiente pessoal e comunitário, o que igualmente é objetivo da República Federativa do Brasil (CF, art. 3º), de construção de uma sociedade livre, justa e solidária, de redução das desigualdades sociais e promoção do bem de todos.

Outros não são os fundamentos dos meios consensuais ou não jurisdicionais de solução de conflitos, como a negociação, a conciliação extrajudicial, a mediação e a arbitragem.

De lado outro, também se pode inferir que a qualidade da prestação jurisdicional poderá se elevar, porquanto sendo menor a quantidade de autos de processos a se analisar, maior será a atenção aos que estão em tramitação.

Não é demais destacar que essa diminuição da litigiosidade, com a adoção nas atividades administrativas de precedentes vinculantes também contribui para o cumprimento do princípio da duração razoável do processo sem dilações indevidas. E, se mostram indevidas as dilações dos entes públicos e de seus agentes quando nada podem dispor diante de expressa vedação legal que se sabe dissonante com precedente vinculante.

---

o respeito à coisa julgada fere profundamente a isonomia, que é, dos princípios constitucionais, o primeiro que ela consagra (art. 5.º). Assim, por exemplo, funcionários públicos, sofrendo a incidência da mesma lei, propõem ações individuais, que vão tendo cada qual a sua sorte. Em face das inevitáveis divergências jurisprudenciais sobre a exata interpretação deste ou daquele dispositivo legal, uns vencem, outros sucumbem. Trabalhando lado a lado, executando a mesma tarefa, submetidos à mesma lei, têm uns seus vencimentos majorados e outros não, situação que pode se estender por anos a fio, face à coisa julgada. O remédio da ação rescisória não cura, porque ela não cabe quando a decisão rescindenda se tiver baseado em texto legal de interpretação controvertida nos tribunais (Súmula 343 do STF) ou por já haver decorrido o curto prazo de dois anos para sua propositura".

Capítulo 4

CONCLUSÃO

A influência dos precedentes, sejam vinculantes ou não, sobre os órgãos do Poder Judiciário, é clara no sistema jurisdicional brasileiro.

O Código de Processo Civil de 2015, com o fito de ampliar a aplicação dos precedentes obrigatórios na jurisdição brasileira, fruto da experiência da tradição do *common law* e do direito jurisprudencial brasileiro, impõe que juízes e tribunais acatem os precedentes obrigatórios em seus julgados. Baseia-se, para tanto, no princípio da isonomia.

A doutrina, além do princípio isonômico, refere ainda que haveria uniformidade e previsibilidade nos julgamentos, estabilidade das relações e segurança jurídica.

Na cultura jurídica brasileira, não se monstra adequada, por ausência de legitimação legal, já que pertencemos à tradição de *civil law*, a adoção de precedentes sem regulamentação normativa a respeito.

Por conseguinte, o Código de Processo Civil de 2015, além de disciplinar o que também se entende como uma técnica de julgamento, legitima a adoção de precedentes vinculantes na jurisdição e, igualmente, possibilita a uniformização e universalização do entendimento jurídico nacional, o seu respeito, operacionalidade e aplicabilidade na atividade jurisdicional, concretizando a igualdade e segurança jurídicas nas relações sociais e institucionais.

Em tal sentido, neste trabalho, suscitou-se, como problema de pesquisa, se os precedentes judiciais obrigatórios, diante das vantagens apresentadas, poderiam ser também aplicados pela Administração Pública.

As hipóteses levantadas foram no sentido negativo e afirmativo, dentro de limites e possibilidades existentes no ordenamento jurídico brasileiro.

O princípio da legalidade afigura-se, *a priori*, impeditivo; entretanto, em consonância com os princípios constitucionais, tanto afetos à Administração Pública, quanto de direitos fundamentais e de harmonia entre os poderes estatais e sedimentação do entendimento jurídico, constata-se que deve haver a adoção pelos administradores e agentes públicos do quanto definido como precedente obrigatório.

Essa encampação, todavia, não pode ser automática, sob pena de infração ao princípio democrático, da separação de poderes e de responsabilização dos agentes envolvidos, que poderia se dar na esfera administrativa, civil e criminal.

Além disso, as relações privadas e públicas exercidas baseiam-se variadas vezes em conformidade com o sentido da legalidade dado pela Administração Pública e, eventual mudança de entendimento e atendendo aos princípios dos atos próprios e da proibição do comportamento contraditório, não pode ser de inopino, sem cientificação da comunidade jurídica.

Por tal razão, deve-se respaldar a Administração Pública de procedimentos e instrumentos legais que lhe possibilitem o afastamento da literalidade da lei para que, em conformidade com o entendimento cristalizado em precedente obrigatório, possa-se adotá-lo.

Essa possibilidade concretiza e uniformiza, nos Poderes de Estado, o entendimento do Direito e, por conseguinte, a igualdade institucional, individual e coletiva. A normatividade do precedente, então adstrita à jurisdição, aplicar-se-ia, doravante, à administração.

Destarte, conquanto a administração deva ser influenciada pelos precedentes vinculantes, ante a novel característica da jurisdição brasileira e do constitucionalismo contemporâneo, notadamente com as últimas reformas processuais e com a regulamentação do Código de Processo Civil de 2015 a respeito, há de existir, para tanto, legislação nesse sentido, até porque a legislação processual não tem competência constitucional para impingir condutas à Administração Pública. Com efeito, a lei processual não tem poder para afastar as competências, legislativas e materiais, estabelecidas na Constituição Federal para os entes federativos e para os poderes constituídos.

Pondera-se sobre uma abertura pela legislação para atribuir ao administrador maior campo de liberdade na adoção dos precedentes vinculantes, para que não fique adstrito à forma legal, em nítido exercício dos ideais liberais do século XVIII no século XXI, mas também possa, em virtude da referida autorização legislativa, no exercício do mister administrativo, aplicar o direito sedimentado judicialmente sem convolar-se essa aplicação em exercício arbitrário.

São poderes políticos, exercidos tanto pela legislação (lei), quanto pela jurisdição (direito), que devem ser sopesados pela administração e aplicados em consonância com o que for melhor, mais eficiente, norteado, também, pelos demais princípios de direitos fundamentais e pelos escopos do Estado Constitucional.

Aportes e teorias doutrinárias, como a integridade do direito de Ronald Dworkin, a do consenso e procedimental de Jürgen Habermas, do diálogo institucional encampada por Cornado Hübner Mendes e Jorge Munhós de Souza, e do estado democrático de direito e do transconstitucionalismo de Marcelo Neves, subsidiam, de uma forma ou de outra, este entendimento.

Necessário, portanto, que a encampação de precedentes judiciais vinculantes pela Administração Pública seja também atrelada a uma autorização legislativa, evitando-se violações aos princípios da legalidade, democrático e da separação dos poderes, mediante premissas que legitimam referida aplicaçãoVislumbram-se quatro premissas para aplicação de precedentes vinculantes pela Administração Pública, quais sejam: (1ª) o interesse, dentro dos valores administrativos que deve buscar realizar, da Administração Pública; (2ª) lei complementar como norma a autorizar a aplicação de precedentes nas atividades administrativas; (3ª) precedentes vinculantes delimitados no art. 927 do Código de Processo Civil de 2015; (4ª) publicidade ampla e irrestrita da encampação pela Administração Pública do precedente vinculante.

Assim, do problema de pesquisa proposto, acerca da influência e possibilidade de aplicação dos precedentes judiciais nas atividades administrativas, extrai-se, em conclusão, que é dever da Administração Pública, principalmente por sua vinculação à juridicidade e à igualdade e busca de soluções consensuais às controvérsias postas sob sua apreciação, aplicar, nos termos das premissas destacadas, os precedentes vinculantes.

Referidos precedentes vinculantes têm aplicação direta desde que a legislação autorizativa advenha da Constituição Federal, como as súmulas vinculantes e as decisões do Supremo Tribunal Federal em controle concentrado de constitucionalidade, à exceção da arguição de preceito fundamental. Denominaram-se tais precedentes como diretamente vinculantes à Administração Pública.

Os precedentes vinculantes indiretamente vinculantes à Administração Pública, aqueles em que a autorização de aplicação na Administração Pública advém de lei complementar, são os demais elencados no art. 927 do Código e Processo Civil de 2015, quais sejam, os acórdãos em incidente de assunção de competência ou de resolução de demandas repetitivas e em julgamento de recursos extraordinário e especial repetitivos, os enunciados das súmulas do Supremo Tribunal Federal em matéria constitucional e do Superior Tribunal de Justiça em matéria infraconstitucional e a orientação do plenário ou do órgão especial dos tribunais.

Os precedentes indiretamente vinculantes assim se denominam porque a sua normatividade ainda é limitada à jurisdição. A adoção pela Administração Pública de tais precedentes não é, por conseguinte, direta, automática, mas sim indireta, pois depende da propalada lei autorizativa, como ponte de transição entre os sistemas jurisdicional e administrativo.

Diante desse contexto, a legitimar e legalizar o atuar administrativo, também se mostra como consequência, como reflexo, a diminuição da litigiosidade.

Esse reflexo não só se faria presente na redução do número de processos e dos custos da máquina pública judiciária, como demonstram os relatórios do Conselho Nacional de Justiça. Igualmente se refletiria a consensualidade como móvel da atuação administrativa e da busca do bem-estar pessoal e social, pacificando, enfim, as relações existentes na sociedade, sejam entre particulares, seja entre empresas, seja entre os poderes públicos.

REFERÊNCIAS

ABBOUD, Georges (2012). Precedente judicial *versus* jurisprudência dotada de efeito vinculante – A ineficiência e os equívocos das reformas legislativas na busca de uma cultura de precedentes. *In*: *Direito jurisprudencial*, coord. Teresa Arruda Alvim Wambier, São Paulo: Editora Revista dos Tribunais, p. 491-552.

_____ (2014). Discricionariedade administrativa e judicial: o ato administrativo e a decisão judicial, São Paulo: Editora Revista dos Tribunais.

ABBOUD, Georges, STRECK, Lenio Luiz (2013). O que é isto – o precedente judicial e as súmulas vinculantes?, Porto Alegre: Editora Livraria do Advogado.

ABREU, Pedro Manoel (2011). Processo e Democracia: O processo jurisdicional como *locus* da democracia participativa e da cidadania inclusiva no estado democrático de direito, São Paulo: Editora Conceito Editorial.

ALLARD, Julie, GARAPON, Antoine (2005). Os juízes na mundialização: a nova revolução do direito. Tradução de Rogério Alves. Lisboa: Instituto Piaget.

ALEXANDER, Larry A. (2004). Judges as rulemakers, Univesity of San Diego, Legal Studies Research Paper Series, Research Paper n. 05-14, September 2004.

ALGERO, Mary Garvey (2005). The sources of law and the value of precedent: a comparative and empirical study of a civil law state in a common law nation, Lousiana Law Review n. 65. Disponível em: http://papers.ssrn.com/sol3/papers.cfm?abstract_id=2230963. Acesso em: 11.05.2015.

ALVARO DE OLIVEIRA, Carlos Alberto (2003). Do formalismo no processo civil, 2ª ed., São Paulo: Editora Saraiva.

_____ (2012). Escopo jurídico do processo, *In*: *Revista de Processo*, vol. 203, ano 37, p. 305-317, São Paulo: Editora Revista dos Tribunais, jan. 2012.

ANDRADE, Fábio Martins (2018). Os Princípios da Segurança Jurídica e da Eficiência sob a Perspectiva da Lei nº 13.655/2018 (LINDB), *In*, *Revista Síntese de Direito Administrativo*, vol. 153, set. 2018.

ANDREWS, Neil (2012). O moderno processo civil: formas judiciais e alternativas de resolução de conflitos na Inglaterra, trad. do autor [orientação e revisão da tradução Teresa Arruda Alvim Wambier], 2ª ed., São Paulo: Editora Revista dos Tribunais.

ARAUJO, Luiz Alberto David; NUNES JÚNIOR, Vidal Serrano (2012). Curso de direito constitucional, 16ª ed., São Paulo: Editora Vertabim.

ASCENSÃO, José de Oliveira (1983). O direito. Introdução e teoria geral: uma perspectiva luso-brasileira, 3ª ed., Lisboa: Editora Fundação Calouste Gulbenkian.

ATALIBA, Geraldo (2005). Hipótese de incidência tributária, 6ª ed., 6ª tir., São Paulo: Editora Malheiros.

_____ (2011). República e Constituição, 3ª ed., São Paulo: Editora Malheiros.

BAHIA, Alexandre Gustavo Melo (2005). Ingeborg Maus e o judiciário como superego da sociedade, In: Revista CEJ, n. 30, p. 10-12, Brasília, jul/set. 2005.

_____ (2012). As súmulas vinculantes e a nova escola da exegese, In: Revista de Processo, vol. 206, ano 37, p. 359-379, São Paulo: Editora Revista dos Tribunais, abr. 2012.

BAHIA, Alexandre Gustavo Melo; VECCHIATTI, Paulo Roberto Lotti (2014). O dever de fundamentação, contraditório substantivo e superação de precedentes vinculantes (overruling) no novo CPC – ou do repúdio a uma nova escola da exegese, In: Novas Tendências do Processo Civil, vol. II, vários organizadores, Salvador: Editora JusPodivm, p. 27-46.

BANDEIRA DE MELLO, Celso Antônio (2008). Discricionariedade e controle jurisdicional, 2ªed., 9ª tiragem, São Paulo: Editora Malheiros.

_____ (2010). Curso de direito administrativo, 27ª ed., São Paulo: Editora Malheiros.

BARBOZA, Estefânia Maria de Queiroz (2014). Precedentes judiciais e segurança jurídica: fundamentos e possibilidades para a jurisdição constitucional brasileira, São Paulo: Editora Saraiva.

BARREIROS, Lorena Miranda Santos (2016). Convenções processuais e poder público, Salvador: Editora Juspodivm.

BARROSO, Luís Roberto (2013). Constitucionalização, democracia e supremacia judicial: direito e política no Brasil contemporâneo, In: As novas fases do ativismo judicial, orgs. André Luiz Fernandes Fellet, Daniel Gotti de Paula, Marcelo Novelino, Salvador: Editor Juspodivm, p. 225-270.

BASTOS, Antonio Adonias A. (2014). A estabilidade das decisões judiciais como elemento contributivo para o acesso à justiça e para o desenvolvimento econômico, *In: Revista de Processo*, vol. 227, ano 39, p. 295-316, São Paulo: Editora Revista dos Tribunais, jan. 2014.

BASTOS, Celso Seixas Ribeiro (2001). Arguição de descumprimento de preceito fundamental e legislação regulamentadora, *In: Arguição de descumprimento de preceito fundamental: análise à luz da Lei n° 9.882/99*, orgs. André Ramos Tavares e Walter Claudius Rothenburg, São Paulo: Editora Atlas, p. 77-84.

BEVILAQUA, Clóvis (1956). Código dos Estados Unidos do Brasil comentado, undécima edição, vol. 1, São Paulo, Rio de Janeiro: Livraria Francisco Alves.BINENBOJM, Gustavo (2014). Uma teoria do direito administrativo: direitos fundamentais, democracia e constitucionalização, 3ª ed., Rio de Janeiro: Editora Renovar.

BOBBIO, Norberto (1986). O futuro da democracia: uma defesa das regras do jogo, trad. Marco Aurélio Nogueira, Rio de Janeiro: Editora Paz e Terra.

_____ (1987). Estado, governo, sociedade: para uma teoria geral da política, trad., Marco Aurélio Nogueira, Rio de Janeiro: Editora Paz e Terra.

_____ (2007). Teoria geral do Direito, tradução Denise Agostinetti, São Paulo: Editora Martins Fontes.

BRAGA, Pedro (2006). Ética, direito e Administração Pública, Brasília: Senado Federal, Subsecretaria de Edições Técnicas.

BRESSER PEREIRA, Luiz Carlos (1996). Da Administração Pública burocrática à gerencial, Disponível em: http://www.bresserpereira.org.br/papers/1996/95.AdmPublicaBurocraticaAGerencial.pdf. Acesso em 26.08.2015.

BRUTAU, José Puig (2006). La jurisprudencia como fuente del derecho: interpretación creadora y arbitrio judicial, 2ª edición con estudios introductorios, Barcelona: Editora Bosch.

BUENO, Cassio Scarpinella (2003). A emergência do direito processual público, *In: Direito Processual Público*: A Fazenda Pública em Juízo, coords., Carlos Ari Sundfeld e Cassio Scarpinella Bueno, 1ª ed., 2º tir., São Paulo: Editora Malheiros, p. 31-44.

_____. (2015). Novo Código de Processo Civil anotado, São Paulo: Editora Saraiva.

_____. (2017). Manual de direito processual civil, 3ª ed., São Paulo: Editora Saraiva.

BUSTAMANTE, Thomas da Rosa de (2012). Teoria do precedente judicial: a justificação e a aplicação de regras jurisprudenciais, São Paulo: Editora Noeses.

_____ (2015). A dificuldade de se criar uma cultura argumentativa do precedente judicial e o desafio do novo CPC, *In*: *Precedentes*, coords. Fredie Didier Júnior [*et. al.*], Coleção Grandes Temas do Novo CPC, v. 3, coord. geral Fredie Didier Júnior, Salvador: Editora Juspodivm, p. 273/297.

BUSTAMANTE, Thomas da Rosa de; DERZI, Misabel de Abreu Machado; NUNES, Dierle; MOREIRA, Ana Luísa de Navarro (2014). Recursos extraordinários, precedentes e a responsabilidade política dos tribunais, *In*: *Revista de Processo*, vol. 237, ano 39, p. 473-493, São Paulo: Editora Revista dos Tribunais, nov. 2014.

CABRAL, Antonio do Passo (2013). A técnica do julgamento-alerta na mudança de jurisprudência consolidada, *In*, Revista de Processo, vol. 221, ano 38, p. 13-48, São Paulo: Editora Revista dos Tribunais, jul. 2013.

CADEMARTORI, Luiz Henrique Urquhart (2009). Hermenêutica e argumentação neoconstitucional, São Paulo: Editora Atlas.

CADEMARTORI, Luiz Henrique Urquhart; BAGGENSTOSS, Grazielly Alesandra (2011). A Coerência do Sistema Jurídico em Luhmann: uma proposta ao fechamento operacional e à abertura cognitiva da decisão judicial, *In*: *Revista Sequência*: estudos jurídicos e políticos, vol. 32, n. 62, p. 323-359, Florianópolis: Publicação do Programa de Pós-graduação em Direito da UFSC, jul. 2011.

CALAMANDREI, Piero (1999). Direito processual civil, tradução de Luiz Abezia e Sandra Drina Fernandes Barbiery, Campinas: Editora Bookseller.

CÂMARA, Alexandre Freitas (2015). O novo processo civil brasileiro, São Paulo: Editora Atlas.

_____ (2018). Levando os padrões decisórios a sério: formação e aplicação de precedentes e enunciados de súmula, São Paulo: Editora Atlas.

CAMBI, Eduardo; ARANÃO, Adriano (2018). Vinculação da Administração Pública aos Precedentes Judiciais, *In*, Revista de Processo, vol. 279, não 43, p. 359-377, São Paulo: Editora Revista dos Tribunais, maio 2018.

CAMMAROSANO, Márcio (2018). Ainda há sentido em se falar em regime jurídico administrativo?, *In*: MOTTA, Fabrício; GABARDO, Emerson (Coord.). *Crise e reformas legislativas na agenda do Direito Administrativo*: XXXI Congresso Brasileiro de Direito Administrativo. Belo Horizonte: Editora Fórum, p. 141-151.

CANOTILHO, José Joaquim Gomes (1993). Direito constitucional, 6ª ed., Coimbra: Livraria Almedina.

_____ (2012). "Brancosos" e interconstitucionalidades: itinerários dos discursos sobre a historicidade constitucional, 2ª ed., Coimbra: Livraria Almedina.

CAPPELLETTI, Mauro (1989). Juízes irresponsáveis? tradução de Carlos Alberto Alvaro de Oliveira, Porto Alegre: Editora Sérgio Antonio Fabris Editor.

CARDOSO, André Guskow (2016). O Incidente de Resolução de Demandas Repetitivas – IRDR e os serviços concedidos, permitidos e autorizados, In, Processo e Administração Pública, coord. Eduardo Talamini, Salvador: Editora Juspodivm, 2016, p. 47-79

CARNELUTTI, Francesco (1959). Instituciones del Proceso Civil, traduccion de la quinta edicion italiana por Santiago Sentis Melendo, Buenos Aires: Ediciones Juridicas Europa-America.

CARVALHO SANTOS, J. M. de (1980). Código Civil Brasileiro interpretado principalmente do ponto de vista prático, vol. 1 –arts. 1-42, 12ª ed., Rio de Janeiro: Freitas Bastos.

CASSESE, Sabino (2010). A crise do Estado, trad. Ilse Paschoal Moreira e Fernanda Landucci Ortale, Campinas: Editora Saberes.

CASTELLANO, Rodrigo Roth (2017). Utilitarismo e Justiça Sustentável: Efetividade do processo civil brasileiro, Rio de Janeiro: Editora Lumen Juris.

CASTELLS, Manuel (2005). A Crise da Democracia, Governança Global e a Emergência de uma Sociedade Civil Global, In: Por uma Governança Global Democrática [et. al.], São Paulo: Instituto Fernando Henrique Cardoso, p. 95-128.

CHIOVENDA, Giuseppe (1965a). Instituições de Direito Processual Civil: Os conceitos fundamentais – A doutrina das ações, 2ª ed., vol. I, São Paulo: Editora Saraiva.

_____ (1965b). Instituições de Direito Processual Civil: A relação processual ordinária de cognição – As relações processuais, 2ª ed., vol. II, São Paulo: Editora Saraiva.

CITTADINO, Gisele (2002). Judicialização da política, constitucionalismo democrático e separação dos poderes, In: A democracia e os três poderes no Brasil, org. Luiz Werneck Vianna, Belo Horizonte: Editora UFMG, Rio de Janeiro: IUPERJ/FAPERJ, p. 14-42.

CLÉVE, Clèmerson Merlin (2000). A fiscalização abstrata da constitucionalidade no direito brasileiro, 2ª ed., São Paulo: Editora Revista dos Tribunais.

COLE, Charles D. (1998). Stare decisis na cultura jurídica dos Estados Unidos. O sistema de precedente vinculante do common law, In: Revista dos

Tribunais, vol. 752, p. 11-18, São Paulo: Editora Revista dos Tribunais, jun. 1998.

COSTA, Susana Henrique; GRINOVER, Ada Pellegrini; WATANABE, Kazuo (2017). O processo para solução de conflitos de interesse público, Salvador: Editora Juspodivm.

CRETELLA JÚNIOR, José (1966). Tratado de direito administrativo, vol. 1, Rio de Janeiro, São Paulo: Editora Forense.

CRUZ E TUCCI, José Rogério (1987). Jurisdição e poder: contribuição para a história dos recursos cíveis, São Paulo: Saraiva.

_____ (2004). Precedente judicial como fonte do direito, São Paulo: Editora Revista dos Tribunais.

_____ (2012). Parâmetros de eficácia e critérios de interpretação do precedente judicial, *In*: *Direito jurisprudencial*, coord. Teresa Arruda Alvim Wambier, São Paulo: Revista dos Tribunais, p. 97-131.

_____ (2015). O regime do precedente judicial no novo CPC, *In*: *Precedentes*, coords. Fredie Didier Júnior [*et. al.*], Coleção Grandes Temas do Novo CPC, v. 3, coord. geral Fredie Didier Júnior, Salvador: Editora Juspodivm, p. 445-457.

CUNHA, Leonardo José Carneiro da (2010a). O regime processual das causas repetitivas, *In*: *Revista de Processo*, vol. 179, ano 35, p. 139-174, São Paulo: Editora Revista dos Tribunais, .jan. 2010.

_____ (2010b). A Fazenda Pública em juízo, 8ª ed., São Paulo: Editora Dialética.

_____ (2016). A Fazenda Pública em juízo, 13ª ed., Rio de Janeiro: Forense.

DAL MONTE, Douglas Anderson (2016). Reclamação no CPC/2015: Hipóteses de cabimento, procedimento e tutela provisória, Florianópolis: Editora Empório do Direito.

DALLARI, Dalmo de Abreu (2007). O poder dos juízes, 3ª ed., São Paulo: Editora Saraiva.

DAMATTA, Roberto (1986). O que faz o brasil, Brasil?, Rio de Janeiro: Editora Rocco.

DAVI, Kaline Ferreira (2008). A dimensão política da Administração Pública: neoconstitucionalismo, democracia e procedimentalização, Porto Alegre: Editora Sergio Antonio Fabris Editor.

DAVID. René (2002). Os grandes sistemas do direito contemporâneo, tradução de Hermínio A. Carvalho, 4ª ed., São Paulo: Editora Martins Fontes.

DELGADO, José Augusto (1995). Perspectivas do direito administrativo para o século XXI, *In*: *Perspectivas do direito público*: estudos em homenagem a Miguel Seabra Fagundes, coord. Cármem Lúcia Antunes Rocha, Belo Horizonte: Editora Del Rey, p. 57-95.

_____ (1997). Súmula vinculante e a Administração Pública. Disponível em: http://bdjur.stj.jus.br/xmlui/bitstream/handle/2011/16164/S%C3%BAmula_Vinculante_Administra%C3%A7%C3%A3o.pdf?sequence=1. Acesso em 07.08.2014.

DEMO, Pedro (2005). Argumento de autoridade x autoridade do argumento: interfaces da cidadania e da epistemologia, Rio de Janeiro: Editora Tempo Brasileiro.

DENNIS, James L. (1993). Interpretation and application of the civil code and the evaluation of judicial precedent, Lousiana Law Review n. 54. Disponível em: http://digitalcommons.law.lsu.edu/lalrev/vol54/iss1/5. Acesso em 11.05.2015.

DERZI, Mizabel de Abreu Machado; BUSTAMANTE, Thomas da Rosa (2013). O efeito vinculante e o princípio da motivação das decisões judiciais: em que sentido pode haver precedentes vinculantes no direito brasileiro?, In: *Novas Tendências do Processo Civil*, vol. I, [et. al], Salvador: Editora Juspodivm, p. 331-360.

DIAS, Bruno de Macedo (2017). A constitucionalidade de filtros ao acesso à justiça como mecanismo para assegurar o funcionamento sustentável do poder judiciário, Rio de Janeiro: Editora Lumes Juris.

DIDIER JÚNIOR, Fredie (2013). Sobre a teoria geral do processo, essa desconhecida, 2ª ed., Salvador: Editora Juspodivm.

_____ (2015a). Curso de direito processual civil: introdução ao direito processual civil e processo de conhecimento, vol. 1, 17ª ed., Salvador: Editora Juspodivm.

_____ (2015b). Sistema brasileiro de precedentes judiciais obrigatórios e os deveres institucionais dos tribunais: uniformidade, estabilidade, integridade e coerência da jurisprudência, In: *Precedentes*, coords. Fredie Didier Júnior [et. al.], Coleção Grandes Temas do Novo CPC, v. 3, coord. geral Fredie Didier Júnior, Salvador: Editora Juspodivm, p. 383-397.

DIDIER JÚNIOR, Fredie; OLIVEIRA, Rafael Alexandria (2019). Dever judicial de considerar as consequências práticas da decisão: interpretando o art. 20 da Lei de Introdução às Normas do Direito Brasileiro, In, *A&C – Revista de Direito Administrativo & Constitucional*, Belo Horizonte, ano 19, n. 75, p. 143-160, jan./mar. 2019.

DINAMARCO, Cândido Rangel (2008). A instrumentalidade do processo, 13ª ed., São Paulo: Editora Malheiros.

_____ (2015). O novo Código de Processo Civil brasileiro e a ordem processual civil vigente, In: Revista de Processo, vol. 247, ano 40, p. 63-103, São Paulo: Editora Revista dos Tribunais, set. 2015.

DINAMARCO, Cândido Rangel; LOPES, Bruno Vasconcelos Carrilho (2016). Teoria geral do novo processo civil, São Paulo: Editora Malheiros.

DINIZ, Maria Helena (2002). Lei de introdução ao código civil brasileiro interpretada, 9ª ed., São Paulo: Editora Saraiva.

DI PIETRO, Maria Sylvia Zanella (2002). Parcerias na Administração Pública: concessão, permissão, franquia, terceirização e outras formas, 4ª ed., São Paulo: Editora Atlas.

_____ (2010). Direito administrativo, 23ª ed., São Paulo: Editora Atlas.

DROMI, Roberto (2007). Sistema jurídico e valores administrativos, Porto Alegre: Editora Sérgio Antonio Fabris.

DUSSEL, Enrique (1997). Oito ensaios sobre cultura latino-americana e libertação, trad. Sandra Trabucco Valenzuela, São Paulo: Editora Paulinas.

DUXBURY, Neil (2008). The nature and authority of precedent, Cambridge University Press.

DWORKIN, Ronald (1999). O império do direito, trad. Jeferson Luiz Camargo, São Paulo: Editora Martins Fontes.

_____ (2002). Levando os direitos a sério, trad. Nelson Boeira, São Paulo: Editora Martins Fontes.

EISENBERG, José (2002). Pragmatismo, direito reflexivo e judicialização da política, In: A democracia e os três poderes no Brasil, org. Luiz Werneck Vianna, Belo Horizonte: Editora UFMG, Rio de Janeiro: IUPERJ/FAPERJ, p. 43-62.

ENTERRÍA, Eduardo Garcia de (1994). La língua de los derechos: la formación del Derecho Público europeo tras la Revolución Francesa, Alianza Editorial: Madri.

_____ (2001). La Constitución como norma y el tribunal constitucional, 3ª ed., Madri: Civitas Ediciones.

FACCI, Lucio Picanço (2011). A proibição de comportamento contraditório no âmbito da Administração Pública: a tutela da confiança nas relações jurídico-administrativas. Disponível em: www.agu.gov.br/page/download/index/id/7450652. Acesso em 05.07.2015.

FAORO, Raimundo (2012). Os donos do poder, 5ª ed., São Paulo: Editora Globo.

FARIA, José Eduardo (2017). O Estado e o direito depois da crise, 2ª ed., São Paulo: Editora Saraiva.

FARNSWORTH, E. Allan (s/d). Introdução ao sistema jurídico dos Estados Unidos, trad. Antonio Carlos Diniz de Andrada, Rio de Janeiro: Companhia Editora Forense.

FEIJÓ, Maria Angélica E. F. (2015). A visão da jurisdição incorporada pelo novo Código de Processo Civil, In: *Coleção Novo CPC doutrina selecionada*, v. 1, parte geral, coord. geral Fredie Didier Júnior; orgs. Lucal Buril de Macêdo, Ravi Peixoto, Alexandre Freire, Salvador: Editora Juspodivm, p. 135-166.

FERNANDES, Ricardo Vieira de Carvalho (2010). Regime jurídico da advocacia pública, Rio de Janeiro: Editora Forense; São Paulo: Editora Método.

FERRAJOLI, Luigi (2011). Por uma teoria dos direitos e dos bens fundamentais. Trad. Alexandre Salim, Alfredo Copetti Neto, Daniela Cadermatori, Hermes Zaneti Júnior, Sérgio Cadermatori. Porto Alegre: Editora Livraria do Advogado.

FERRAZ JÚNIOR, Tércio Sampaio (1978). Teoria da norma jurídica: ensaio de pragmática da comunicação normativa, Rio de Janeiro: Editora Forense.

_____ (1994a). Introdução ao estudo do direito: técnica, decisão, dominação, 2ª ed., São Paulo: Editora Atlas.

_____ (1994b). O Judiciário frente à divisão dos poderes: um princípio em decadência?, In: *Revista USP*, n. 21, p. 12-21, Dossiê Judiciário, São Paulo.

FIGUEIREDO, Lúcia Valle (2001). Curso de direito administrativo, 5ª ed., São Paulo: Editora Malheiros.

FILIPPO, Thiago Baldani Gomes de (2015). Precedentes judiciais e separação de poderes, In: Revista de Processo, vol. 247, ano 40, p. 423-448, São Paulo: Editora Revista dos Tribunais, set. 2015.

FINE, Toni (2000). O uso do precedente e o papel do princípio do *stare decisis* no sistema legal norte-americano, In: *Revista dos Tribunais*, vol. 782, São Paulo: Editora Revista dos Tribunais, dez/2000.

FOUCAULT, Michel (1984). Microfísica do poder, organização e tradução de Roberto Machado, 4ª ed., Rio de Janeiro: Edições Graal.

FRANÇA, Phillip Gil (2014). Ato administrativo e interesse público: gestão pública, controle judicial e consequencialismo administrativo, 2ª ed., São Paulo: Editora Revista dos Tribunais.

FREIRE, Alexandre (2017). Precedentes judiciais: conceito, categorias e funcionalidade, In, Panorama atual do novo CPC, vol. 2, coords. Paulo Henrique dos Santos Lucon, Pedro Miranda de Oliveira, Florianópolis: Editora Empório do Direito, p. 13-42.

FREITAS, Juarez (1998). Respeito aos precedentes judiciais iterativos pela Administração Pública, *In*: Revista de Direito Administrativo, vol. 211, p. 117-123, Rio de Janeiro: Fundação Getúlio Vargas, jan./mar. 1998.

_____ (2014). Direito fundamental à boa Administração Pública, 3ª ed., São Paulo: Editora Malheiros.

GALINDO, Fernando (2007). Justicia, gobernanza y legalidad, *In*: Revista Sequência: estudos jurídicos e políticos, vol. 28, n. 55, p. 29-.64, Florianópolis: Publicação do Programa de Pós-graduação em Direito da UFSC, dez. 2007.

GALIO, Morgana Henicka (2016). *Overruling*: a superação do precedente no direito brasileiro, Florianópolis: Editora Empório do Direito.

GARCIA, Dínio de Santis (1996). Efeito vinculante dos julgados da corte suprema e dos tribunais superiores, *In*: Revista dos Tribunais, vol. 734, São Paulo: Editora Revista dos Tribunais, dez. 1996.

GARGARELLA, Roberto (2011). La justicia frente al gobierno: sobre el carácter contramayoritario del poder judicial, prólogo de Cass Sunstein, 1ª reimpr., Quito: Corte Constitucional para el Perído de Transición.

GASPARINI, Diógenes (1995). Direito Administrativo, 4ª ed., São Paulo: Editora Saraiva.

GIANESINI, Rita; SHIMURA, Sérgio (2003). Tutela antecipada e execução provisória contra a fazenda pública, *In*: *Direito Processual Público*: a Fazenda Pública em Juízo, São Paulo: Editora Malheiros, 2003, p. 189-195.

GILISSEN, John (1995). Introdução histórica ao direito, 2ª ed., Lisboa: Fundação Calouste Gulbenkian.

GÓES, Ricardo Tinoco (2013). Democracia deliberativa e jurisdição: a legitimidade da decisão judicial a partir e para além da teoria de J. Habermas, Curitiba: Editora Juruá.

GONÇALVES, Carlos Roberto (2015). Direito civil brasileiro, vol. 1, parte geral, 13ª ed., São Paulo: Editora Saraiva.

GORDILLO, Augustín (2003). Tratado de derecho administrativo, tomo 1, parte gereral, 7ª ed., Belo Horizonte: Editora Del Rey e Fundación de Derecho Administrativo.

GOUVEIA, Ana Carolina Miguel (2011). *Common law* no sistema jurídico americano: evolução, críticas e crescimento do direito legislado, *In*: *Publicações da Escola da AGU*: 1º Curso de Introdução ao Direito Americano: Fundamental of US Law Course – Escola da Advocacia--Geral da União Ministro Victor Nunes Leal, Ano III, n. 12, set/out 2011, Brasília.

GRAU, Eros Roberto (1988). Direito, conceitos e normas jurídicas, São Paulo: Editora Revista dos Tribunais.

_____ (2008). A ordem econômica na Constituição de 1988, 13ª ed., São Paulo: Editora Malheiros.

_____ (2014). Por que tenho medo dos juízes (a interpretação/aplicação do direito e os princípios), 6ª ed., 2ª tir., refundida do Ensaio e discurso sobre a interpretação/aplicação do direito, São Paulo: Editora Malheiros.

_____ (2015). A Ordem Econômica na Constituição de 1988, 17. ed., São Paulo: Editora Malheiros.

GRECO, Leonardo (2003). Jurisdição voluntária moderna, São Paulo: Editora Dialética.

GRIMM, Dieter (2006). Constituição e política, trad. Geraldo de Carvalho, Belo Horizonte: Editora Del Rey.

GRINOVER, Ada Pellegrini (2016). Ensaio sobre a processualidade: fundamentos para uma nova teoria geral do processo, Brasília, Editora Gazeta Jurídica.

GROSSI, Paolo (2007). Mitologias da modernidade, 2ª ed., trad. Arno Dal ri Júnior, Florianópolis: Editora Fundação Boiteux.

HABERMAS, Jürgen (2002). A inclusão do outro: estudos de teoria política, trad. George Sperber e Paulo Astor Soethe, São Paulo: Edições Loyola.

_____ (2003a). Direito e democracia: entre facticidade e validade, vol. I, trad. Flávio Beno Siebeneicher, Rio de Janeiro: Editora Tempo Brasileiro.

_____ (2003b). Direito e democracia: entre facticidade e validade, vol. II, trad. Flávio Beno Siebeneicher, Rio de Janeiro: Editora Tempo Brasileiro.

HESSE, Konrad (1991). A força normativa da Constituição, trad. Gilmar Ferreira Mendes, Porto Alegre: Sérgio Antônio Fabris Editor.

HESPANHA, António Manuel (2013). Pluralismo jurídico e direito democrático, São Paulo: Editora Annablume.

HOFFMANN JR., Lírio (2019). A eficácia preclusiva da coisa julgada, Salvador: Editora Juspodivm.

HOLANDA, Sérgio Buarque (2011). Raízes do Brasil, 26ª ed., 36ª reimpressão, São Paulo: Editora Companhia das Letras.

HOLMES JR., Oliver Wendell (1882). The *common law*, London: Macmillan & Co.

_____ (1897). The party of the law. Disponível em http://www.ebooks.com/435862/the-path-of-the-law/holmes-oliver-wendell/. Acesso em 25.04.2015.

JUSTEN FILHO, Marçal (2015). Curso de direito administrativo, 11ª ed., São Paulo: Editora Revista dos Tribunais.

KELSEN, Hans (2000). A democracia, 2ª ed., São Paulo: Editora Martins Fontes.

_____ (2009). Teoria pura do direito; tradução João Baptista Machado, 8ª ed., São Paulo: Editora WMF Martins Fontes.

KUHN, Thomas (1998). A estrutura das revoluções científicas, 5ª ed., São Paulo: Editora Perspectiva.

LAMY, Eduardo de Avelar (2005). Súmula vinculante: um desafio, In: *Revista de Processo*, vol. 120, ano 30, p. 112-137, São Paulo: Editora Revista dos Tribunais, fev. 2005.

_____ (2014). Considerações sobre a influência dos valores e direitos fundamentais no âmbito da teoria processual, In: *Revista Sequência*: estudos jurídicos e políticos, vol. 35, n. 69, p. 301-326, Florianópolis: Publicação do Programa de Pós-graduação em Direito da UFSC, dez. 2014.

LAMY, Eduardo de Avelar; RODRIGUES, Horácio Wanderley (2012). Teoria geral do processo, 3ª ed., Rio de Janeiro: Editora Elsevier.

LAMY, Eduardo de Avelar; SCHMITZ, Leonard Ziesemer (2012). A Administração Pública Federal e os precedentes do STF, In: *Revista de Processo* vol. 214, ano 37, p.199-215, São Paulo: Editora Revista dos Tribunais, dez./2012.

LEAL, Rogério Gesta (2006). Estado, Administração Pública e sociedade: novos paradigmas, Porto Alegre: Editora Livraria do Advogado.

LEONEL, Ricardo de Barros (2002). A causa petendi nas ações coletivas, In, Causa de pedir e pedido no processo civil: (questões polêmicas), coords. José Rogério Cruz e Tucci, José Roberto dos Santos Bedaque, São Paulo: Editora Revista dos Tribunais.

LEVI, Edward Hirsch (1948). An introduction to legal reasoning, University of Chicago of Law Review, vol. 15, p. 501-574. Disponível em http://chicagounbound.uchicago.edu/cgi/viewcontent.cgi?article=5687&context=journal_articles. Acesso em 27.03.2015.

LIMA, Tiago Asfor Rocha (2013). Precedentes judiciais civis no Brasil, São Paulo: Editora Saraiva.

LOPES FILHO, Juraci Mourão (2016). Os precedentes judiciais no constitucionalismo brasileiro contemporâneo, 2ª ed., Salvador: Editora Juspodivm.

LOUBET, Wilson Vieira (2009). O princípio da indisponibilidade do interesse público e a Administração consensual, Brasília: Editora Consulex.

LUBAN, David (2001). Prefácio de Precedentes no direito, de Augusto César Moreira Lima, São Paulo: Editora LTr.

LUHMANN, Niklas (1990). A posição dos tribunais no sistema jurídico, In: Revista da AJURIS - Associação dos Juízes do Rio Grande do Sul, n. 49, ano XVII, p. 149-168, Porto Alegre, jul. 1990.

_____ (1998). Teoría de los sistemas sociales: artículos, México: Universidade Iberoamericada.

_____ (2007). La sociedad de la sociedad, traducción Javier Torres Nafarrate, México: Universidade Iberoamericana.

_____ (2009). Introdução à Teoria dos Sistemas, trad. Ana Cristina Arantes Nasser, Petrópolis, RJ: Vozes.

LUIZ, Fernando Vieira (2016). A força dos precedentes na improcedência liminar do pedido, In, *Panorama atual do novo CPC*, coords. Paulo Henrique dos Santos Lucon e Pedro Miranda de Oliveira, Florianópolis: Editora Empório do Direit, Florianópolis: Editora Empório do Direito, p. 163-176.

MACÊDO, Lucas Buril (2014a). O regime jurídicos dos precedentes judiciais no projeto do novo Código de Processo Civil, In: *Revista de Processo*, vol. 237, ano 39, p. 369-401, São Paulo: Editora Revista dos Tribunais, nov. 2014.

_____ (2014b) Reclamação constitucional e precedentes obrigatórios, In: *Revista de Processo*, vol. 238, ano 39, p. 413-433, São Paulo: Editora Revista dos Tribunais, dez. 2014.

MANCUSO, Rodolfo de Camargo (2014). Sistema brasileiro de precedentes: natureza, eficácia, operacionalidade, São Paulo: Editora Revista dos Tribunais.

MARINONI, Luiz Guilherme (2008). Teoria geral do processo, 3ª ed., São Paulo: Editora Revista dos Tribunais.

_____ (2013). Precedentes obrigatórios, 3ª ed., São Paulo: Editora Revista dos Tribunais.

_____ (2014a). O STJ enquanto corte de precedentes: recompreensão do sistema processual da corte suprema, 2ª ed., São Paulo: Editora Revista dos Tribunais.

_____ (2014b) A ética dos precedentes: justificativa do novo CPC, São Paulo: Editora Revista dos Tribunais.

_____ (2015a). Cultura e previsibilidade do direito, In: *Revista de Processo*, vol. 239, ano 40, p. 431-450, São Paulo: Editora Revista dos Tribunais, jan. 2015.

_____ (2015b). O "problema" do incidente de resolução de demandas repetitivas e dos recursos extraordinário e especial repetitivos, Revista de Processo, vol. 249, ano 40, São Paulo: Editora Revista dos Tribunais, nov. 2015, p. 399-419.

MARTINS, Ives Gandra da Silva (1998). O Princípio da Moralidade no Direito Tributário, coord. Ives Gandra da Silva Martins, 2ª ed., São Paulo: Editora Revista dos Tribunais.

MARTINS, Ives Gandra da Silva; MENDES, Gilmar Ferreira (2009). Controle de constitucionalidade: comentários à Lei n. 9.868, de 10-11-1999, 3ª ed., São Paulo: Editora Saraiva.

MAUS, Ingeborg (2000). Judiciário como superego da sociedade: o papel da atividade jurisprudencial na "sociedade órfã", In: Novos Estudos Ceprap, n. 58, p. 183-202, nov. 2000.

_____. (2009). O direito e a política: teoria da democracia, trad. Elisete Antoniuk e Martonio Mont'Alverne Barreto Lima, Belo Horizonte: Editora Del Rey.

MEDAUAR, Odete (2009). Direito administrativo moderno, 13ª ed., São Paulo: Editora Revista dos Tribunais.

MEDEIROS, Bernardo Abreu (2013). Ativismo, delegação ou estratégia? A relação inter poderes e a judicialização no Brasil, In: As novas fases do ativismo judicial, orgs. André Luiz Fernandes Fellet, Daniel Gotti de Paula, Marcelo Novelino, Salvador: Editora Juspodivm, p. 529-510.

MEIRELLES, Helly Lopes (2001). Direito Administrativo Brasileiro, 27ª ed., São Paulo: Editora Malheiros.

MENDES, Gilmar Ferreira (2002). Hermenêutica constitucional e direitos fundamentais, 1ª ed., 2ª tir., Gilmar Ferreira Mendes, Inocêncio Mártires Coelho, Paulo Gustavo Gonet Branco, Brasília: Editora Brasília Jurídica.

_____ (2004). O papel do Senado Federal no controle de constitucionalidade: um caso clássico de mutação constitucional, In: Revista de Informação Legislativa. Estudos em homenagem a Anna Maria Villela, n. 162, ano 41, p. 149-168, Brasília: Senado Federal, abril/jun. 2004.

MENDES, Conrado Hübner (2006). Reforma do Estado e Agências Reguladoras: Estabelecendo os Parâmetros de Discussão, In, Direito administrativo econômico, coord. Carlos Ari Sundfeld, São Paulo: Editora Malheiros, 2006. p. 131-165.

_____ (2008). Direitos fundamentais, separação de poderes e deliberação. Tese apresentada ao Departamento de Ciência Política da Faculdade de Filosofia, Letras e Ciências Humanas da Universidade de São Paulo, para obtenção do título de Doutor em Ciência Política. Disponível em http://www.teses.usp.br/teses/disponiveis/8/8131/tde-05122008-162952/pt-br.php. Acesso em 08.08.2015.

MENDONÇA, José Vicente Santos de (2018). Art. 21 da LINDB - Indicando as consequências e regularizando atos e negócios, In, *Revista de Direito Administrativo*, Rio de Janeiro. Edição Especial: Direito Público na Lei de Introdução às Normas do Direito Brasileiro - LINDB (Lei nº 13.655/2018), p. 43-61, nov. 2018.MERRYMAN, John Henry (1989). La tradición jurídica romano-canónica, trad. Eduardo L. Suárez, 2ª ed., México: Fondo de Cultura Económica.

MEURER JUNIOR, Ezair José (2016). Súmula vinculante no CPC/2015, Florianópolis: Editora Empório do Direito.

MILSOM, S. F. C. (1981). Historical foundations of the common law, 2ª ed., London, Butterworths.

MIRANDA DE OLIVEIRA, Pedro (2013a). A força das decisões judiciais, In: *Revista de Processo*, vol. 216, ano 38, p. 13-28, São Paulo: Editora Revista dos Tribunais, fev. 2013.

_____ (2013b). Recurso extraordinário e o requisito da repercussão geral, São Paulo: Editora Revista dos Tribunais.

_____ (2016). Novíssimo sistema recursal conforme o CPC/2015, 2ª ed., Florianópolis: Editora Empório do Direito.

MITIDIERO, Daniel Francisco (2004). Processo e cultura: praxismo, processualismo e formalismo em direito processual, In: *Cadernos do Programa de Pós-Graduação em Direito* – PPGDir/UFRGS, n. 2, p. 101-128, set/2004.

_____ (2005). Elementos para uma teoria contemporânea do processo civil brasileiro, Porto Alegre: Editora Livraria do Advogado.

_____ (2014). Cortes superiores e corte supremas: do controle à interpretação da jurisprudência ao precedente, 2ª ed., São Paulo: Editora Revista dos Tribunais.

MODESTO, Paulo (2007). O controle jurídico do comportamento ético da Administração Pública, In: *Revista Eletrônica Sobre a Reforma do Estado*, vol. 10, Salvador, jun/jul/ago. 2007. Disponível em: http://www.direitodoestado.com/revista/RERE-10-JUNHO-2007-PAULO--MODESTO.pdf. Acesso em: 03.05.2014.

MONNERAT, Fábio Victor da Fonte (2012). A jurisprudência uniformizada como estratégia de aceleração do procedimento, In: *Direito Jurisprudencial*, coord. Teresa Arruda Alvim Wambier, São Paulo: Editora Revista dos Tribunais, p. 341-490.

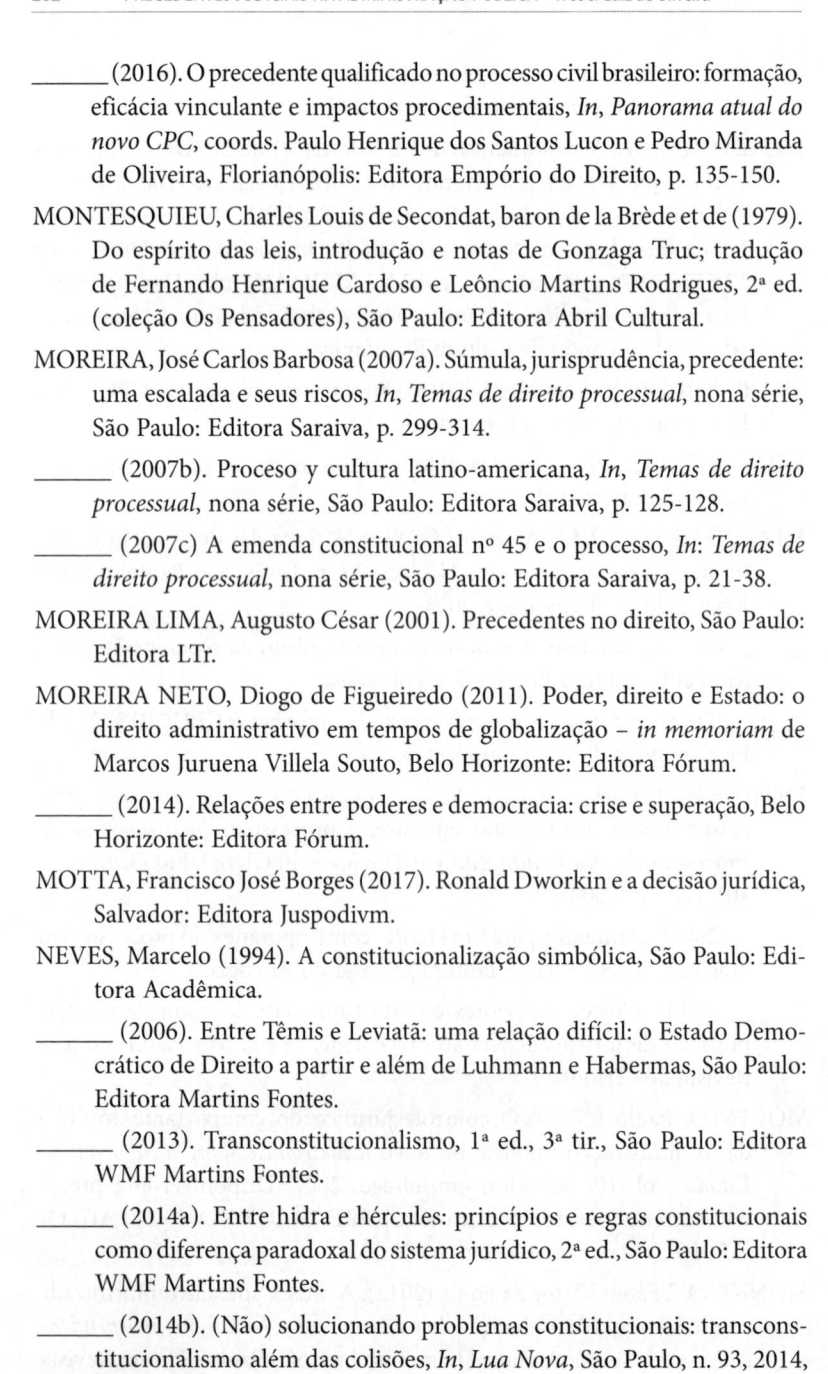

_____ (2016). O precedente qualificado no processo civil brasileiro: formação, eficácia vinculante e impactos procedimentais, *In*, *Panorama atual do novo CPC*, coords. Paulo Henrique dos Santos Lucon e Pedro Miranda de Oliveira, Florianópolis: Editora Empório do Direito, p. 135-150.

MONTESQUIEU, Charles Louis de Secondat, baron de la Brède et de (1979). Do espírito das leis, introdução e notas de Gonzaga Truc; tradução de Fernando Henrique Cardoso e Leôncio Martins Rodrigues, 2ª ed. (coleção Os Pensadores), São Paulo: Editora Abril Cultural.

MOREIRA, José Carlos Barbosa (2007a). Súmula, jurisprudência, precedente: uma escalada e seus riscos, *In*, *Temas de direito processual*, nona série, São Paulo: Editora Saraiva, p. 299-314.

_____ (2007b). Proceso y cultura latino-americana, *In*, *Temas de direito processual*, nona série, São Paulo: Editora Saraiva, p. 125-128.

_____ (2007c) A emenda constitucional nº 45 e o processo, *In: Temas de direito processual*, nona série, São Paulo: Editora Saraiva, p. 21-38.

MOREIRA LIMA, Augusto César (2001). Precedentes no direito, São Paulo: Editora LTr.

MOREIRA NETO, Diogo de Figueiredo (2011). Poder, direito e Estado: o direito administrativo em tempos de globalização – *in memoriam* de Marcos Juruena Villela Souto, Belo Horizonte: Editora Fórum.

_____ (2014). Relações entre poderes e democracia: crise e superação, Belo Horizonte: Editora Fórum.

MOTTA, Francisco José Borges (2017). Ronald Dworkin e a decisão jurídica, Salvador: Editora Juspodivm.

NEVES, Marcelo (1994). A constitucionalização simbólica, São Paulo: Editora Acadêmica.

_____ (2006). Entre Têmis e Leviatã: uma relação difícil: o Estado Democrático de Direito a partir e além de Luhmann e Habermas, São Paulo: Editora Martins Fontes.

_____ (2013). Transconstitucionalismo, 1ª ed., 3ª tir., São Paulo: Editora WMF Martins Fontes.

_____ (2014a). Entre hidra e hércules: princípios e regras constitucionais como diferença paradoxal do sistema jurídico, 2ª ed., São Paulo: Editora WMF Martins Fontes.

_____ (2014b). (Não) solucionando problemas constitucionais: transconstitucionalismo além das colisões, *In*, *Lua Nova*, São Paulo, n. 93, 2014, p. 201-232.

NOGUEIRA, Gustavo Santana (s/d). Precedentes vinculantes no direito comparado e brasileiro, 2ª ed., Salvador: Editora Juspodivm.

NOGUEIRA, Pedro Henrique Pedrosa (2008). Teoria da ação de direito material, Salvador: Editora Juspodivm.

NOLASCO, Rita Dias; SANTOS, Luis Felipe Freind dos (2016). Demandas repetitivas e a Fazenda Pública, In, Fazenda Pública, coords. José Henrique Mouta Araújo, Leonardo Carneiro da Cunha e Marco Antonio Rodrigues, 2ª ed., Salvador: Editora Juspodivm, p. 649-666.NONET, Philippe; SELZNICK, Philip (2010). Direito e sociedade: a transição ao sistema jurídico responsivo, trad. Vera Ribeiro, Rio de Janeiro: Editora Revan.

NUNES, Dierle (2011). Processualismo constitucional democrático e o dimensionamento de técnicas para a litigiosidade repetitiva a litigância de interesse público e as tendências "não compreendidas" de padronização decisória, In: Revista de Processo, vol. 199, ano 36, p. 41-82, São Paulo: Editora Revista dos Tribunais, set/2011.

_____ (2012). Precedentes, padronização decisória preventiva e coletivização – paradoxos do sistema jurídico brasileiro: uma abordagem Constitucional democrática, In: Direito jurisprudencial, coord. Teresa Arruda Alvim Wambier, São Paulo: Editora Revista dos Tribunais, p. 245-276.

NUNES, Dierle; BAHIA, Alexandre (2014). "Jurisprudência instável" e seus riscos: a aposta nos precedentes vs. uma compreensão constitucionalmente adequada do seu uso no Brasil, In: Direito jurisprudencial, volume II, coords. Aluisio Gonçalves de Castro Mendes, Luiz Guilherme Marinoni, Teresa Arruda Alvim Wambier, São Paulo: Editora Revista dos Tribunais, p. 433-471.

NUNES, Dierle; ALMEIDA, Helen; REZENDE, Marcos (2014). A contribuição da doutrina na (con)formação do direito jurisprudencial: uma provocação necessária, In: Revista de Processo, vol. 232, ano 39, São Paulo: Editora Revista dos Tribunais, p. 327-361.

OLIVEIRA, Pedro Fabris de (2016a). Contribuição da advocacia pública para o sistema brasileiro de justiça por meio do regime de precedentes obrigatórios, In, Fazenda Pública, coords. José Henrique Mouta Araújo, Leonardo Carneiro da Cunha e Marco Antonio Rodrigues, 2ª ed., Salvador: Editora Juspodivm, p. 621-648.

OLIVEIRA, Rafael Carvalho Rezende (2018a). Precedentes no direito administrativo, Rio de Janeiro: Editora Forense.

OLIVEIRA, Weber Luiz de (2015a). Execução da parte incontroversa contra a Fazenda Pública no novo código de processo civil, In, Advocacia

Pública, coords. José Henrique Mouta Araújo e Leonardo Carneiro da Cunha, p. 467-509, Salvador: Editora Juspodivm.

_____ (2015b). Execução da parte incontroversa no novo código de processo civil, In, *Novo CPC doutrina selecionada*, v. 5: *execução*, coord. geral Fredie Didier Jr., orgs Lucas Buril de Macêdo, Ravi Peixoto, Alexandre Freire, p. 297-324, Salvador: Editora Juspodivm.

_____ (2015c). Remessa necessária, julgamento antecipado parcial do mérito e estabilização da tutela antecipada – reflexões iniciais para execução contra a Fazenda Pública diante do código de processo civil de 2015, In, *Revista Magister de Direito Civil e Processual Civil*, vol. 66, ano XI, maio/jun. 2015, Porto Alegre: Editora Magister, p. 54-66.

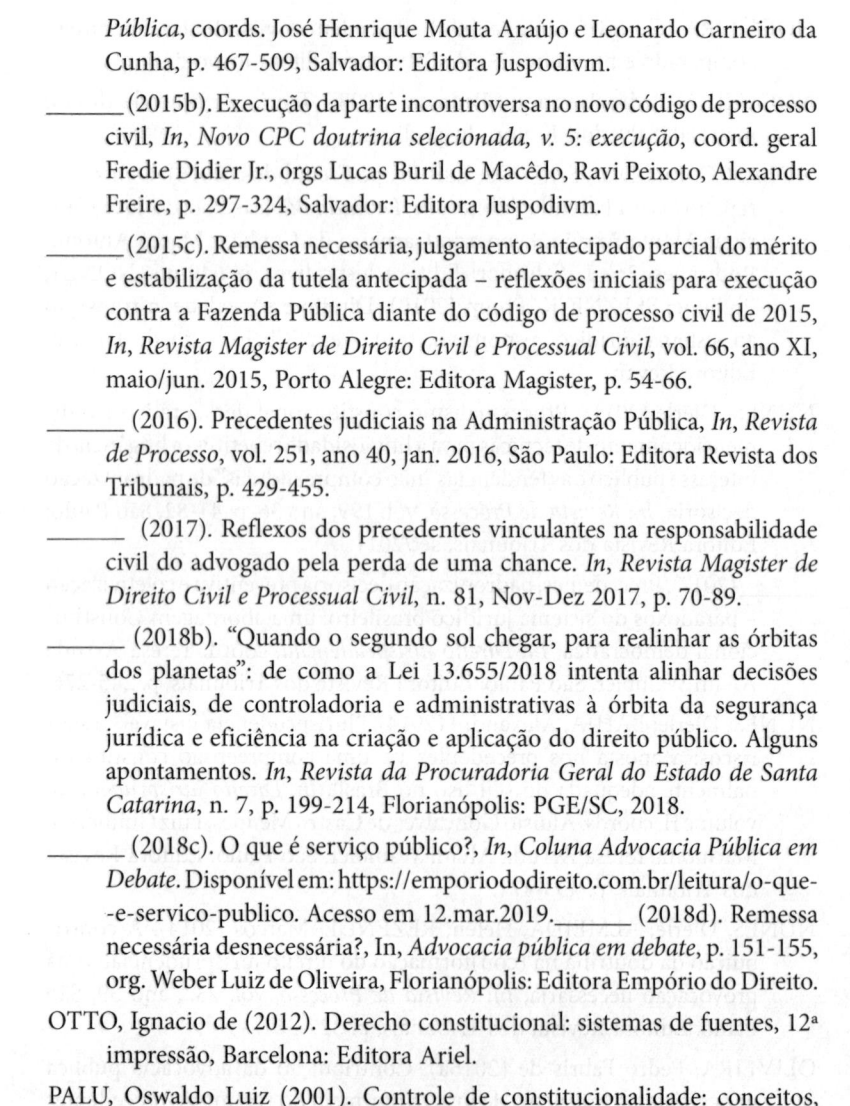

_____ (2016). Precedentes judiciais na Administração Pública, In, *Revista de Processo*, vol. 251, ano 40, jan. 2016, São Paulo: Editora Revista dos Tribunais, p. 429-455.

_____ (2017). Reflexos dos precedentes vinculantes na responsabilidade civil do advogado pela perda de uma chance. In, *Revista Magister de Direito Civil e Processual Civil*, n. 81, Nov-Dez 2017, p. 70-89.

_____ (2018b). "Quando o segundo sol chegar, para realinhar as órbitas dos planetas": de como a Lei 13.655/2018 intenta alinhar decisões judiciais, de controladoria e administrativas à órbita da segurança jurídica e eficiência na criação e aplicação do direito público. Alguns apontamentos. In, *Revista da Procuradoria Geral do Estado de Santa Catarina*, n. 7, p. 199-214, Florianópolis: PGE/SC, 2018.

_____ (2018c). O que é serviço público?, In, *Coluna Advocacia Pública em Debate*. Disponível em: https://emporiododireito.com.br/leitura/o-que--e-servico-publico. Acesso em 12.mar.2019._____ (2018d). Remessa necessária desnecessária?, In, *Advocacia pública em debate*, p. 151-155, org. Weber Luiz de Oliveira, Florianópolis: Editora Empório do Direito.

OTTO, Ignacio de (2012). Derecho constitucional: sistemas de fuentes, 12ª impressão, Barcelona: Editora Ariel.

PALU, Oswaldo Luiz (2001). Controle de constitucionalidade: conceitos, sistemas e efeitos, 2ª ed., São Paulo: Editora Revista dos Tribunais.

PANUTTO, Peter (2017). Precedentes judiciais vinculantes: o sistema jurídico-processual brasileiro antes e depois do código de processo civil de 2015 (Lei nº 13.105, de 16 de março de 2015), Florianópolis: Editora Empório do Direito.

PASSOS, José Joaquim Calmon de (2000). Direito, poder, justiça e processo: julgando os que nos julgam, Rio de Janeiro: Editora Forense.

_____ (2007). Súmula vinculante, In: Revista Eletrônica de Direito do Estado, n. 9, Salvador, Instituto Brasileiro de Direito Público, jan/fev/mar. 2007. Disponível em http://www.direitodoestado.com/revista/REDE-9--JANEIRO-2007-CALMON%20PASSOS.pdf. Acesso em 07.07.2015.

PEIXOTO, Ravi (2015). Superação do precedente e segurança jurídica, Salvador: Editora Juspodivm.

PEREIRA JÚNIOR, Jessé Torres (2014). Prefácio do livro de Diogo de Figueiredo Moreira Neto: Relações entre poderes e democracia: crise e superação, Belo Horizonte: Editora Fórum, p. 15-31.

PIOVENSAN, Flávia (2003). Prestação judicial contra omissões legislativas: ação direita de inconstitucionalidade por omissão e mandado de injunção, 2ª ed., São Paulo: Editora Revista dos Tribunais.

PONTES DE MIRANDA, Francisco Cavalcanti (1998). Tratado das Ações, Campinas: Bookseller.

POZZOLO, Susanna (2010). O Neoconstitucionalismo como último desafio ao Positivismo Jurídico. A reconstrução neoconstitucionalista da teoria do direito: suas incompatibilidades com o positivismo jurídico e a descrição de um novo modelo, In: Neoconstitucionalismo e Positivismo Jurídico. As faces da teoria do direito em tempos de interpretação moral da Constituição. Orgs. Ecio Oto Ramos Duarte e Susanna Pozzolo, São Paulo: Editora Landy, p. 77-183.

RADBRUCH, Gustav (1962). Lo spirito del diritto inglese, Milano, Giuffrè Editore.

RAMIRES, Maurício (2010). Crítica à aplicação de precedentes no direito brasileiro, Porto Alegre: Editora Livraria do Advogado.

RAMOS, Elival da Silva (2001). Arguição de descumprimento de preceito fundamental: delineamento do instituto, In: Arguição de descumprimento de preceito fundamental: análise à luz da Lei nº 9.882/99, orgs. André Ramos Tavares e Walter Claudius Rothenburg, São Paulo: Editora Atlas, p. 109-127.

RÁO, Vicente (1999). O direito e a vida dos direitos, 5ª ed., São Paulo: Editora Revista dos Tribunais.

RE, Edward D. (1994). Stare Decisis, In: Revista dos Tribunais, vol. 702, p. 7-17, São Paulo: Editora Revista dos Tribunais: abr. 1994.

REALE, Miguel (1999). Filosofia do direito, 19ª ed., São Paulo: Editora Saraiva.

_____ (2002). Lições preliminares de direito, 27ª ed., São Paulo: Editora Saraiva.

_____ (2006). Variações sobre o poder, In, Política e Direito: (ensaios), São Paulo: Editora Saraiva.

REIS, Maurício Martins (2013). Precedentes obrigatórios e sua adequada compreensão interpretativa: de como as súmulas vinculantes não podem ser o "bode expiatório" de uma hermenêutica jurídica em crise, In: *Revista de Processo*, vol. 220, ano 38, p. 207-228, São Paulo: Editora Revista dos Tribunais, jun. 2013.

_____ (2014). As súmulas são precedentes: de como as súmulas devem ser interpretadas como se fossem precedentes de jurisprudência, *In*: Revista de Processo, vol. 230, ano 39, p. 417-437, São Paulo: Editora Revista dos Tribunais, abr. 2014.

REIS, Nando. "O Segundo Sol". Disponível em: https://www.letras.mus.br/nando-reis/198090/. Acesso em 28.10.2018.

RIGAUX, François (2000). A lei dos juízes, trad. Edmir Missio, São Paulo: Editora Martins Fontes.

ROSAS, Roberto (2009). Da súmula a súmula vinculante, *In*: Revista dos Tribunais vol. 879, São Paulo: Editora Revista dos Tribunais, jan. 2009.

ROSENN, Keith S. (1998). O jeito na cultura jurídica brasileira, Rio de Janeiro: Editora Renovar.

ROSENN, Keith S.; KARST, Kenneth L. (1975). Law and development in Latin America: A case Book. Latin American Studies Series Volume 28, UCLA Latin American Center.

ROSSI, Júlio César (2012). O precedente à brasileira: súmula vinculante e o incidente de resolução de demandas repetitivas, *In*: Revista de Processo, vol. 208, ano 37, p. 203-240, São Paulo: Editora Revista dos Tribunais, jun. 2012.

SANTOS, Boaventura de Sousa (1980). Notas sobre a história jurídico-social de Pasárgada, *In*: *Sociologia e Direito*, orgs. Claudio Souto e Joaquim Falcão, São Paulo: Livraria Pioneira Editora, p. 107-117.

_____(1986). Introdução à Sociologia da Administração da Justiça, *In*: *Revista Crítica de Ciências Sociais*, n. 21, p. 11-37, nov. 1986.

_____ (2007). Renovar a teoria crítica e reinventar a emancipação social, trad. Mouzar Benedito, São Paulo: Editora Boitempo.

SANTOS, Evaristo Aragão (2012). Em torno do conceito e da formação do precedente judicial, *In*: *Direito jurisprudencial*, coord. Teresa Arruda Alvim Wambier, São Paulo: Editora Revista dos Tribunais, p. 133-201.

SANTOS, Mírian; SILVESTRE, Ana Carolina de Faria (2011). A necessidade de (re)pensar a realização do direito em tempos de protagonismo judicial – um percurso possível em busca de uma reflexão refundadora de um novo sentido, *In*, *Revista Sequência*: estudos jurídicos e políticos, vol. 32, n. 63, p. 213-234, Florianópolis: Publicação do Programa de Pós-graduação em Direito da UFSC, dez. 2011.

SARLET, Ingo Wolfgang (2001). Arguição de descumprimento de preceito fundamental: alguns aspectos controversos, In: *Arguição de descumprimento de preceito fundamental: análise à luz da Lei nº 9.882/99*, orgs. André Ramos Tavares e Walter Claudius Rothenburg, São Paulo: Editora Atlas, p. 150-171.

SEDLACEK, Federico D. (2015). Misceláneas argentinas del precedente judicial, y su relación con el nuevo CPC de Brasil, In: *Precedentes*, coords. Fredie Didier Júnior [et. al.], Coleção Grandes Temas do Novo CPC, v. 3, coord. geral Fredie Didier Júnior, Salvador: Editora Juspodivm, p. 361-381.

SÈROUSSI, Roland (2001). Introdução do direito inglês e norte-americano, trad. Renata Maria Parreira Cordeiro, São Paulo: Editora Landy.

SCHAUER, Frederick (1987). Precedent. Stanford Law Review, vol. 39, n. 3, fev. 1987.

_____ (2002). Playing by the rule: a philosophical examination of rule-based decision-making in law and in life, Oxford, Clarendon Press.

SCHMITZ, Leonard Ziesemer (2013). Compreendendo os "precedentes" no Brasil: fundamentação de decisões com base em outras decisões. *In, Revista de Processo*, vol. 226, ano 38, p. 349-384, São Paulo: Editora Revista dos Tribunais, dez. 2013.

_____ (2015). Fundamentação das decisões judiciais: a crise na construção de respostas no processo civil, São Paulo: Editora Revista dos Tribunais.

SILVA, João Carlos Pestana de Aguiar (2000). A súmula vinculante como um retrocesso perante a histórica evolução da jurisprudência, In: *Revista dos Tribunais*, vol. 773, ano 89, p. 38-51, São Paulo: Editora Revista dos Tribunais, mar. 2000.

SILVA, Ovídio Araújo Baptista da (1997). Jurisdição e execução na tradição romano-canônica, 2ª ed., São Paulo: Editora Revista dos Tribunais.

_____ (2000). Curso de processo civil: processo de conhecimento, vol. 1, 5ª ed., São Paulo: Editora Revista dos Tribunais.

_____ (2006). Processo e ideologia: o paradigma racionalista, Rio de Janeiro: Editora Forense.

SILVA, Ticiano Alves e (2016). O incidente de resolução de demandas repetitivas e as agências reguladoras: o conteúdo jurídico do § 2º do art. 985 do CPC, *In, Fazenda Pública*, coords. José Henrique Mouta Araújo, Leonardo Carneiro da Cunha e Marco Antonio Rodrigues, 2ª ed., Salvador: Editora Juspodivm, p. 753-773.

SOUZA, José Guilherme de (1991). A criação judicial do direito, Porto Alegre: Editora Sérgio Antonio Fabris Editor.

SOUZA, Marcelo Alves Dias de (2006). Do precedente judicial à súmula vinculante, Curitiba: Editora Juruá.

SOUZA, Luciane Moessa de (2010). Meios consensuais de solução de conflitos envolvendo entes públicos e a mediação de conflitos coletivos. Tese apresentada ao Departamento de Direito do Centro de Ciências Jurídicas da Universidade Federal de Santa Catarina, para obtenção do título de Doutora em Direito. Disponível em https://repositorio.ufsc.br/xmlui/bitstream/handle/123456789/94327/292011.pdf?sequence=1&isAllowed=y. Acesso em 14.08.2015.

SOUZA, Jorge Munhós de (2013). Diálogo institucional: em algum lugar entre as teorias da supremacia, *In*: *As novas fases do ativismo judicial*, orgs. André Luiz Fernandes Fellet, Daniel Gotti de Paula, Marcelo Novelino, Salvador: Juspodivm, p. 313-357.

STAFFEN, Marcio Ricardo (2018). Interfaces do Direito Global. 2. ed. Rio de Janeiro: Editora Lumen Juris.

STRECK, Lenio Luiz (2014). Novo CPC terá mecanismos para combater decisionismos e arbitrariedades?, *In*: *Revista Eletrônica Consultor Jurídico*. Disponível em: http://www.conjur.com.br/2014-dez-18/senso--incomum-cpc-mecanismos-combater-decisionismos-arbitrariedades. Acesso em 22.11.2015.

_____ (2017). Verdade e consenso, 6ª ed., São Paulo: Editora Saraiva.

STRECK, Lenio Luiz; CATTONI DE OLIVEIRA, Marcelo Andrade; BARRETO, Martonio Mont'Alverne (2007). Mutações na Corte: a nova perspectiva do STF sobre controle difuso. *In*: *Revista Eletrônica Consultor Jurídico*. Disponível em http://www.conjur.com.br/2007-ago-03/perspectiva_stf_controle_difuso. Acesso em 10.07.2015.

STRECK, Lenio Luiz; ABBOUD, Georges (2013). O que é isto – o precedente judicial e as súmulas vinculantes?, Porto Alegre: Editora Livraria do Advogado.

SUNDFELD, Carlos Ari (2003). O direito processual e o direito administrativo, *In*: *Direito Processual Público*: A Fazenda Pública em Juízo, coords., Carlos Ari Sundfeld e Cassio Scarpinella Bueno, 1ª ed., 2º tir., São Paulo: Editora Malheiros, p. 15-30.

_____ (2006). Introdução às agências reguladoras, *In*, Direito administrativo econômico, coord. Carlos Ari Sundfeld, São Paulo: Editora Malheiros, pp. 17-38.

_____ (2007). Fundamentos de direito público, 4ª ed., 8ª tiragem, São Paulo: Editora Malheiros.

_____ (2018). Uma lei geral inovadora para o Direito Público: entra na reta final o projeto para modernizar a Lei de Introdução às Normas do Direito Brasileiro. Disponível em: https://www.jota.info/opiniao--e-analise/colunas/controle-publico/uma-lei-geral-inovadora-para-o--direito-publico-31102017. Acesso em: 28.10.2018.

TALAMINI, Eduardo (2005). Coisa julgada e sua revisão, São Paulo: Editora Revista dos Tribunais.

TARANTO, Caio Márcio Gutteres (2010). Precedente judicial: autoridade e aplicação na jurisdição constitucional, Rio de Janeiro: Editora Forense.

TARUFFO, Michele (2003). Observações sobre os modelos processuais de *civil law* e de *common law*, In: *Revista de Processo*, vol. 110, ano 28, p. 141-158, São Paulo: Editora Revista dos Tribunais, abr/jun. 2003.

_____ (2008). Precedente e giurisprudenza, In: *La Ciencia del Derecho Procesal Constitucional* - Estudios en homenaje a Héctor Fix-Zamudio en sus cincuenta años como investigador del derecho, Tomo V, Juez y sentencia constitucional, coords. Eduardo Ferrer Mac-Gregor, Arturo Zaldívar Lelo de Larrea. Disponível em http://biblio.juridicas.unam.mx/libros/6/2559/39.pdf. Acesso em 16.05.2015.

TEMER, Sofia (2016). Incidente de resolução de demandas repetitiva, Salvador: Editora Juspodivm.

TESHEINER, José Maria Rosa (2002). Eficácia da sentença e coisa julgada no processo civil, São Paulo: Editora Revista dos Tribunais.

TEUBNER, Gunther (1993). O direito como sistema autopoiético, trad. José Engrácia Antunes, Lisboa: Fundação Calouste Gulbenkian.

THEODORO JÚNIOR, Humberto (1998). Curso de Direito Processual Civil, vol. 1, Rio de Janeiro: Forense.

_____ (2005) Alguns reflexos da Emenda Constitucional 45, de 08.12.2004, sobre o processo civil, In: *Revista de Processo*, vol. 124, ano 30, São Paulo: Editora Revista dos Tribunais, jun. 2005.

_____ (2011). Ainda a polêmica sobre a distinção entre a *jurisdição contenciosa* e a *jurisdição voluntária*. Espécies de um mesmo gênero ou entidades substancialmente distintas?, In, *Revista de Processo*, vol. 198, ano 36, p. 13-50, São Paulo: Editora Revista dos Tribunais, ago. 2011.

TUSHNET, Mark (2013). Os precedentes judiciais nos Estados Unidos, *in*, Revista dos Tribunais, vol. 218, p. 99-108, São Paulo: Editora Revista dos Tribunais, abr. 2013.

VALLE, Vanice Regina Lírio do (2014). Dialogical constitutionalism manifestations in the Brazilian judicial review, *In*: *Revista de Investigações Constitucionais*, Curitiba, vol. 1, n. 3, p. 59-90, set./dez. 2014.

VALOR ECONÔMICO (2015). STJ mantém cobrança de IPI sobre revenda de importado. Disponível em: http://www.valor.com.br/legislacao/4270272/stj-mantem-cobranca-de-ipi-sobre-revenda-de--importado. Acesso em 22.11.2015.

VANDERLINDE, Gabriela Vieira (2015). O IPI na revenda de produtos importados. Monografia apresentada no curso de Direito da Faculdade Guilherme Guimbala, da Associação Catarinense de Ensino de Joinville/SC, como requisito parcial para obtenção do grau de bacharel em Direito.

VIANNA, Luiz Werneck (2002). A democracia e os três poderes no Brasil, org. Luiz Werneck Vianna, Belo Horizonte: Editora UFMG, Rio de Janeiro: IUPERJ/FAPERJ, p. 7-16.

VIANNA, Luiz Werneck; BURGOS, Marcelo (2002). Revolução processual do direito e democracia progressiva, *In*: *A democracia e os três poderes no Brasil*, org. Luiz Werneck Vianna, Belo Horizonte: Editora UFMG, Rio de Janeiro: IUPERJ/FAPERJ, p. 337-481.

VIEIRA, Oscar Vilhena (2008). Supremocracia, *In*: *Revista Direito GV*, vol. 8, p. 441-464, São Paulo, jul/dez. 2008.

VILLEY, Michel (2009). A formação do pensamento jurídico moderno, trad. Claudia Berliner, 2ª ed., São Paulo: Editora WMF Martins Fontes.

VOLPE CAMARGO, Luiz Henrique (2012). A força dos precedentes no moderno processo civil brasileiro, *In*: *Direito jurisprudencial*, coord. Teresa Arruda Alvim Wambier, São Paulo: Editora Revista dos Tribunais, p. 553-673.

WALDRON, Jeremy (2003). A dignidade da legislação, trad. Luís Carlos Borges; rev. Marina Appenzeller, São Paulo: Editora Martins Fontes.

WAMBIER, Luiz Rodrigues (2000). Uma proposta em torno do conceito de jurisprudência dominante, *In*: *Revista de Processo*, vol. 100, ano 25, p. 81-87, São Paulo: Editora Revista dos Tribunais, out/dez. 2000.

WAMBIER, Teresa Arruda Alvim (2007). Fundamentos do processo, *In*: *Revista dos Tribunais*, vol. 855, p. 11-29, São Paulo: Editora Revista dos Tribunais, jan. 2007.

_____ (2010). Interpretação da lei e de precedentes: *civil law* e *common law*, *In*: *Revista dos Tribunais*, vol. 893, São Paulo: Editora Revista dos Tribunais, mar. 2010.

_____ (2012). Precedentes e evolução do direito, In: *Direito jurisprudencial*, coord. Teresa Arruda Alvim Wambier, São Paulo: Editora Revista dos Tribunais, p. 11-95.

WOLKART, Erik Navarro (2012). Súmula vinculante – Necessidade e implicações práticas de sua adoção (o processo civil em movimento), In: *Direito jurisprudencial*, coord. Teresa Arruda Alvim Wambier, São Paulo: Editora Revista dos Tribunais, p. 277-339.

_____ (2014). Sistema de precedentes e sistema de nulidades no novo CPC – notas de uma harmonia distante, In: *Novas Tendências do Processo Civil*, vol. II, vários organizadores, Salvador: Editora Juspodivm, p. 447-456.

ZAGREBELSKY, Gustavo (2009). El derecho dúctil: ley, derechos, justicia, 9ª ed, Madrid: Editorial Trota.

_____ (2012). A crucificação e a democracia, trad. Monica de Sanctis Viana, 1ªed., 2ª tiragem, São Paulo: Editora Saraiva.

ZANETI JÚNIOR, Hermes (2004). Processo constitucional: relações entre processo e constituição, In: *Introdução do estudo do processo civil*: primeiras linhas de um paradigma emergente, Daniel Mitidiero, Hermes Zaneti Júnior, Porto Alegre: Editora Sérgio Antonio Fabris, p. 23-62.

_____ (2012). O modelo constitucional do processo civil brasileiro contemporâneo, In: *Reconstruindo a teoria geral do processo*, org. Fredie Didier Júnior, Salvador: Editora Juspodivm, p. 89-131.

_____ (2014). A constitucionalização do processo: o modelo constitucional da justiça brasileira e as relações entre processo e constituição, 2ª ed., São Paulo, Editora Atlas.

_____ (2015a). O valor vinculante dos precedentes: o modelo garantista (MG) e a redução da discricionariedade judicial. Uma teoria dos precedentes normativos formalmente vinculantes, Salvador: Editora Juspodivm.

_____ (2015b). Precedentes normativos formalmente vinculantes, In: *Precedentes*, coords., Fredie Didier Júnior [*et. al.*], (Coleção Grandes Temas do Novo CPC, v. 3) Salvador: Editora Juspodivm, p. 407-423.

ZAVASCKI, Teori Albino (2001). Eficácia das sentenças na jurisdição constitucional, São Paulo: Editora Revista dos Tribunais.